敦煌文化寻绎

谢桃坊　著

四川文艺出版社

图书在版编目（CIP）数据

敦煌文化寻绎 / 谢桃坊著. — 2版. — 成都：四
川文艺出版社，2019.4
ISBN 978-7-5411-5258-0

Ⅰ.①敦… Ⅱ.①谢… Ⅲ.①敦煌学—通俗读物
Ⅳ.①K870.6-49

中国版本图书馆CIP数据核字（2019）第059991号

DUNHUANG WENHUA XUNYI

敦煌文化寻绎

谢桃坊　著

责任编辑　邓永勤
封面设计　叶　茂
内文设计　史小燕
责任校对　李静悦

出版发行　四川文艺出版社（成都市槐树街2号）
网　　址　www.scwys.com
电　　话　028-86259285（发行部）　028-86259303（编辑部）
传　　真　028-86259306

邮购地址　成都市槐树街2号四川文艺出版社邮购部　610031
印　　刷　三河市华东印刷有限公司
成品尺寸　145mm×210mm　　　　开　　本　32开
印　　张　9.75　　　　　　　　字　　数　210千
版　　次　2019年4月第二版　　印　　次　2019年4月第一次印刷
书　　号　ISBN 978-7-5411-5258-0
定　　价　45.00元

敦煌文化寻绎

目录

∷ **佛教胜地莫高窟** ∷

:: 文化线索的断裂 ::

∴ 敦煌文书的重现与流散 ∴

∴ 二十世纪世界学术之新潮流 ∴

引　言

　　公元二十世纪之初，在中国西北敦煌莫高窟藏经洞里发现了中国五至十世纪的各种文书，共约四万五千余件。它包括佛经、儒典、史籍、文人诗词、通俗文学作品、地志、星图、历书、医书、契约、账籍、政府档案等；它使用的文字除汉文而外，尚有梵文、藏文及中亚民族古文字。这是二十世纪世界考古学的重大发现。

　　敦煌是古代丝绸之路的明珠。这条横贯亚洲的要道在公元十世纪阻塞之后，中西交通贸易改行海上路线，于是敦煌渐渐退出历史舞台，为史家的记载所忽略了。公元1442年波斯帖木儿帝国最伟大的统治者沙哈鲁派遣使团出使中国，就是穿过亚洲腹地，经新疆哈密而至肃州的。1804年中国清代学者祁韵士遣戍新疆伊犁，记述了其西北之行的地理见闻，经过肃州等地，也未及敦煌。学者徐松曾考察西域水系，他在1821年著的《西域水道记》里记述了所见到的敦煌千佛洞的情形是："年祀邈远，经历兵燹，沙压倾圮，梯级多断，而佛相庄严，斑斓金碧者犹粲然盈目。"敦煌的繁盛已是过眼烟云了。

徐松第一次考证了敦煌莫高窟的建造年代，并在著述里附载了有关的碑碣。1831年敦煌知县苏履吉纂修的《敦煌县志》卷一里有《莫高窟图》。1897年，匈牙利地理学会会长洛克齐（L.de Loczy）到中国西北考察地质，发现莫高窟佛教艺术，于1902年汉堡举行的国际东方学会议上做了详细报告。自此，敦煌石窟艺术为西方和中国学者所瞩目，让千佛洞恢复了昔日佛教胜地的光荣。莫高窟自中国十六国时营建，迄于元代，历经一千六百余年，拥有492窟的彩塑造像2420尊，壁画45000平方米。因其地处僻远的西北边陲，自宋代以来的中原和内地学者无能问津，足迹罕至，是以长期被遗忘；但它毕竟是现实存在的建筑，其艺术价值迟早会被人们发现的。莫高窟第17窟的秘室里沉埋的文化宝藏，如果不是由于极偶然的原因，它将永远不得再现于世。

中国的文献著录在世界上堪称详备，但敦煌文书里却有许多佛经未见于《大藏经》，也有一些道教经典未见于《道藏》，其他还有许多历史、地理、文学和自然科学典籍不见于史学家和藏书家的著录。敦煌文书里有的虽然见于文献著录，但它们已是佚书，无从寻访了，可是却在莫高窟秘室里幸存下来。自唐宋以来大量的笔记杂书里有许多关于通俗文学的记述，但敦煌写本里的俗赋、变文、话本和曲子词却没有留下一点线索。中国古代，特别是宋代以前的政府档案和民间契约经过多次兵火之后荡然无存，使我们既见不到实物亦无从详考其有关的社会政治经济和民俗，但敦煌秘室里却神奇地保存着这类珍贵的文献资料。所有这些，都为研究中亚和中国古代几个世纪的宗教、儒学、历史、地理、社会、经济、民俗、医学、天文、古文字和其他自然科学提供了原始资料或珍贵文本。它们有助于解开古代文化的许多疑案，为我们展现了一个一度失落的中国古代文明。

敦煌文化颇富神秘与传奇色彩。中国的中原文化、西北地方文化，以及中西文化交流的硕果竟在这里遗留下来，奇怪地在边陲保存了将近九百年。这数万件文书是谁收集的，为什么要将它秘密封藏？它是在什么年代封藏的，而且怎么会没有留下蛛丝马迹？它的命运似乎注定多灾多难，偃蹇坎坷，躲过无数次劫运之后，偏又在中国清政府风雨飘摇的岁月里再现，而且恰值西方考察家深入亚洲腹部探险之时。因此，它本来完整一体，却不幸被肢解得七零八落，甚至大部分流散于海外。这为研究敦煌学造成种种客观的困难，然而中国学者早已敏感地认识到它所具有的重大的文化意义，面对西方与日本汉学家的挑战，艰苦地开垦着这片新的学术园地。早在公元1588年，法国哲学家米凯莱·戴·蒙泰涅在校阅了《中华大帝国史》的法译本时深有感慨地说：

中国的历史告诉我们，世界该是多么辽阔而变化无穷，无论是我们的前人，还是我们自己，都没有彻底了解它。

这对于现代的中国人来说仍未丧失它的意义。敦煌文化是中国一度失落了的古代文明，或者确切地说是隐没而又再现的文明。它告诉我们，中国古代文化是多么富丽神奇，无论我们的前人，还是我们，都难彻底而真切地认识它。现在。我们试从历史的与文化的视角去进行探索，但愿能见到其神秘的原因与伟大的意义。

东方河西走廊的古代文明

在公元十五世纪新大陆发现以前，人们对世界地理的认识是奇奇怪怪的。中国位于遥远的东方，帕米尔高原以西的人们对于中国总感到神秘。古代阿拉伯学者瓦伊尔·萨哈米对中国在世界的地理形势曾有一个巧妙的比喻。他说：

> 大地似一只鸟，分为头、两翅、胸、尾等五部分。其头部乃中国，中国之后是瓦克瓦克部落，再往后便是一些只有上帝方知其具体数字的部落；其右翅乃印度。印度之后是大海，再往后便没有人类；其左翅乃（黑海的）可萨突厥人，之后有两个民族：曼萨克人和马萨克人，再往后便是戈族人和麦戈族人，而对于这些民族除上帝之外，任何人都是一无所知的；其胸部是麦加、汉志、叙利亚、伊拉克和埃及；其尾乃从扎特——胡马姆利马格里布的整个地区，该地区是鸟体的最次要

的部分。[①]

在"鸟"的主体部位有一个漫长的地区，戈壁黄沙茫茫，雪山连绵险峻，碛石零乱可怖，湖泊湛蓝，肥沃的绿洲成片。这个地区曾有一条横贯亚洲的古代丝绸之路。中国的河西走廊是丝绸之路上东段的狭长地带，它是古代东西陆上交通的要隘，也是东西文化交流的枢纽。中国汉民族和西北许多民族在此写下绚丽壮美的史页，创造了五光十色的东方古代文明。

一　古楼兰发现的中国丝绸

中国新疆罗布泊附近的沙漠里曾有一个楼兰古国。它随着历史的变迁、战争的破坏和风沙的侵蚀，早已消失了。中国的史籍虽有关于这个古国的记载，却无法在沙漠里找到它的具体位置；古人也不愿去做艰苦的实地考察。公元二十世纪之初，西方考察家来到中国西北，偶然地发现了古楼兰遗址。

◎斯文·赫定首先发现了古楼兰国遗址

斯文·赫定（Sven Anders Hedin, 1865–1952），瑞典地理学家和探险家。早年曾游历过高加索、波斯、两河流域等地。1891年到德国柏林大学留学。此后，他在中国西

斯文·赫定

---

① 引自《阿拉伯波斯突厥人东方文献辑注》第72页，〔法〕费琅编，耿升、穆根来译，中华书局，1989年。

部的沙漠高原地区进行了多次考察，足迹遍及新疆、西藏、青海、甘肃、宁夏和内蒙古等地，历时较长的有四次。他的整个考察活动中，古楼兰遗址的发现在考古学上是最有意义的。

1901年3月3日，斯文·赫定带着九名工作人员，十一峰骆驼，十一匹马，自新疆罗布泊以北二十余公里处的阿尔特梅什布拉克南行不久，见到了一个古代遗址。探险队在尘雾昏暗的荒原上走进了泥堡残迹，旁边有十九间倾圮的木房。泥堡和房屋墙壁以芦苇束编织的柳条和黏土筑成，有三处门框尚立着，一处的门敞开；附近还有一座寺庙废墟。斯文·赫定惊喜兴奋，预感到将有一次重大的考古发现。他是学地理学的，而且具有丰富的田野考察经验，在迅速测出所在地的经纬度后，向队员悬赏以鼓励他们搜寻有文字的文物。队员们忙碌地搜索着，但找到的只是毡布条、红色器皿、棕色头发、鞋底、家畜骨架、绳索、耳环、瓦片、中国钱币及其他小物件。它们证实了这里曾有过一段繁荣时期，使斯文·赫定对发掘工作有了信心。发掘工作进行了一周，首先在寺庙废墟下掘得一尊一公尺高的木雕佛像，花纹保存得很好。队员沙都尔发现一件刻有文字的木简，得到了一笔赏金。他们工作了数日，最后在一处屋基旁的木棚的泥沙下几十公分深处发现了中国的纸，于是继续掘下去，细心地让黄沙从手指间滤过，纸片一张张地出土了，共掘得文页36张，竹简百余片。此外还找到了猎箭、战箭、火箭、珍珠、贝壳、耳环、项链、刻有黑米尔像的古代宝石、叙利亚或波斯的玻璃、铜匙、床布、毛毯、麻布和各种颜色的丝绸。斯文·赫定将采集到的这些文物带回瑞典，交给语言学家谦里（Kari Himly）研究。谦里断定这是古楼兰的遗物，写出了

古楼兰遗址

报告。1920年由恭拉底教授（Conrady）将楼兰所得的文件译为德文发表。

楼兰，汉代西域城国，在今中国新疆罗布泊西，地处西域通道之上。西汉元封三年（前108）归属汉朝；元凤四年（前77）傅介子杀其王安归，立尉屠耆为王，改名为鄯善。恭拉底教授认为：

楼兰盛行着"一种古代与现代、野蛮与中国的混合文明"。因楼兰是一座边境的堡垒，是亚洲腹部古道，特别的介乎东方的中国与西方的波斯、印度、叙利亚和罗马之间"运丝大道"旁边之一个前站。远近的旅客都到这里来。农夫们把官厅需索和购买的农产品装在牲口和大车上运进城。这里的士兵所领的军饷就是粟米，他们用市场上的毛布制冬衣，有时候全城住满了人，简直没有插足的地方。

文件谈到延迟的纳税人及其惩罚，谈到邮差，谈到带领扈从出巡的高级官吏，谈到作乱的游牧民族，谈到带有护卫和壮美的西藏驴的运丝旅行队……

在纪元后三百年的当时楼兰就已经有了这样精细而正确的统治和社会秩序，则它必是经过很长的历史和几百年，甚至一两千年的进化。[①]

这在世界文化史上第一次提到了丝绸之路——"运丝大道"。后来斯文·赫定写了一部专著《丝绸之路》。

◎斯坦因发掘古楼兰遗址

1914年英国籍匈牙利人斯坦因再次到中国西北考察，根据斯文·赫定提供的线索而直赴楼兰遗址。他根据斯文·赫定绘制的地图，于2月初在中国新疆沙漠里找到了一条通向楼兰的已经干涸的河道——库鲁克河。考察队沿着河道的南支前进，发现了一座堡垒。在它北边一个宽阔的沙原上散布着古建筑遗迹。他们在此得到了梵文、汉文、窣利文的木简和文书，还有漆匣、丝绸和毛织物。2月10日天黑以后，考察队越过连绵不断的高台地区，终于到达古楼兰。斯坦因的发掘规模扩大了，在距楼兰遗址约四英里的地方有一片高约35公尺的土台，它是古代的葬场。经过发掘与清理之后，他们得到的古物有铜镜、木

---

① 引自〔瑞典〕斯文·赫定：《亚洲腹部旅行记》第359页，开明书店，1949年。

斯坦因在楼兰墓中发现的中国彩色丝绸
和中国与希腊混合风格的毛织品

制兵器模型、家具、中国文书，而最多最耀眼的是美丽的丝绸和各种地毯、毛织物、锦绣品。斯坦因认为：

> 从各种指示可以很容易认识这些坟堆的内容，一定是从其他更古的坟墓，因为风蚀或其他同样的原因以致暴露，甚而惧其完全毁灭，所以收集到一处。按照中国至今尚存的风俗保存这里的遗物，可以指定时期是在汉代，其时中国的贸易同国力第一次向中亚扩展，约在西元前第二世纪的终了。
>
> 这里所得到的许多五彩和红色美丽的花绢，据后来的证明，十足可以表现贸易仍取此道经过楼兰以向西方的中国丝织物美术方面的风格以及技术上的完美。西历纪元前后中国织物之残遗，其所以引起特别注意，乃是因为这些东西就是在最古

的丝道上保留到今的。①

◎ **丝绸之路——古代中西交往的孔道**

这些发现导致考古学家和历史学家探索到古代从东方到西方陆上交通的丝绸之路。新中国成立以后，在丝绸之路上考古发现的丝绸：

西汉丝绸发现于武威、敦煌、额济纳旗、罗布淖尔、楼兰；

东汉丝绸发现于武威、民丰、尼雅；

魏晋南北朝的丝绸发现于嘉峪关、于阗、吐鲁番、巴楚；

隋唐的丝绸发现于敦煌、吐鲁番、乌鲁木齐；

宋元的丝绸发现于若羌、乌鲁木齐②。

自公元前第二世纪以后的千余年间，大量的中国丝和丝织品皆通过丝绸之路运往西方。

丝绸之路，亦称丝路。其主要路线：东端起自渭水流域的长安（陕西西安），向西通过河西走廊，或经今新疆境内塔里木河北面的通道，在疏勒（喀什）以西越过葱岭（帕米尔高原和喀喇昆仑山脉），便经大宛（费尔干纳盆地）和康居南部（撒马尔罕附近）西行；或经今新疆境内塔里木河南面的通道，在莎车以西越过葱岭更经大月氏（阿姆河上、中游）西行；以上两条西行路线会于鹿城（马里），然后向西经和楼城

---

① 向达译：《斯坦因西域考古记》第108页，中华书局，1936年。
② 据刘景春：《汉唐间丝绸之路上的丝绸贸易》，见《丝路访古》第85页，甘肃人民出版社，1984年。

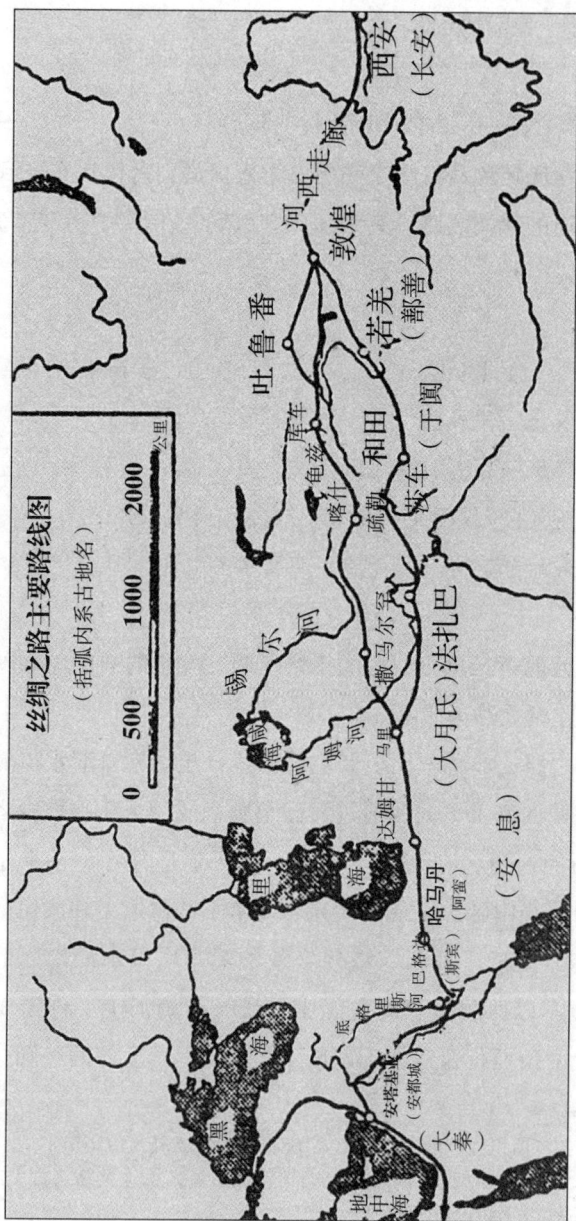

丝绸之路主要路线图

（里海东南达姆甘附近）、阿蛮（哈尔丹）、斯宾（巴格达东南）等地以达地中海东岸，转达罗马各地。

古代希腊和罗马人称中国为赛里斯国，意即丝国，因中国很早即向西方输出蚕丝而得名。丝绸是中国的特产，但它并不产于西域与河西走廊，而是产于中国内地。中国殷商时期已有丝绢，周代有了罗与纱，战国时已有织锦；汉代官营丝织业而外，民间已能生产精美丝绸，出现了提花机；唐代生产的丝绸的花色与品种繁多，其彩锦和纹绫非常鲜艳美丽。汉唐的丝绸是中国古代文明的象征，为西域、中亚和西方国家视为贵重的奢侈品，吸引着商队往来贩运于丝绸之路，促进了中西的经济与文化的交流。丝绸之路的开辟、畅通或闭塞，都从一个侧面反映了中华民族国家命运的盛衰。

二　丝绸之路的开通

◎ "匈奴不灭，无以家为"

公元前三世纪后期，即中国秦汉之际，中国的西北是大月氏，北方是匈奴。秦始皇修筑长城便是为了抵御北方民族的入侵，以保障他建立的帝国的万世基业。匈奴是中国北方民族之一，亦称胡、鬼方、混夷、猃狁和山戎，秦代称为匈奴；散居于大漠南北，过着游牧生活。月氏，也作月支（Ròu zhī），古西域国名，其族居于今中国甘肃敦煌与青海祁连县之间。匈奴的势力强大起来之后，于西汉初年攻破月氏，占领其故地。月氏部族西迁至新疆伊犁河上游，占据塞种故地，称大月氏；余部进入祁连山，称小月氏。匈奴野心勃勃，时时侵扰中国边境，窥视中原，威胁着汉王朝的北境和西北境。

汉王朝于公元前206年建立之后，经过六十余年的休养生息，国家渐渐富裕强盛。汉武帝是中国历史上最有雄才大略的君主之一。他决心消除边患，打击匈奴，以保卫国家的安全。建元三年（前138），汉武帝派张骞持汉节（汉王朝遣使的凭证信物，以竹木制成，上书文字）出使西域，联络大月氏共同对付匈奴。张骞经过匈奴地区被拘留数年，逃出后到了大月氏，但大月氏已习惯于新的环境，无意收复故地了。张骞虽未完成联合大月氏的任务，却第一次了解了西域的情况并宣扬了汉朝国威，历尽艰辛，保持了汉节，为时十三载才回到都城长安。他向汉武帝报告了西域的情形，建议经营西域以斩断匈奴的"右臂"。汉武帝得知西域的大宛（费尔干纳盆地古国）、大夏（阿富汗北的巴克特里亚王国）和安息（伊朗高原东北帕提亚王国）等都是大国，这些大国出产珍奇之物，兵力较弱；它们的北方有大月氏和康居等部族，虽然兵强好战，但可利诱为汉朝效力。张骞以为，如果以汉王朝的仁义感化西域诸国，则可开拓王朝的疆域，使它们臣服，汉朝的国威必将遍布四海。汉武帝欣然采纳了张骞的建议，制订了经营西域的计划。经过充分准备，汉武帝发起了河西战役。

元狩二年（前121）三月，汉武帝任命霍去病为骠骑将军。霍去病（前140-前117），河东平阳人，是大将军卫青的外甥儿，皇室的贵胄。他英姿勃勃，沉默少言，善于保守机密，长于骑射，勇敢无畏。因此甚得汉武帝的赏识，十八岁时即官为侍中之职。武帝曾教他古代兵法，霍去病表示愿为国效忠，誓扫匈奴："匈奴不灭，无以家为也。"征服匈奴似乎是霍去病天受的历史使命，由此展示了他伟大的军事天才。当他接受汉武帝委以重命时，年方二十岁。他统率骑兵万余出征陇西，与匈奴转战六日，越过焉支山（甘肃山丹县东南）千余里，擒斩匈奴的折兰王和卢侯王，俘获其王子、相国和都尉，斩首八千九百余级，缴获了休屠王祭天用的金制神像。

这年夏季，汉武帝向匈奴发起了东北战役和西北战役。东北线由卫尉张骞与郎中令李千率军出右北平（河北蓟县）。西北线由霍去病与合骑侯公孙敖统率数万骑兵出北地（甘肃庆阳）。霍去病军与公孙敖在沙漠中失去联系，于是孤军深入，追击匈奴二千余里，军过居延，再过小月氏，横扫祁连山，俘虏匈奴单桓王和酋凉王，以及相国、都尉等2500人，斩首三万余级，大获全胜。秋季，匈奴浑邪王率部向汉王朝投降。河西自此归属汉王朝版图，汉武帝在此先后建立了武威、张掖、酒泉、敦煌四郡，史称"河西四郡"。

元鼎二年（前115），汉武帝再度派遣张骞出使西域，升张骞为中郎将，带领副使节数十人，骑兵三百人，牛羊数万头，价值巨万的金币丝帛，经河西走廊而进入西域。由于汉朝击败了强大的匈奴，并将其逐到大漠以北的遥远地方，张骞的使团令西域各国感到震慑。玉门关以西，葱岭以东，东西三千余公里，南北约千公里；这辽阔的西域三十六国闻风归顺，皆臣服于汉王朝。这样从汉朝都城长安，经河西走廊、西域，越过葱岭以西的丝绸之路开辟了。

汉宣帝本始三年（前71）春，匈奴南下威胁乌孙。乌孙部族最初在祁连与敦煌之间，后来迁徙伊犁河与伊塞克湖一带。元狩四年（前119）张骞出使西域，曾与乌孙结为友好，武帝两次以宗室之女为公主远嫁乌孙昆弥。乌孙受到匈奴威胁时，向汉王朝求援。宣帝发兵十三万迎击匈奴，遣校尉常惠持汉节保护乌孙，联合出兵。汉军全面发动猛攻，匈奴大为恐惧，不敢迎战，舍弃畜产，扶老携幼，迅速向大漠以北逃奔，风声鹤唳，草木皆兵，死亡者沿途皆是，情景极为悲惨。乌孙昆弥自领五万骑兵与汉军校尉常惠联军西袭匈奴，截断其归路，俘虏匈奴单于王室，斩首四万级，获牲畜七十余万头。匈奴从此衰弱了。他们痛哭说：

> 亡我祁连山，使我六畜不蕃息；
> 失我焉支山，使我嫁妇无颜色！

因为失去祁连山即意味着失去天然良好的牧场，匈奴的牲畜就不会繁衍了；失去盛产胭脂的焉支山（张掖大黄山），匈奴的妇女便没有化妆用品，她们不再美丽了。

◎唐王朝的征战与"丝绸之路"的开通

东汉末年至三国时期，中原战争频繁，政权分裂，河西走廊相继受到袭扰，人口锐减，交通阻塞，经济凋敝。公元265年西晋政权建立，河西曾出现过短暂的安定局面，但很快又进入战乱与割据状态。在河西先后建立割据政权的有前凉（汉）、后凉（氐）、南凉（鲜卑）、北凉（匈奴）、西凉（汉）。北魏孝文帝时代（471-499），河西经济得到恢复，丝绸之路再度兴盛，佛教文化广泛传播。此后北方和西北的民族突厥与吐谷浑的势力渐渐强大起来，丝绸之路的交通受到严重的影响。

突厥是古代阿尔泰山一带的游牧民族。北魏太武帝灭沮渠氏，有阿史那以五百家投奔柔然（茹茹），居于金山（阿尔泰）为铁工。金山的形状像兜鍪（野牛），方言称兜鍪为“突厥”，因以名其部落。隋唐之际，突厥占有沙漠之地东西万里，分为东突厥和西突厥。

吐谷（yù）浑，是古代鲜卑族建立的王朝名。鲜卑族本居辽东，魏晋时西迁，依阴山而居，晋末居于今青海北部与新疆东南地区。

公元618年唐王朝建立后，突厥与吐谷浑不断侵扰北方和西北边地，威胁着京都长安。武德七年（624），朝臣建议迁都，焚毁长安，以绝突厥与吐谷浑的袭掠，唐高祖已表示同意。秦王李世民坚决反对退让的策略，他向父亲进谏说：“北方和西北民族侵扰边地，自古有之。现在我大唐统一天下，光耀中华，精兵百万，为什么因边地一点扰乱便迁都以逃避呢？这必然会为天下所羞耻，为后世所讥笑。汉代霍去病曾说‘匈奴未灭，无以家为’。儿臣愿以数年为期，将斩下突厥王的首级送到京都。”世民之兄建成嘲讽说：“汉惠帝时樊哙曾统兵十万之众，横行匈奴之中。弟弟所言大概要效法樊哙了？”世民回答说：“汉朝与唐朝的形势不同，用兵的战略也异。樊哙匹夫之勇，何足称道！我不用十年，誓将安定大漠以北。这绝非虚语。”唐高祖接受了儿子李世民的建议，并为他的英雄气概所感动，不再准备迁都了。公元627年，李世民即皇帝位，是为唐太宗。他使大唐的国威远扬，重新开通了丝绸之路，实现了宏伟庄严的誓言。

丝绸之路是古代东方和西方的交通、贸易和文化联系的纽带，它成为东方古代中原汉族王朝与西北各民族必争之地。汉唐王朝均建都长安，势处北方和西北民族的窥伺之下；为了国家的长治久安，必须采取积极的进取而防御的策略，因此丝绸之路的东段便成为汉唐王朝的西北重镇。河西走廊是丝绸之路的战略要地。从河西走廊终点玉门关西出，便可进而控制整个西域，形成进可攻退可防守的优势。这样，中原王朝便居于主动的地位，有利于向外发展，可以保证丝绸之路的畅通，维持与西方经济文化的联系。丝绸之路在某种意义上可说是中原王朝的生命线。唐太宗同历史上的汉武帝一样，深知它的意义。

唐太宗初年采取了一系列措施发展国民经济，增强国力，而对突厥和吐谷浑则进行有理有节的政治攻势，同时积极做好战备工作。贞观三年（629）十一月，突厥侵扰河西，掳掠财物。唐太宗命名将李靖为定襄道行军总管，李勣为通汉道行军总管，薛万彻为畅武道行军总管，分道出击，大败突厥于灵武（甘肃灵武）。十二月突厥突利可汗入长安称臣朝贡。唐太宗对朝臣们说："从前太上皇（唐高祖李渊）为了百姓的缘故，曾委屈地向突厥称臣。我为此感到非常痛心。现在突厥的单于向我稽颡朝拜，基本上可以洗雪以前的耻辱。"不久，东北松花江的部族靺鞨遣使入贡。太宗自豪地说："古人都说御戎无上策。我现在治理国家，四周的民族纷纷臣服于我大唐，这岂不是'上策'吗？"贞观四年（630）八月突厥欲谷前来投降，九月伊吾城主人将所属七城来降。

贞观八年（634）吐谷浑连续侵扰河西，并且扣留唐朝使臣赵德楷。唐太宗下诏大举讨伐吐谷浑，他很希望老将李靖担任三军统帅。李靖（571-649），本名药师，京兆三原人。隋朝大将军韩擒虎之甥，精熟兵法，具有大将风范，为唐王朝之开基建立了伟大功勋。这时李靖64岁，已经赋闲了。当他闻知唐太宗之意后，上殿请缨，愿为大唐而再起从戎。十二月，唐太宗任命李靖为西凉道行军大总管节度诸军，率数十万大军分道全线进攻吐谷浑。贞观九年（635）三月，高甑生部于洮州击败羌族叛军。四月，李道宗部于库山击败吐谷浑主力。吐谷浑可汗伏允下令焚烧草原，毁弃军需物资，以轻骑逃入茫茫沙碛。李靖将唐军分为南北两道，分路追击。李靖与薛万均、李大亮行北道，侯君集与李道宗行南道。李靖部将薛孤儿在曼头山大败吐谷浑，斩其名王（诸王之中著名者），俘获大量牛羊以充军队食物。李靖又在牛心堆和赤水源两次击败吐谷浑。侯君集部率骑兵进入沙漠无人之境千余公里，盛夏忽降严霜，军士饮冰解渴，战马噉食积雪，行军条件极为艰苦。五月，他们在乌海（青海兴海县境内）追上吐谷浑主力，俘获其名王，可汗伏允大败逃去。李大亮部败吐谷浑于蜀浑山，俘虏其名王二十余人。李靖督各路军经积石山河源（青海西宁）至且末（新疆且末县），得知伏允在突伦川将逃奔于阗。突厥降将契苾何力选骁骑千余，直奔突伦川，薛万均领兵为后援。契苾部下在沙碛中缺乏饮水，将士刺马血解渴。他们追去突伦川，迅猛袭击伏允牙帐（将帅军帐），斩首数千级，获得牲畜二十余万头。伏允率领千余骑兵突破重围逃去，其妻子被俘。伏允战败，为部下所怨恨，众叛亲离，十余日后为左右将士所杀。李靖会合诸路军，击破吐谷浑国，吐谷浑投降，捷报传到长安。唐代诗人们以豪迈的爱国热情歌颂了唐军将士的伟大胜利：

五月天山雪，无花只有寒。笛中闻折柳，春色未曾看。晓战随金鼓，宵眠抱玉鞍。愿将腰下剑，直为斩楼兰。

（李白《塞下曲》）

单于寇我垒，百里风尘昏。雄剑四五动，彼军为我奔。捬其名王归，系颈授辕门。潜身备行列，一胜何足论。

（杜甫《前出塞》）

青海长云暗雪山，孤城遥望玉门关。黄沙百战穿金甲，不破楼兰誓不还。

（王昌龄《从军行》）

从这些唐人的边塞诗里，我们现在还能感受到中华民族的一种积极武勇的精神。

贞观二十二年（648），唐军攻破龟兹（Qiū cí 新疆库车），西突厥、于阗、安国等皆向唐军供给军需之品。唐王朝在龟兹设立安西都护府，统辖焉耆、疏勒、于阗和龟兹，建立四部军事重镇。安西都护府负责维持丝绸之路的安全，签发通行证，向过往商队征税，还负责追查贩运货物的丢失，体现了唐王朝的政治权威，保证了丝绸之路的畅通。唐王朝的国威远扬，我们可以想见京都长安"九天阊阖开宫殿，万国衣冠拜冕旒"的盛况了。

在丝绸之路上，西方各国的使团带着珍奇的贡品，胡商的骆驼队载着珠宝玉器、毛织品和中国丝绸，佛教徒们怀着虔诚的信仰在传教和求经，卫戍的军校守卫着哨垒和烽燧，妖艳的胡姬弹着琵琶唱起热烈浪漫的流行歌曲，各族人民穿戴民族服饰熙熙攘攘。他们在漫长的途中要经过夐不见人的地方，穿越

走在丝绸之路上的各国商旅

浩渺无际的戈壁，忍受风沙与酷寒的袭击，穿行于缺水的死亡之域。他们的信仰、欲望、责任、求知，化为一种巨大的精神力量，在丝路上留下了人类奋斗的足迹。

公元七世纪之后期，中国西南的吐蕃（Tǔ bō）渐渐强盛起来。吐蕃是中国古代藏族建立在青藏高原上的地方政权。藏族属西羌，在青藏高原上分为许多部落，从事畜牧和农业。其君称赞普，相称大论、小论。公元629年松赞干布即赞普位，统一青藏高原，建都逻些（西藏拉萨），建全军政制度。吐蕃继续向境外扩张，击败已属唐朝的吐谷浑和党项。公元648年，吐蕃曾出兵帮助唐朝使臣王玄策进军中天竺，击败阿罗拉顺。唐高宗和武则天时期，吐蕃威胁陇右与河西，为夺取安西四镇而与唐军发生多次战争。

开元二年（714）八月，吐蕃将坌达延与乞力徐率十万之众入侵，驻军于兰州，至于渭源（甘肃临洮），掠夺当地牧马。唐玄宗命薛讷为陇右防御使，右骁卫将军郭知远为副使，与太仆少卿王晙，招募勇士，进行战备，准备迎击。十月，吐蕃再度侵扰渭源。唐玄宗下诏准备亲征，发兵十余万人，马四万匹。薛讷率唐军与吐蕃战于临洮县境的武街驿，大破吐蕃军。王晙率所部二千人与薛讷合军进击吐蕃。吐蕃坌达延十万军屯于大来谷。王晙选勇士七百人，身着胡服夜袭吐蕃军营，在五里之后设置鼓角以呼应。吐蕃以为唐军大至，惊恐忙乱之中自相杀伤，死者万计。薛讷时在武街驿，距大来谷10公里，发兵夹袭吐蕃。唐军会合追击吐蕃于洮水，再战于长城堡，大败吐蕃军，共杀获数万人，收还被掠去的羊马。吐蕃残军向北逃奔，死尸枕藉，洮水为之断流。因唐军的胜利，唐玄宗停止亲征，派遣紫微舍人倪若水前往临洮慰问。吐蕃遣大臣向唐王朝请求和议，遭到拒绝。唐朝以郭知远、王君㚟相继为河西节度使，以捍卫河西走廊，使丝绸之路畅通，促进长安与西域的文明。

三　丝绸之路上的河西五州

河西在中国甘肃省西北，位于黄河之西，地形如一条狭窄的走廊，故称河西走廊。它的南面是祁连山脉，北面是合黎山与龙首山，东至乌鞘岭，西迄玉门关。在这片狭长地带上绿洲断续相连，平均海拔1400米左右，东西长约1000公里，南北宽约100-200公里。它是丝绸之路的交通孔道，是从西域到中原的必经之地，形势极为重要，却又奇丽而富饶。在这里，汉代设置了武威、张掖、酒泉和敦煌四郡；唐代特设河西道，辖凉州、甘州、肃州、瓜州、敦煌五州。

从汉唐的都城长安（陕西西安）向西北行九百余公里到乌鞘岭即进入河西走廊。雄伟高峻的祁连山在河西走廊的南边绵延西去，直至古玉门关，全长千余公里。匈奴人称祁连山为天山。"天"，匈奴语为"撑犁"；"祁连"即"撑犁"的译音。此山有许多4000或5000米以上的高峰，终年白雪皑皑，故又名白山。它的雪水使山下这一片干旱少雨的地带充满生机，灌溉着田园，禾苗苗壮，草原繁茂，林木葱茏，成为肥沃的绿洲。祁连山的山峦深处有无数超越雪线的山峰，多年的积雪在山谷间形成条条冰川，蕴藏着巨量的雪水资源。当冰雪融化时，山下奔涌出数十条河渠，成为天然的水利工程。河西走廊北面的合黎山与龙首山虽然山势较为平缓，但它们组成的屏障像天然的长城，既使北方风沙的威势大大减小，又阻止了北方沙漠向南推进。河西的自然环境很适宜于农业和畜牧业的发展，也成为西北人蕃息的富饶之地。这里的景色层次鲜明而富于变化，这里的居民有来自塞外的各民族，这里的文化也就绚

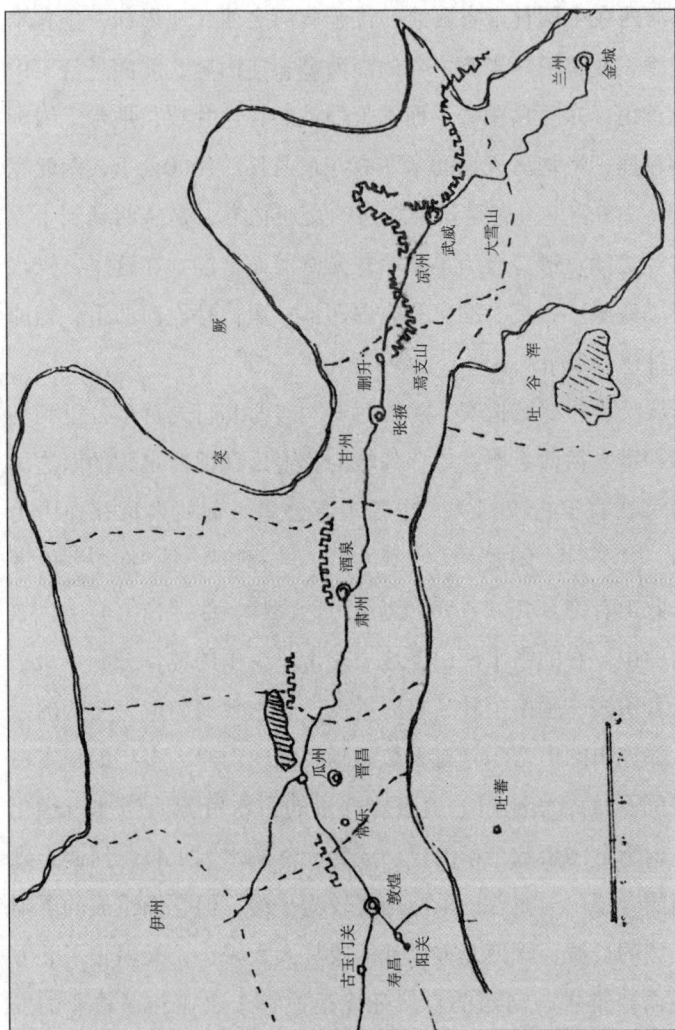

唐代河西图

兰州　金城
武威　凉州
大雪山
吐谷浑
祁连山
焉支山
删丹
甘州　张掖
瓜州　酒泉
肃州
晋昌
敦煌
古玉门关
寿昌　阳关
伊州
吐蕃

丽多彩了。

◎塞北江南武威

武威，西汉建凉州府，辖境相当于今甘肃、宁夏和青海湟水流域、内蒙古纳林河、穆林河流域，三国时治所。十六国的前凉、后凉、北凉皆于此建国。唐代武德二年（619）在此置凉州总管府，它东距都城长安千余公里。府城气势宏大宽敞，面对高耸的祁连山。它最初是匈奴修筑的，称为盖臧城，汉代讹称为姑臧。这里为四冲之地，车马辐辏，河渠纵横。盛产米麦，被誉为"塞北江南"。城内的文庙里尚保存有汉唐的木雕和西夏、高昌、吐谷浑的碑志。海藏寺里有巍峨的罗什古塔和大云寺铜钟。铜钟高两米多，相传为唐代遗物，曾在城东北的钟楼上，钟声可以响彻全城。城南20公里处有吐谷浑王族的墓葬群散在山岗上。这令人想起当年唐军大破吐谷浑的历史风云。

◎四通八达的甘州

甘州，古张掖郡，天山黑水皆在境内，茂林蓊蔚，流水清澈，稻畦弥望，田原润泽，盛产瓜果，为河西景色最佳之地。这里东距武威250公里。城中心钟楼的四门上匾额分别为：

东迎华岳
南望祁连
西达伊吾
北通沙漠

这座开放的城市欢迎来自东方的汉族、党项，来自西方的波斯和阿拉伯各民族，来自北方的匈奴、鲜卑、突厥、回纥，来自南方的羌族、氐族、吐谷浑和吐蕃。城南便是焉支山的主峰。东南90余公里为祁连山口，即古代大斗拔谷，峡谷长40公里，乃青海与甘肃之间的交通要道，为兵家必争之地。城西北15公里处是古代黑水城遗址，城基尚完好，东西约240米，南北约220米。二十世纪之初西方考察家在此有重要考古发现。

◎文明开放的肃州

肃州，唐代武德八年（625）置都督府；天宝元年（742）改为酒泉郡，因郡下有金泉，泉味如酒而名。此东距甘州170公里。这座城市的钟楼四门匾额与甘州同，也表明是开放的城市。公元1422年波斯使臣到了此城，记述了所见到的印象：

> 这个肃州是一座有坚固城池的极整洁的城市。该城的形状恰如用尺子和一对罗盘画出来的四方形。中心市场宽有五十正规码，整个用水喷洒，打扫得干干净净，以致举个例说，油倒在那里也不能再收起来。在他们的住宅里养了很多猪，而且肉铺里羊肉和猪肉竟并排挂着出卖！各类工匠搭有他们的店棚。他们的市场中有许多广场，而且每个广场边上，有用极精美的竹竿搭成的亭子。亭子盖着中国式圆锥形的木尖顶。城池四周，每隔二十步的间距，筑有带顶的城楼。四城的四门彼此相对，因为从一门到另一门的街道笔直，看来就是同一道门，以此人们以为它很近，不用多少时间就到得了那里，但它却离得老远。每座城门上有中国式建筑的两层阁楼，整个建筑物的屋

顶因此是倾斜的，一如袑拶答而的建筑法，在那里人们用素瓦来盖它，而中国人大都使用上釉的瓷瓦。在这座城市中，有很多各占地十英亩左右的佛寺。该地区整个铺设干砖。他们的干砖有像石头那样的光泽，并且很结实。他们把他们的佛寺维持得一尘不染。①

我们可以想象，河西的城市风貌大都如此，保存着中国城市建筑格局的特色。肃州城附近仍然是肥沃繁茂的绿洲，但一出城北数里进入古滩，碎石零乱，黄沙白草，寒烟出没，人迹绝少，已有塞外风光了。城东有泉眼，泉水清冽。相传汉武帝嘉奖将军霍去病在河西战役的伟大功绩，特遣使赐赏美酒。霍去病将酒倒在泉内，同将士共饮，于是人们称此泉为酒泉。城西35公里处为长城的嘉峪关，控扼祁连山至黑山间14公里险道，誉为"天下雄关"，威武地屹立于丝绸之路。西出嘉峪关，沿疏勒河北岸古道，沙漠无垠，废城和烽燧断断续续，这就是古代长城和障塞的遗迹。古代匈奴的骑兵自北方大漠而来，遇到了长城和障塞，而水草之地为塞内汉族所控制，他们人困马乏，处于极不利的地位。当然，汉代和唐代的将士们出关深入沙漠进行战斗，其处境也是同样困难的。

◎风猛沙大的瓜州

瓜州，唐代武德五年（622）置，治所晋昌，位于今甘肃安

---

① 〔波斯〕火者·盖耶速丁：《沙哈鲁遣使中国记》第111页，中华书局，1981年。

西东南约60公里处。辖境约今甘肃安西至玉门市以西的疏勒河中游和踏实河流域一带。州城名锁阳城，因当地多野生锁阳（肉苁蓉之类的中药植物）而得名。唐代故城遗址在桥子乡南7公里的沙漠上。城址南北470米、东西430米、墙高10米，夯土筑成。北城外有土堡两座，曾作关押战俘之用。此处风沙极大，风力猛烈，黄沙漫漫，时时可见汉唐的烽燧和长城的残迹。

◎钟灵毓秀的沙州（敦煌）

沙州，唐代武德五年（622）将汉代的敦煌郡改为西沙州，贞观七年（633）改为沙州，领敦煌、寿昌二县，治所在敦煌三危山。西汉元鼎六年（前111），汉武帝从酒泉郡辖区分置敦煌郡，命将军赵破奴遣甘州、肃州和瓜州军民筑城。城筑好后，武帝又移中原汉族民众充实。赵破奴，太原人，曾逃亡匈奴，后来归汉为骠骑将军霍去病的司马，参加河西战役，多次与匈奴作战，又出军西域击虏楼兰王，因功封为浞野侯。张骞出使西域归朝在向汉武帝报告月氏情况时曾说：

> 始月氏居敦煌、祁连间，及为匈奴所败，乃远去，过宛，西击大夏而臣之，遂都妫水北，为王庭。

这见于司马迁《史记》卷一二三《大宛传》。班固《汉书》卷六一《张骞传》引述此段话，其中"敦煌"作"燉煌"。此后《旧唐书》《宋史》以及《沙州图经》（S.2593，S为斯坦因敦煌卷子编号）和《沙州都督府图经》（P.2005，P为伯希和敦煌卷子编号）等地方志里均作"燉煌"。这词语的本义为火光盛大光明，有辉煌之意。汉武帝建置河西四郡，除"酒泉"而外，余如"武威"表示汉朝武力强大；"张掖"之"掖"通"腋"，义为张开双臂，以表示开拓疆土。他最后设置的敦煌郡，是显示其开发河西的伟大成就，标志完成了辉煌的开边事业。东汉学者应劭解释说："敦，大也；煌，盛也。"唐代地理学家李吉甫说："敦，大也，以其广大西域，故以盛名。"[①]他们的解释是符合汉武帝置郡之意的。敦煌虽是月氏故地，后来又为匈奴所占据，其原始的地名已不可考。司马迁著《史记》时记述张骞之语，已不可能是原话，因此所记"敦煌"乃是设郡后的新地名，绝非原有旧名。"敦煌"两字在汉语里可以构成词而具意义的，它并非月氏或匈奴语的译音。[②]

　　唐代在沙州设都督府。都督为地方军政长官，总揽本区军政和民政。沙州的建制宏伟：城西有州学和县学，内有先圣先师庙堂，供奉儒家圣贤，春秋二时奠祭；城南有州社稷坛，城西有县社稷坛，坛高四尺，四周各二十四步，春秋二时地方长官于此祭祀土神和谷神；城东北有西凉王李暠建造的嘉纳堂。这座城的东门名为"望京门"，东距京都长安1800公里。沙州北通西域，东达秦川，它是河西通向西域的汉族政府所在地，具有非常重要的战略意义，成为汉唐王朝在河西的重镇。古代

① 见《汉书·地理志》颜师古注引应劭语；李吉甫《元和郡县图志》卷四十。
② 胡戟、傅玫《敦煌史话》第16页（中华书局，1995年）："近年国内外学者多以为敦煌是建郡以前居住在当地的少数民族对本地所起的名字的音译，正如'祁连山即天山也，匈奴呼天为祁连'，姑臧（武威）为'盖臧'那样，敦煌或者也即是匈奴语的音译。日本滕田丰八《西域篇》则认为敦煌可能是都货罗（吐火罗），即汉初居敦煌、祁连间的月氏族的音译。"这些意见都属推测性的，并无充分依据。

的玉门关在敦煌西北100公里处的小方盘城；古代的阳关在敦煌西南约70公里处的南湖。从敦煌经玉门关而通西域北路，经阳关而通西域南路，所以它像咽喉控扼着中国与西方的交通，成为丝绸之路的明珠。

唐代开元三年（715）张嵩任沙州刺史。他到任后，民众向他反映州西有一处玉女泉，其神甚为灵验，每年需要童男童女二人祭享，不然神就降下冰雹，损毁田里禾苗。被选送的童男童女最初惊恐哭泣，不忍离开父母，但一到城外为神摄去魂魄，全无知觉和表情，互相携手走入水中。这当然是该地民众愚昧迷信所致。张嵩大怒说："这妖怪怎敢在此危害我的百姓！我一定要斩掉它。"他在玉女泉边悄悄设置坛场，准备了铜铁百万斤，率领军士来到泉边，祷告说："我奉大唐皇帝之命来守此邦，顺我者生，逆我者死。现在我请神灵来坛上当面祭享。"泉神没有反应，很久都不出现。张嵩警告说："你这神若再不出来，我立即用污秽之物和沙石将此泉填平！"泉神惧怕了，现身为一条龙，身长数丈，到坛上饮酒并食牲畜祭品，怡然自得，左顾右盼，摇头摆尾。张嵩密令将士以弓箭射杀龙喉，并亲自拔剑斩下龙头。然而龙还有灵通，尸身跃入泉中。张嵩命将士以冶熔铜铁汁灌入泉中，龙尸发出惨痛巨响，腾空而去，烧焦的肋骨落了两条下来。从此以后，沙州的民众就没有灾害了。张嵩命州衙总管李思敬将龙头并进表送往长安。唐玄宗敕令嘉奖张嵩为民除害，特赏赐明珠和锦彩等物。这则传说在沙州文献里作为大事详述，虽然有些荒诞离奇，但可说明刺史张嵩确曾为民除害，破除迷信，所以当地人民永远不会忘记。

沙州有良好的自然环境。祁连山的雪水资源所形成的水系，在此由疏勒河与党河灌溉着一大片绿洲。沙州之得名是因为州南5公里处的鸣沙山。鸣沙山东西40公里，南北20公里，高约170米，全由沙土积聚而成，但甚为神异。据说山中有井，沙从来不掩盖它，到了夏季能发出声音，人和马踏过时，它的声音可以传到数十里。每年的端午，城中的士女都去攀登最高的山峰，一齐滑下来时，流沙的声音如同雷的轰鸣。次日，其山的峰峦仍旧不变。当地的先民称它为"鸣沙"或"神沙"，真是奇异莫解。敦煌诗人云：

传道神沙异，喧寒也自鸣。势疑天鼓动，殷似地雷鸣。风削棱还峻，人跻刃不平。更寻掊井处，时见白龙行。

这似确有如此的灵异了。鸣沙山的危峰若削，孤岫如画，深谷高崖，奇丽多姿。它的南面有祁连山流出的雪水，分为数条河渠，形成灌溉系统。每年立夏之后，山暖雪消，河水猛涨，甘腴而又充沛，使这片绿洲充满旺盛的生机，花草繁盛，瓜果飘香，五谷丰登。这里还有分流泉绕城而过。由于这里农业和畜牧业的兴旺，有充足的物资以供给过往的商队、旅行者、城市居民和屯戍的众多军士。古代凡是经过丝绸之路的人们都愿意在此休息和给养，以便获得新的力量和物资继续踏上漫长而艰苦的途程。当人们走过戈壁沙漠，碛石盐泽，关垒烽燧，白草高丘，到了敦煌，总不免由衷地赞叹：啊，灵奇的沙州！

四 沙州归义军

公元755年，唐玄宗天宝十四年十一月，平卢、范阳、河东三镇节度使安禄山发所部兵及同罗、奚、契丹、韦室兵十五万于范阳（北京西南）反叛，以讨伐奸臣杨国忠为名，河北郡县望风迎降；十二月，安禄山军渡过黄河，中原诸郡陷落。次年正月，安禄山称帝；六月叛军将领崔乾祐进攻潼关，潼关老将哥舒翰为部下所逼，战败而降；安禄山挥师西进，直向长安。唐玄宗仓皇入蜀避难，七月，太子李亨即皇帝位于灵武（宁夏宁武），是为肃宗。唐王朝为了阻击叛军，命令安西都护及河西诸州守军入靖国难，保卫社稷。吐蕃早已准备侵占河西，趁唐王朝西北军备空虚之时，扩张势力，于是西北数十州，不断为吐蕃军所攻破。河西五州也相继陷没于吐蕃。在甘州与肃州陷没之后，唐王朝将原在凉州的河西节度使移镇沙州，仅领沙瓜二州了。河西走廊各州人民，特别是汉族人民都纷纷向沙州逃难。汉族军民誓死保卫沙州。

◎吐蕃统治下的沙州（敦煌）

大历六年（771），吐蕃赞普将牙帐移至祁连山，命尚绮心儿率吐蕃大军进攻瓜州和沙州。瓜州于大历十一年（776）城破陷没。沙州刺史周鼎固守城池，另一方面向西域的回纥（鹘）求援，可是援军过了一年未到。周鼎与众将商议，准备焚毁州城，带领众人东奔朝廷。这个计划是很不现实的，焚城固然可以，但东奔经过吐蕃占领区则是不可想象的。周鼎坚持东奔计划，派遣都知兵马使阎朝领壮士行视地理和水草情形。

次日早晨，阎朝向刺史周鼎辞行时，身带弓箭，射杀了其亲信周沙奴，将周鼎捉住缢死。他宣布代领州事，同汉族军民共同守城，多次击败吐蕃军。每当阎朝向民众募求粮食和军需时，民众纷纷响应。阎朝高兴地说："城中有食物，我们可以死守了。"这样过了将近十年，最后城里的粮食和武器完全竭尽了。阎朝登上城楼向吐蕃尚绮心儿呼喊说："如果不将我城民众迁徙其他地方，我愿以全城投降。"尚绮心儿答应了。沙州全城投降。从大历六年（771）吐蕃进攻，到建中二年（781）阎朝投降，沙州军民在这唐朝边陲孤城里坚持了十一年。攻下沙州后，尚绮心儿留守，怀疑阎朝准备谋变，于是下毒将他害死了。沙州的民众大都是汉族，他们投降吐蕃后，屈辱地被迫穿上吐蕃服装。每年祭祀祖先时，他们悄悄穿起汉服，跪在祖先神位前放声痛哭，然后再将汉服藏起来。安史之乱后，唐王朝由盛转衰，疲于应付国内的藩镇势力，无力收复河西，更无力保护沙州的子民了。

自唐德宗即位以来（780），决定停息边地战争，准备割让西北和西南大片土地，与吐蕃议和。建中四年（783）正月，唐王朝派张镒与吐蕃尚结赞于清水（甘肃清水）筑坛会盟。唐王朝以"国家务息边人，外其故地，弃利陷义，坚盟从约"为正大理由，划分了唐朝与吐蕃的边界，清水县、同谷县和大渡河以西为吐蕃之地，以东为唐朝之地。自此，吐蕃占有唐朝西北和西南广大的地区，整个河西走廊和西域都在吐蕃的统治之下了。

吐蕃统治河西时期，将唐王朝的乡里制度改为部落、将制。乡里制，即在县级政权下设乡，乡下有里。吐蕃占领沙州后，废除敦煌县原有的敦煌乡、莫高乡、神沙乡、玉关乡等，改为部落。千户为一个部落，五百户为小千户，百户为将；各级俱设户长。这些部落是古代游牧民族的编制，但在新的历史条件下其行政管理已经较严密了，因为吐蕃建立了较为完备的户籍管理。汉族人民在吐蕃统治下必然受到民族歧视和民族压迫，敦煌文书里有一些文献资料很真实地反映了这种情形。敦煌藏文卷子《据唐人部落禀帖批复告牒：禁止抄掠汉户沙州女子》（P.T.1038，P.T.伯希和敦煌卷子藏文编号）云：

> 亥年春大论于陇州会上用印发出之告牒：
> 二唐人部落头人告禀曰：往昔吐蕃、孙波与尚论牙牙长官衙署等，每以配婚为借口，前来抄掠汉地沙州女子，其实乃佣之为奴。为此，故向上峰陈报，不准抢劫已属赞普之臣民，并请按例准许，可如通颊（汉人部落）之女子，可以不配予别部，而在部落内寻择配偶，勿再令无耻之辈持手令前来择配，并允其自择配偶。
> 告牒如上，用印颁发。

吐蕃在占领区内曾大肆掠夺汉族女子、财物，当其统治稳定之后仍有各衙署签发命令允许一些军将及头人到唐人部落内抄掠成年女子，强行配婚为由，实际上将她们作为家奴使用。吐蕃大论（宰相）接到唐人部落头人禀报的情形后，特向占领区发出通告，认为汉族女子已属吐蕃国主赞普的臣民，不许劫掠她们，允许她们在本部落内自择配偶。这可见沙州女子在当时遭到的民族压迫，但吐蕃政府已力图改变这种野蛮的陋俗，以利于其在汉族中的统治地位。敦煌藏文卷子《青稞种子借据》（P.T.1115）云：

> 蛇年春，宁宗木部落百姓宋弟弟在康木琼新垦地一突半，本人无力耕种。一半交与王华子和土尔协对分耕种，种子由华子负责去借。共借种子二汉硕（石），秋季还债为四汉硕。其中二汉硕由宋弟弟归还。……二汉硕的抵押品为家畜母牛两头，交与华子手中，抵押若失去，就不再还给青稞。万一宋弟弟外出不在或发生纠葛，承诺之数仍应交纳，可直接与其妻部落女石萨娘去讲议（交涉）。中保人曹银，阴叔叔立契。本人和承诺人按指印。

这反映了农民无力耕种土地，将一半土地与人分种，以作为外借种子的条件。借物利息从春到秋，加倍偿还，属于高利贷剥削了。由此可见汉族民众生活的艰苦情形。敦煌藏文卷子《比丘尼为养女事诉状》（P.T.1030）云：

> 比丘尼与萨仙照诉状：
> 往昔，兔年于蕃波部落与退浑部落附近，多人饥寒交迫，行将待毙。沙州城降雪时，一贫穷人所负褓褓之中抱一周岁女婴，来到门前，谓："女婴之母已亡故，我亦无力抚养。此女明后日即将毙命。你比丘尼如能收养，视若女儿亦可，佣为女奴亦可。"我出于怜悯，将她收容抚养。……

沙州汉族人民在吐蕃占领时期像这种"饥寒交迫，行将待毙"

的惨状应是较为常见的①。沙州人民，为了争取自由，反对奴役，改变穷困痛苦的命运，他们时刻准备起义反抗吐蕃，让沙州再归属大唐王朝。敦煌曲子词《菩萨蛮》（P.3128）即表达了沙州人民的愿望：

> 敦煌古往出神将，感得诸蕃遥钦仰。效节望龙庭，麟台早有名。　　只恨隔蕃部，情恳难申吐。早晚灭狼蕃，一齐拜圣颜。

"关西出将"是汉代以来河西的光荣传统。敦煌果然出了名将张义潮，他带领人民收复了沙州。

◎张义潮光复沙州

张义潮，于唐代贞元十五年（799）出生于吐蕃占领时期的沙州。张氏本为沙州望族，义潮为张氏族中杰出的人物。他姿质奇伟，龙行虎步。曾习儒家经典，尤精于兵法韬略，熟悉天文地理，深知剑术，具有强烈的爱国主义情感。他长期以来便准备在沙州推翻吐蕃统治，光复大唐汉族政权。

公元842年，即唐代会昌二年，吐蕃统治集团内部矛盾加剧。这年吐蕃国主赞普去世，因无子嗣，便拥立了其妃之兄尚延力的儿子乞离明。吐蕃王室表示反对，很多部族叛离，国内陷入大乱。大将尚恐热自号宰相反叛，他与吐蕃鄯州节度使尚

---

① 参见刘进宝：《吐蕃对河西的统治与经营》，《敦煌吐鲁番学研究论文集》第322页-337页，书目文献出版社，1996年。

婢婢交战，战争连年不断，统治势力削弱。大中二年（848）尚恐热率所部掠扰河西诸州，凡所过之地捕杀了许多吐蕃守军，积尸遍野；其部下对他怀恨，准备随时发动兵变而将他杀死。张义潮认为收复沙州的时机到了。他组织了以沙州几大家族为主的汉族军队，特别招募勇士组成敢死队，通知了敦煌城内汉族民众接应。在一个漆黑的夜晚，风沙猛烈，城上守备松弛，张义潮率领敢死队勇士潜行至城上，突然攻城，火光冲天；汉族民众喊声四起，里应外合，犹如千军万马之众压城。吐蕃军士失守，仓皇逃遁。张义潮轻而易举地收复了陷没吐蕃六十七年的沙州城。

沙州光复后，张义潮负责州事，继续组织汉族军队追击逃溃的吐蕃军，迅速攻破瓜州，而且乘胜分别向河西其余诸州进军。河西诸州人民闻风响应，吐蕃统治纷纷瓦解。这年秋天，张义潮先后收复了瓜州、伊州、肃州、鄯州、甘州、河州、西州、岷州、廓州等十一州，将这十一州的地图绘好，派遣其兄张义谭，州代表李明达、李明振、押衙高进达、吴安正等二十九人组成使团东入长安，向唐王朝报告胜利喜讯，献上地图。大中五年（851），大唐宣宗皇帝在朝接见了沙州使团，嘉奖张义潮等对国家的忠诚，欣喜地收了十一州地图，敕封张义潮为沙州防御使，李明达为河西节度使衙推兼监察御史，李明振为凉州司马检校国子祭酒御史中丞，吴安正等分别授武尉等官。十一月，宣宗诏令在沙州设置归义军。唐代边地驻戍军队大者称军（军区），小者称守捉、城、镇。归义军统辖沙、甘、瓜、肃、鄯、伊、西、河、兰、岷、廓十一州，以张义潮为节度管内观察处置押蕃落营田支度等使、金紫光禄大夫检校吏部尚书兼金吾大将军，掌管归义军辖区之军政大权。

在河西十一州光复过程中，佛教僧众利用宗教组织以号召信徒们参加起义。为此，宣宗皇帝表示对河西释门都僧统洪辩及其弟子悟真给予嘉奖，特派吏部尚书崔龟和中书舍人崔瑶奉牒前往沙州：

> 敕释门河西都僧统摄沙州僧政法律三学教主洪辩、敕朝使沙州释门义学都法师悟真等：
>
> 盖闻其先出自中土，顷因及瓜（州）之戍，陷为辫发之宗（吐蕃）。尔等诞质戎坛，栖心释氏，能以空王之法，革其异类之心。犷悍皆除，忠贞是激。虔恭教旨，夙夜修行。或倾向天朝，已分其觉路；或奉使魏阙，顿出其迷津。心惟可嘉，迹颇劳正。宜酬节义之效，或奖演道之勤。假内外临坛之名，赐中华大德之号。仍荣紫服，以耀戎缁。洪辩可京城内外临坛供奉大德，悟真可京城临坛大德，仍并赐紫，余各如故。

洪辩等佛教徒在吐蕃统治时期因宗教派别相异，曾被强制辫发，改变宗教，但他们坚持佛教信仰，参加起义活动，使汉族"祖父之沉冤"得以洗雪，表现了对佛教和朝廷的忠贞，因此特加奖励。可惜洪辩和悟真等佛教徒的具体史实已不得而知，现在仅保存了大中五年五月唐宣宗敕牒石刻碑文[①]，留下一点历史线索。

---

① 《僧洪辩受牒碑》1900年发现于敦煌莫高窟藏经洞侧。引自姜亮夫：《莫高窟年表》第392页，上海古籍出版社，1985年。

敦煌诗人热情地歌颂了沙州的光复：

> 万顷平田四畔沙，汉朝城垒属蕃家。歌谣再复归唐国，道
> 舞春风杨柳花。仕女尚有天宝髻，水流依旧动桑麻。雄军往往
> 施鼙鼓，斗将徒劳猃狁夸。

沙州回归唐王朝，人们喜气洋洋。妇女又梳挽着唐玄宗天宝年
间的发式，将士们敲着战鼓庆祝战胜吐蕃（借指猃狁－匈奴）而
立下的历史功绩。从此沙州又是生机盎然、桑麻禾苗、瓜果飘
香、流水平沙、蕃养生息的绿洲了。

敦煌文书《张义潮变文》残卷（P.2962）以通俗的讲唱文体
叙述了张义潮保卫河西的三个事迹。第一是击败吐蕃与吐谷浑
联军。其事在大中十年前，时张义潮已加封为仆射（宰执官待
遇）。吐谷浑为吐蕃所灭，大部迁徙北方去了，余部为吐蕃所
奴役，在沙州西部保留了吐浑国。变文叙述：

> 诸川吐蕃兵马还来劫掠沙州。奸人（间谍）探得事宜，
> 星夜来报仆射："吐浑王集诸川蕃贼欲来侵凌抄掠；其吐蕃至
> 今尚未齐集。"仆射闻吐浑王反乱，即乃点兵从凶（西）门
> 而出，取西南上把疾路进军。才经信宿，即至西同侧近，便拟
> 交锋。其贼不敢拒敌，即乃奔走。仆射号令三军，便须追逐。
> 行经一千里以来，直到退浑国内，方始趁跌（停止前进）。仆
> 射即令整理队伍，排比兵戈，展旗帜，动鸣鼍（击鼓），纵八
> 阵，骋英雄。分兵两道，裹合四边。大持白刃，突骑争先。须
> 臾阵合，昏雾涨天。汉军勇猛而乘势，拽戟冲山直进前，蕃戎

胆丧奔南北，汉将雄豪百当千。……决战一阵，蕃军大败。其吐浑王怕极，突围便走，登陟高山，把险而住。其宰相三人，当时于阵面上生擒，只向马前，按军令而寸斩。生口细小等活捉三百余人，收夺得驼马牛羊二千头匹，然后唱《大阵乐》而归军营。

第二次是进军纳职。张义潮曾于大中五年（851）收复伊州（新疆哈密）。伊州以西的纳职县居住的吐谷浑和回纥部落混合吐蕃军经常侵扰伊州，俘虏女子，掠夺牲畜。变文云：

> 仆射乃于大中十年（856）六月六日，亲统甲兵，诣彼击逐伐除。不经旬日，中间即至纳职城。贼等不虞汉兵忽到，都无准备之心。我军遂列乌云之阵，四面急攻。蕃贼獐狂，星分南北；汉军得势，押背便追。不过五十里之间，杀戮横尸遍野。……仆射与犬羊（敌人）决战一阵，回纥大败，各自仓皇抛弃鞍马，走投入纳职城，把牢而守。于是中军举画角，连击铮铮，四面汉军收夺驼马之类一万头匹。我军大胜，匹骑不输，遂即收兵，望沙州而返。

第三次是伊州之战。大中十年，唐宣宗派遣御史中丞王瑞章前往安西（新疆库车）册封回纥国王庞特勤为可汗。王瑞章带着制诏和册文，同押衙陈元弘行至祁连山南畔，遇到归顺吐蕃的回纥叛军一千余骑，劫去制诏和册文。陈元弘等寡不敌众，四下逃散。元弘在沙州被游奕使佐承珍捉住，领到张义潮处。张义潮"闻言，心生大怒，——'这贼争敢辄尔猖狂，恣行凶害'。向陈元弘道：'使人（使者）且归公馆，便与根寻。'犹未出兵之间，至十一年（857）八月五日，伊州刺史王和清差走马使至云：'有背叛回纥五百余帐，首领翟都督等将回纥百姓已到伊州侧。'"，变文至此残缺，大致后来张义潮率军至伊州击败回纥叛军。回纥（Huí hé），中国古代西北操突厥语的民族之一，北魏时为高车或铁勒诸部之一，作袁纥，唐初名回纥；安史之乱时，曾助唐军收复长安和洛阳，公元788年更名回鹘。回纥当是Viyor的对音，今译维吾尔。回纥部落联盟与唐王朝一直保持友好与从属关系。张义潮坚决打击依附吐蕃的回纥叛军，同时保持安西都护府与回纥国的友好关系，结为联盟。

河西人民创作唱文（P.3500）热情歌颂张义潮的功绩。唱文中的太保即张义潮：

二月仲春色光辉，万户歌谣总展眉。太保应时纳福佑，夫人百庆无不宜。三光昨来转精耀，六郡尽道似尧时。田地今年别滋润，家园果树似胭脂。山中现有十矶水，潺潺流溢满河渠。必定丰熟是物贱，休兵罢甲读文书。再看太保颜如佛，恰同尧王似重眉。弓硬力强箭叉褐，头边鸟虫不能飞。四面蕃人来跪伏，献驼纳马没停时。甘州可汗亲降使，情愿与作阿耶儿。汉路当时无停滞，这回来往亦无虞。

咸通二年（861），张义潮亲率汉蕃军七千人，击败吐蕃守军，收复凉州（武威），于是河西走廊全部再归唐王朝，丝绸之路又得以畅通了。这年九月二十五日，张义潮派遣使团到长安告捷，献上《收复凉州进表》。此表幸存于敦煌文书中

（S.6342），表文云：

张义湖奏：咸通二年收凉州，今不知却已混杂蕃、浑。近传喌末隔勒往来，累询北人，皆云不谬，伏以凉州是国家边界，喌末百姓本是河西陇右陷没子孙；中国弃掷不收，变成部落，昨方解辫，只得抚柔。使为豺狼荆棘、若（缺），馈运不给，比于赘疣（缺）。弃掷于犷俗，连耕相牵状，竟犯阙为寇国家，又须诛剪，不可任被来侵。若微举兵戈，不挠州县。今若废凉州一境，则自灵武以西，尽为毳幕所居。比年使州县辛勤，却是为羯胡修造，言之可为痛惜。今凉州之界，咫尺帝乡，有兵为藩垣，有地为襟带，扼西戎冲要，为东夏关防。捉守则内有金汤之安，废之则外无堵垾之固。披图可羚，指事足明，不得不言，希留圣鉴。今岂得患若盗贼，放为寇仇？臣恐边土之人，坐见劳弊。臣不可伏匿所知，臣不敢偷安爵位，俾国家劳侵，忍宵汗忧勤。臣不言有于国家而不用，死亦甘心噬脐。归朝祭庙，以彰于唐典。

喌（wà）末是吐蕃的奴隶组成的部落。凉州收复后怎样处置他们，张义潮做了非常正确的建议。他认为喌末是河西百姓陷没的子孙，待到凉州收复才又成为汉民。张义潮向懿宗皇帝说明凉州在河西的重要战略地位及与京都的屏障襟带关系，请求朝廷不要弃掷凉州及其人民，否则造成边患，后悔莫及了。为此，他特为国家利益，不敢偷安，收复凉州以光耀唐朝史册。懿宗皇帝接受了建议，允许权宜处置该地蕃汉民族问题，一切仍旧，给予张义潮以特大嘉奖。次年，唐王朝重设凉州节度使，辖凉、洮、西、鄯、河、临六州，发兵2500人卫戍。十月，回纥首领仆固俊与吐蕃尚恐热大战，击败吐蕃军，擒斩尚恐热，并将其首级传送京都。自此，吐蕃势力衰弱，河西平靖了。咸通八年（867），张义潮进京都朝见懿宗皇帝，诏拜为右神武统军，赐田宅留居京都。咸通十三年（872），张义潮七十四岁，卒于长安府第。他在平生功业最辉煌时荣耀地离开人世。他的整个一生都为收复河西而战，以惊人的政治胆识和军事才能效忠于唐王朝，立下了不可磨灭的功勋，然而史臣都没有为这位汉民族的英雄立传。这令我们为之遗憾！

◎中原文化的绿洲

当咸通八年张义潮进京时，便将河西军务全权交与侄儿张淮深。淮深是张义谭之子。于大中七年（853）任敦煌太守，因有治迹而加授御史中丞，又加授左散骑常侍兼御史大夫。他继守归义军，治理河西甚有成绩，朝廷加授户部尚书充河西节度使，后又授兵部尚书。唐僖宗乾符年间（874-879），高仙芝、黄巢起义，中原及江南陷入连年战乱，安西回纥乘机侵扰瓜州。张淮深率军击败回纥，俘虏千余人，押入敦煌囚禁，派遣使者入京向朝廷报告。僖宗皇帝念及回纥曾与大唐的和亲关系，其子孙不能信守盟约，既战败被俘，仍宜宽大为怀。他命左散骑常侍李众甫、供奉官李全讳、品官杨继瑀等九人奉使沙州，随带金银、锦缎、珍宝，赏赐张淮深。诏曰：

> 卿作镇龙沙，威临戎狄，横戈大漠，尽扫匈奴。生降十角于军前，对敌能施于七纵。朕深嘉叹，宜更勉怀！

张淮深捧读了诏书，东望长安，跪拜谢恩，感激流泪，誓为大唐效忠。今存敦煌文书《张淮深变文》残卷（P.3451）记述了此事。当张淮深受敕完毕，引九位天朝使臣进入沙州城内开元寺拜谒唐玄宗圣像时：

> 天使睹往年御座，俨若生前。叹念敦煌虽百年阻汉，没落西戎，尚敬本朝，余留帝像。其余四郡，悉莫能存。又见甘、凉、瓜、肃，雉堞凋残，居人与蕃丑齐肩，衣着岂忘于左衽；独有沙州一郡，人物风华，一同内地。天使两两相看，一时垂泪；左右骖从，无不惨怆。

唐代河西五郡自建中陷没吐蕃到乾符已近百年，凉州、甘州、肃州、瓜州皆是民族杂居之地，汉族文化在这四州已经淡薄。开元二十七年（739），唐朝在京都建玄元宫，使画家吴道子绘玄元皇帝（唐玄宗）像，以高祖、太宗、高宗、中宗、睿宗五像配享；又命画唐玄宗真容分置各州开元观（后改寺）。唐朝使臣在远离帝都的边陲沙州城里能见到保存完好的开元寺，而且唐代盛世象征的开元皇帝唐玄宗像宛如生前一样在御座上，他们怎不感动流泪。沙州是汉族聚居地，依然中原文化，有着强烈的汉文化信念和汉文化氛围，正因这里诞育了张义潮等一批批英雄，才在河西走廊让汉族政权像沙漠中的绿洲一样存在着。

　　张淮深送走了天朝使臣，放还了俘囚的回纥将士，其首领感恩戴德，连呼万岁。然而不久，回纥王子领兵侵击沙州了。变文叙述：

天使才过酒泉，回纥王子领兵西来，犯我疆场。潜于西桐（青海柴达木）海畔，蚁聚云屯，远侦烽烟，即拟为寇。

先锋游奕使白通吉探知有贼，当即申上。尚书（张淮深）既闻回纥侵犯，命诸将点锐精兵将讨匈奴（回纥）。参谋张大庆越班启曰："金风素节，兵不可妄动；季秋西行，兵家所忌。"尚书谓诸将曰："回纥失信，来此窥视。《军志》有言：兵有事不获而行之，□□□事不获矣。但持金以压王相，此时必须剪除。"言讫，号令诸军，誓其众曰："回纥新受诏命，今又背恩；此所谓不义，理合扑灭，以雪朝廷之愤。将士勉怀尽节，其扫掠抢！"传令既讫，当即发兵，开凶门（西门）而出。风驰雾卷，不逾信宿，已近西桐。

贼且依海而住，控险为势，以拒官军。尚书乃处分诸将，令尽卧鼓倒戈，人马衔枚。东风猎猎，微动尘埃；六龙才过，誓不空回。先锋远探，后骑相催。铁甲千队，战马云飞。分兵十道，齐突穹庐。鼙鼓大振，白刃交麾。匈奴丧胆，獐窜周诸，头随剑落，满路僵尸。回纥大败，天假雄威。

唐昭宗大顺元年（890）二月二十日，沙州发生政变，张淮深及其妻陈氏，儿子延晖、延礼、延寿、延锷、延信、延武，全部遇难。此次政变之发动者为索勋。

索勋任瓜州刺史，是张义潮之婿。他于大顺元年发动政变后自立为节度使。景福元年（892），昭宗皇帝只得承认既成事实，任命索勋为河西归义军节度使。次年，张义潮第十四女为凉州司马李明振之妻，时李明振已去世，张氏率领张李家族及将士诛杀了索勋，夺回张氏政权，以侄儿张承奉继为归义军节度使。张氏之子李宏愿为沙州刺史、宏定为瓜州刺史、宏谏为甘州刺史。光化三年（900）唐昭宗又只得承认既成事实，分别正式制授。

唐哀宗天祐二年（905），唐王朝覆亡之前一年，沙州有白雀之祥瑞，张承奉遂自立为白衣天子，号西汉金山国，拥有瓜、沙、肃、鄯、河、兰、岷、廓八州。次年甘州回纥部族前来进攻，金山国派军于金河东岸迎击，擒获回纥先锋浑鹞子，占领四城。回纥不久又来进攻，金山国将阴仁贵、张西豹、罗通达以蕃汉精兵万人于便桥大败回纥军。此后，张承奉准备夺取甘州，连年与回纥战争，但常遭失败，国力削弱。公元911年回纥圣天可汗弟狄银率大军进逼沙州，张承奉遣罗通达出使吐蕃请求援助。吐蕃援军未到而回纥已兵临城下，张承奉出降，派遣宰相大德僧人议和，结为父子之国。自从金山国臣服回纥，张承奉失去臣民的拥护，政权渐渐为长吏曹义金所掌握。公元920年，张承奉卒，沙州将士和民众推举曹义金为元帅，负责州事，沿袭归义军节度使之职。

◎心系中原王朝的曹义金政权

五代后唐同光二年（924）四月，曹义金向中原王朝进贡宝玉、硇（náo）砂（火药料）、羚羊角、波斯锦、茸褐、黄金、星矾等物。五月，唐庄宗授任曹义金为归义军节度使、沙州刺史、检校司空。义金的妻子是回纥公主，其长女出嫁甘州圣天可汗为妻，次女出嫁与于阗国王为妻。曹氏通过联姻，改善了与回纥及于阗的关系，有利于河西的社会安定与经济的发展。

同光三年（925）六月，吐蕃军侵入凉州境内，抢走牛羊及粮食，以致凉州发生饥荒。凉州节度使押衙致书曹义金，请念及"凉府士人总是沙州百姓人"（S.5139），特恳求调拨粮食救济。当然这得到了沙州归义军的支援。长兴元年（930）九月曹义金遣使者向中原王朝进贡良马四百匹，玉一团。次年唐明宗授沙州节度使曹义金兼中书令。此后，无论中原王朝怎样改朝换代，曹义金都岁岁进贡，他不断受到朝廷的奖赏。沙州人民作了许多曲子词歌颂曹义金，如《望江南》（P.3128）：

> 曹公德，为国拓西关。六戎尽来作百姓，压坛河陇定羌浑。雄名远近闻。　　尽忠孝，向主立殊勋。靖难论兵扶社稷，恒将筹略定妖氛。愿万载作人君。

自曹氏家族任河西节度使以来正值西北吐蕃与回纥等民族处于衰落之时，中国五代十国处于战乱分裂之际，因此河西相对处于安定和平时期。曹义金及其后人元德、元忠等都能坚持同周边民族保持友好关系，致力于发展河西经济，使人民安居乐业。公元960年赵匡胤结束了五代十国的分裂局面，统一了中国，建立了宋王朝。宋王朝建都东京（河南开封），中国政治经济中心东移，对于河西基本上采取听任与放弃的态度。宋王朝将沙州作为自己疆土之外的区域，在《宋史》卷四九《外国列传》记载：

> 沙州本汉敦煌故地，唐天宝末陷于西戎。大中五年（851），张义潮以州归顺，诏建沙州为归义军，以义潮为

节度使，领河、沙、甘、肃、伊、西等州观察营田处置使。义潮入朝，以从子惟（淮）深领州事。至朱梁时，张氏之后绝，州人推长史曹义金为帅。义金卒，子元忠嗣。周显德二年（955）来贡，授本军节度检校太尉同中书门下平章事，铸印赐之。

〔宋〕建隆三年（962）加（元忠）兼中书令，子延恭为瓜州防御使。兴国五年（980）元忠卒，子延禄遣人来贡。……咸平四年（1001）封延禄为谯郡王。五年，延禄、延瑞为从子（侄）宗寿所害；宗寿权知留后。大中祥符末（1016）宗寿卒，授（儿子）贤顺本军节度，弟延惠为检校刑部尚书知瓜州。贤顺表乞金字藏经（佛经）泊茶药、金箔，（宋真宗）诏赐之。至（宋仁宗）天圣初（1023）遣使来谢，贡乳香、硇砂、玉团。自景祐（1034）至皇祐（1049-1053）中，凡七贡方物。

中国史籍关于沙州归义军的记载至此结束了。从宋王朝建立以来的近百年间，沙州归义军依旧表示属于大宋臣民，岁时遣使者至京都进贡。这屹立于河西遥远边陲的沙州城，虽然与中原王朝隔绝，周边皆是西北各民族部落，但它仍是典型的汉族文化，开元寺里的唐玄宗画像栩栩如生，象征着汉族文化在此顽强地生根开花。

汉文化的孤岛，历史的奇迹——沙州归义军！

佛教胜地莫高窟

一 失落的敦煌（沙州）文明

◎马可·波罗眼中的沙州

公元1271年11月意大利青年马可·波罗跟随父亲和叔父的商队从地中海东岸的阿迦城登陆以后，踏上了丝绸之路，走向神秘的东方世界。他们经过叙利亚、两河流域、伊朗，翻越帕米尔高原，进入西域，再经于阗和罗布泊，到达敦煌。马可·波罗在晚年回忆说：

> 我们好容易走完了一个月的沙漠旅途，终于到达了一座名叫沙州（即敦煌）的城市，它在大汗（中国元朝皇帝）的版图以内。省名叫唐古忒。人们信奉佛教。居民大部分是土库曼族，少部分聂斯脱利派基督教徒和回教徒。那些佛教徒操着自己特殊的方言。沙州城位于东部和东北部之间。他们不经营商业，从事农耕。盛产小麦。

图例

〜	河流	
◢	湖泊	
——	汉长城	
—·—	省界	
○	城镇	
⊙	废城遗址	
□	城堡	
⛩	佛教遗址	

甘

肃

北大河

酒泉

玉门

疏勒河

疏 勒 河

哈拉淖尔

瓜州城

西安

县泉

榆林窟

敦煌

佛爷庙

莫高窟

党河

大方盘城

西千佛严

小方盘城

党河口

敦煌附近地图

.046.

境内有许多寺庙，庙内供奉着各种各样的佛像。他们对这些偶像十分虔诚，时常祭之以牲畜。[①]

这就是十三世纪时西方旅行者所见到的沙州，记述的仅有佛教文化了。汉武帝经营河西的业绩在哪里？汉将赵破奴筑的敦煌城在哪里？唐代的开元寺在哪里？归义军都督府在哪里？河西的历史风云烟消云散了，民族间征伐掳掠的金戈铁骑不见了，张氏和曹氏家族的豪华消歇了，丝绸之路变得荒寂模糊了。汉代以来千年的人物、功业、城堡、烽燧、建筑、器物都从历史舞台上消失，它们像被暴烈的风沙侵蚀和湮没，仅余下了无际的黄沙和丑怪的碛石。异域来的马可·波罗是匆匆的过客，他不可能抒发历史沧桑的感叹，也不会去追溯那断裂的文化线索。

◎清末的敦煌与莫高窟

清代道光《敦煌县志》卷七关于沙州城址古迹记载云：

> 今按沙州旧城即古敦煌郡治也，今在沙州之西，墙垣基址犹存。以党水北衡，城墙东圮，故今敦煌县城筑于旧城之东。

古代的敦煌郡治——地区行政所在的城市，到清代只剩下断垣颓壁，新的敦煌县城是在旧城之东建筑的。公元1942年中国学者向达到敦煌考察。关于敦煌古城，他说：

---

① 《马可波罗游记》第49页，陈开俊等译，福建科学技术出版社，1982年。

汉敦煌郡治敦煌、冥安、效谷、渊泉、广至、龙勒六县，其冥安、渊泉、广至三县在今（甘肃）安西境内，敦煌、效谷、龙勒三县在今敦煌境内。……今出敦煌城南门或东门，复东南行约十五里，过敦煌沙漠区边际，越沙丘，即至一地名佛爷庙，以有小庙一座故名。庙建于光绪十五年（1889），至今将六十年，栋宇如新。其地弥望皆是土阜，绵亘南北可五六里，东距戈壁不足半里。西则沙丘连绵，土阜不可复见。然西面沙丘中有平地，屋基痕迹，依稀可辨。土阜间陶器碎片到处皆是，形制与他处所见六朝以及唐代之陶器同。则其地必是一古城遗址也。

向达根据地方文献记载结合实地考察，断定"今佛爷庙一带遗址，疑即唐宋时代之沙州也"。他又认为"汉以后之敦煌郡治果在何处，尚无可考"[①]。沧海桑田，故城难寻了。敦煌的佛教胜地莫高窟却历尽风沙侵蚀与战争浩劫而保存下来。

敦煌因有了佛教胜地莫高窟使它成为佛教文化在东土生根开花而结成的果实。莫高窟之巍然地存在下来应是佛教在人类文化史上创造的奇迹之一。所以自敦煌设郡两千多年来，我们在此见到的历史遗存竟是佛教文化，而它是凝结并深藏在莫高窟里的。

莫高窟又名千佛洞，在中国甘肃省敦煌县城东南25公里处的鸣沙山。这里存在：

---

① 向达：《西征小记》，见《唐代长安与西域文明》第351页–353页，三联书店，1979年。

敦煌千佛洞的石窟寺

石窟492个，其中十六国时期开凿的7个，北朝的37个，隋代的94个，唐代的279个，五代的25个，宋代的16个。[1]

壁画有经变图和故事画572壁；佛像275铺、21组、126身。

藻井图案约420顶。

塑像共2400身，其中魏塑729身，隋塑318身，唐塑442身，五代塑39身，宋塑187身。[2]

佛经写本约30000卷以上，仅《金刚般若波罗蜜多经》即有1800号以上。

---

① 胡戟、傅玫：《敦煌史话》第2页，中华书局，1997年。
② 常书鸿：《敦煌艺术的源流与内容》，见《敦煌学文选》第375页–377页，兰州大学历史系，1983年。

它们是中国古代西北地区人们佛教信仰的产物。佛教文化为什么会在这里有生长的良好土壤，这里的人们为什么要不断地开凿佛教石窟，善男信女们为什么要做菩萨的供养人，他们为什么要虔诚地抄写许多佛教经典？我们若不能理解古代人们的这种文化心理，便不可能认识敦煌文化的神秘原因。

二 在黑暗世界中捶响不朽之鼓

◎黑暗中的光明之路

佛教圣人释迦牟尼向世界芸芸众生宣称："我已获得清凉，并已达到涅槃。为了建立'真理王国'，我在迦希城；我将在黑暗世界中捶响不朽之鼓。"他教导众生：

出生是痛苦，老年是痛苦，疾病是痛苦，死亡是痛苦，与不可爱的人结合是痛苦，与可爱的人分离是痛苦，得不到希求的东西是痛苦，总是五重执著（尘世）是痛苦：这就是痛苦的神圣真理。

由于渴求（生存），导致生而又生；伴随着肉欲和贪求，到处寻找满足；渴求欢乐，渴求生存，渴求权力：这就是痛苦原因的神圣真理。

完全湮灭愿望而灭寂这种渴求，让它离开，驱除它，与它分离，不给它留下余地；这就是寂灭痛苦的神圣真理。

正确的信仰，正确的决断，正确的言论，正确的行动，正确的生活，正确的努力，正确的思想，正确的自我专心：这就是导向灭寂痛苦的道路的神圣真理。[1]

人们如果坚信这是真理，便可从现实的苦难与烦恼中解脱出来，达到一种自由而崇高的思想境界。

悉达多·乔答摩（旧译瞿昙）是佛教的创始人。佛教徒尊称他为释迦牟尼；释迦是族名，牟尼是贤人的意思，即释迦族的贤人；中国尊称为佛，或称佛陀、如来。佛之本义为智者或觉者。佛陀约生于公元前565年。相传他是净饭王的儿子，属刹帝利种姓，出生于古印度北部迦毗罗卫（尼泊尔境内）。他出生第七天，母亲便去世了，由姨母抚养成长。这敏感的孩子从小即观察到世间存在老、病、死的种种痛苦，后来又接受了婆罗门悲观厌世主义哲学思想，便静思默想苦求解脱世间痛苦的道路，于29岁时出家，苦修七年而成佛。此后他在印度各地传教，于公元前486年死于拘尸那城。当他成佛时已有千余弟子，其影响遍及恒河流域各国。佛陀在生前没有留下著述，印度保留的早期佛教文献都是佛陀之后由弟子们记述的。

佛陀亲身经历了印度东北部落社会解体和国家政权建立的社会变革过程。在此过程中，统治阶级残酷地掠夺和奴役人民，社会现实中充满了物欲、自利、粗暴、捐税、敲诈、拷问、高利贷剥削和血腥屠杀。佛陀是重视现实的，他不相信祈祷和祭祀能消除人们现实的苦难，不相信苦行和禁欲能产生有益的作用，也不相信玄学的智慧能给予精神的解脱。他知道自

---

[1] 〔印度〕德·恰托巴底亚耶：《印度哲学》第129页，商务印书馆，1980年。

己不可能超越历史条件，不可能改变社会现实，于是采取消极退避的态度而提倡转变个人心理趋向以使受苦的感觉被克服，带来"心灵的宁静"。为此，他创立了宗教——佛教。"真理王国"即自由的、平等的、幸福的、理想的境地不在现实生活之中，而在具有幻想的古代部落实体性质的僧团生活里存在着。人们如果出家为僧，在僧团里是没有阶级和私有财产，平等民主，信仰虔诚，道德纯朴，脱离人世，寂灭痛苦，可以达到一种崇高的精神境界。

自佛陀涅槃之后，佛教徒曾结集在王舍城，讨论并确立了佛教的"法"和"律"。大约一百年之后在毗舍举行第二次佛教徒集会，将违抗戒律的僧众开除。这些被开除的僧人自己组织集会，约有一万人参加，被称为"大众部"。此派佛教将佛陀作为超自然的神而崇拜，他慈悲为怀，怜悯众生的不幸，宣讲寂灭苦难之道；他们创立了庄严的宗教仪式：这就是佛教的大乘教派。大乘派宣称他们主张一切众生的解脱，攻击原来的旧派为"小乘"，只关心个人而不关心众生。在新的大乘教中有宏伟的教堂，有永恒至高的上帝，有环绕神圣的许多圣徒，有高度虔诚的信徒，有繁缛严格的宗教仪式，有威严无上的教权。善男信女们通过祈祷而得到佛陀和菩萨的恩惠，可以走向天国之路，在极乐世界里获得永生。

◎儒学的缺陷与佛教东渐

关于印度佛教传入中国的时间，学者们有种种推测，民间也有种种传说，日本学者镰田茂雄以为东汉明帝永平八年（65）的诏文中正式提到"浮屠"（佛），供养"伊蒲塞"

（优婆塞——清信士）和"桑门"（沙门——僧人）。这表明不仅西域的外国僧已经来到了长安和洛阳，而且还到了长江下游地区①。我们可以相信，在公元一世纪时，印度佛教已通过西域，沿着古代丝绸之路而传入东土了。它的东传正填补了中国民众宗教信仰的空白。

中国的儒学是关于社会政治伦理的学说，是为统治阶级服务的政教说，它在本质上是为现实政治服务的。儒家圣人孔子（前551–前479）是很关注现实政治伦理的，他不喜欢谈论超然的事物。他承认有一种伟大的客观自然力存在，这就是"天"，它不会说话，但使四时循环运转，万物生长蕃息；"天"所体现的自然规律，这就是"天道"；它代表着一种朴素的真理，使人们敬畏，这就是"天命"。战国时期的大儒者荀子著有《天论》，他认为天的运行是有自己的规律的，它不会为圣明的帝王而存在，也不会为暴虐荒淫的君主而消亡。因此，执政者使国家富足而又节约用度，则天不会带来贫穷；使人民休养生息和适当劳役，则天不会降下灾祸。"天"与"人"的关系就是如此，所以执政者更应看重现实的政治经济关系。西汉的大儒者董仲舒在《春秋繁露》里深入地探讨了天人关系。他认为人是天生的，天就像人的祖先一样；人的形体、气质、禀赋都是天生的。帝王是受天之命的"天子"，遵循天道行事。儒家理解的天并不神秘，它仅是宇宙的自然力，实际上与人类社会是无内在联系的，而且它没有形象，没有感性，没有灵验的效应，并非超自然的可以作威作福的

---

① 参见〔日〕镰田茂雄：《简明中国佛教史》第17页–18页，上海译文出版社，1986年。

神。儒家是无神论者，因而没有超自然的崇拜观念。社会现实的政治伦理问题是儒家关注的，他们采取积极的进取态度，希望通过个人的品德修养，达到道德的自我完善，然后治理国家，实现天下太平的最高理想。他们是站在统治阶级的立场提出关于治理国家和统治人民的理论，总结历代统治者的成功经验，确立社会的伦理规范。儒家要求人们绝对服从等级和伦理，即儿子服从父亲，妻子服从丈夫，臣下服从君主；以仁、义、理、智、信为伦理最高规范。人民在儒家看来仅是符合社会规范的和服从统治的顺民，他们没有感性、个性和意志。儒者执着于社会现实，非现实的幻想对于他们是不可思议的。因为儒家具有坚定而可行的政治理想，致力于建立现实的功业。他们关心生前的社会实践，希望青史留名，在道义观念的支配下轻视个人的生死存亡，因而非常忽视对终极意识的关注，甚至根本不思考它。圣人孔子表示："我们尚未认识现实人生，怎么能知道死亡以后的事呢？"中国的儒家在人类文化史上不愧为现实的智者。

由于中国儒家没有超然崇拜观念，不存在非现实的生活幻想，忽略人生的终极意识，这在意识形态领域里留下了一片空虚的地带，让宗教信仰乘虚而入。人是作为个体生命而存在的，每个人都有欲望和情感，而且努力追求着幸福。然而人们是受到社会因素制约的，其欲望常常不能满足，情感得不到寄托，幸福的愿望遭到破灭。人们在现实生活中总是有许许多多的烦恼、痛苦和失望，于是需要发出生命的叹息，在冷漠的社会里寻求同情和安慰，从政治精神枷锁中解放出来去幻想远离现实的自由幸福，希望自己的善良心愿和虔诚祈祷得到超然的上帝的怜悯和帮助，憧憬着脱离苦海到一个美好的世界。印度的佛教恰恰迎合了古代东方人们的这种宗教信仰的需要。因此，当它传入中国，很快为民众所接受。佛教虽然也在中国历史上得到过某些帝王的支持，但它之存在与发展的社会基础仍是广大的人民群众。近世学者王国维说：

> 佛教之东，适值吾国思想凋敝之后。当此之际，学者见之，如饥者之得食，渴者之得饮。担笠访道者接武于葱岭之道，翻经译论者云集于西北之都。自六朝至于唐室，而佛陀之教极千古之盛矣。此为吾国思想受动之时代，当然是时吾国固有之思想与印度之思想互相并行而不相化合。[①]

中国民众一方面接受儒家的政治教化，另一方面接受佛家的宗教信仰，这造成互补的关系，形成特具东方色彩的意识。

古代丝绸之路上的河西走廊在佛教东传时是有重要意义的。它既是佛教文化传播的通道，又是最宜佛教文化生存的土壤。

晋代泰始二年（266）高僧竺法护（昙摩罗刹）从西域访求佛经归国。法护本为月氏人，世居敦煌，早年出家为僧。他深感佛教重要经典未传入中原，于是立志弘扬佛法，前往西域诸地，学会三十六种语言，求得梵文经典156部，带回中原，沿途翻译，终身不倦。人们尊称他为"敦煌菩萨"。

隆安三年（399）高僧法显赴印度求佛法。法显，俗姓龚，武阳人。他深感关于佛教戒律残缺，从长安出发，到了张掖。

---

① 王国维：《论近年之学术界》，见《静庵文集》，《王国维遗书》第五册，上海古籍书店，1983年。

因道路不通，张掖王段业作为檀越（施主）将法显留下，在此他和僧绍、智严、慧简等相遇，结伴西行。他们到了敦煌，得到太守李暠的供给。

后秦弘始二年（400）西域高僧鸠摩罗什入长安，翻译佛教经典。罗什生于西域龟兹（新疆库车），父娶龟兹王之妹。他幼习小乘，后来成为大乘教派名僧。他在凉州居住十八年，后秦国主姚兴迎入长安，为建逍遥园。罗什共翻译佛经三百余件。

唐代贞观十八年（644）十二月，唐僧玄奘往西天取经，归途经敦煌，师徒休养，派人传信到长安。玄奘（602-664）本姓陈，名祎，洛州人。十三岁出家，博涉佛教经典。贞观元年（627）自长安西行求法，在印度十七年。归国后奉唐太宗诏，在大慈恩寺翻译佛经共七十余部。

◎敦煌——佛学东传的中继站

印度佛教在中国的传播有两条路线：一是由东南亚海上进入中国广州；一是经中亚到西域再进入敦煌。古代许多高僧都是西行取经的。他们无论来中国或是去印度，如果经丝绸之路则大都在敦煌作短期的停留。从西域来的僧侣，他们长途跋涉，走过无垠的沙漠，同恶劣的自然环境进行了艰苦的斗争，体力消耗，物资匮乏了。当他们进入河西走廊第一片绿洲——敦煌，应该憩息休整，以便做好在东土传教的准备；或者将从印度带回的经卷做一番清理，以便到长安向政府和僧众宣讲介绍。从东土西行往西域和印度的僧侣，他们离中原已经数千里了，到敦煌必须做好穿越无生命亦无水草的沙漠地带的准备，

唐写本《大涅槃经》

也需要在此休整并补充物资。因此，丝绸之路的敦煌就佛教东传而言，它是一个东西之间的非常重要的驿站或关口。佛教文化在此交流和经过，必然留下宗教信仰的种子，它遂在这片绿洲上萌芽开花。古代丝绸路上的佛教徒们，为了佛教文化的传播，虔诚地踏上这艰苦的道路，表现了他们崇高信仰所产生的伟大精神力量。这使我们永远对他们表示钦佩，无论我们有无宗教信仰。

敦煌固然是灵奇的地方，它有旺盛的自然生命和丰富多彩的文化，然而也是变迁动乱和灾难深重的痛苦之域。这里曾是月氏人故地，匈奴人来侵占了它，汉朝赶走了匈奴在此建立了政权；此后，吐谷浑、吐蕃和回纥都相继与中原王朝争夺这颗丝绸之路上的明珠。谁占了它就意味着掌握了河西走廊，遂进而可以控制西域或中原，从而获得军事、政治、经济、交通的主动权。历史舞台在此频繁更迭地上演新的节目，文化色彩在此变幻错综，而人们在此则陷入苦海之中了。人们在这里见到：残酷而规模巨大的战争毁灭了千千万万的生命，疯狂野蛮的掳掠使许多普通家庭哀泣，民族的压迫使无辜的良民受尽屈辱和欺凌，政权匆匆地建立又很快土崩瓦解，贪欲和暴行灭绝了善良的本性，财富和建筑物转瞬之间化为灰烬，田园和庄稼经常被铁骑踏为平地，将军和王室可以一夜之间变成阶下降俘，人民大众则如被驱使和屠宰的牛羊。在这里人们休想安居乐业，和平幸福距他们异常遥远。人们不能自己掌握命运，眼见沧海桑田，痛感人生无常。人们既然没有力量改变这黑暗动乱的现实世界，于是最易产生超现实的幻想，需要一个大慈大悲的宇宙主宰者给予可怜和安慰，以向他们指出一条脱离苦海的道路，盼望身后得到人世不能获得的平静和幸福。这里的人们比中国内地更倾向接受佛教，他们比内地更为虔诚，他们创造了一个佛教文化的奇迹。

三 仙岩的千佛

◎佛教宝地莫高窟

莫高窟在唐代沙州城附近。唐末方志《敦煌录》（S.5484）记述云：

> 州南有莫高窟，去州二十五里，中过石碛带，山坡至彼陡下谷中。其东即三危山，西即鸣沙山，中有南流水，名之宕泉。古寺僧舍绝多，亦有洪钟。其谷南北两头有天王堂及神祠，壁画吐蕃赞普部从。其山西壁南北二里，并是镌凿高大沙

窟，塑画佛像。每窟动计费税百万，前设楼阁数层，有大像殿堂，其像长一百六十尺。其小龛无数，悉有虚槛通连，巡礼游览之景。

历史过去了千余年，现在敦煌的学者介绍莫高窟的自然环境说：

> 离敦煌城东南25公里，越过戈壁滩，有一条南北长约1600
> 米的狭长地带。它的东部有一道细长的泉水，挨着泉水长满了
> 茂密的白杨、红柳和各种果树蔬菜，为贫瘠、荒凉的戈壁滩平
> 添了一片欣欣的生趣。泉水两边，三危山与鸣沙山东西相对。
> 在鸣沙山东麓的断壁上，分布着上下五层、高低错落的石窟。
> 这就是世界著名的艺术宝库敦煌莫高窟，俗称千佛洞。[①]

莫高窟的自然环境，古今没有什么变化，只是石窟、塑像和壁画的数目在晚唐以后又有所增加而已，它们至今还基本上保持着原貌。建造石窟是较大的工程，所以"每窟动计费税百万"的巨资；然而这鸣沙山石壁的窟寺已像蜂房一样密集。佛教文化在此与山光水色相映成趣，与自然景观融为一体，更宜于虔诚的人们进行宗教活动，仿佛真正远离了红尘。鸣沙山是小砾石与石灰质混合组成的地质，属于玉门系砾岩结构。它的质地较为疏松，宜于开凿，不宜雕刻，所以窟内的佛像皆是泥塑，窟壁则绘制壁画。这些塑像和壁画，千余年来仍然色泽鲜明，

---

① 王进玉：《敦煌石窟艺术探秘》第155页–156页，四川教育出版社，1994年。

正因为它们受到石窟的保护。我们不得不惊叹当年在鸣沙山开窟造像的佛教徒似乎已预见到了只有鸣沙山的石壁是最宜发展和保存他们宗教信仰的地方了，所以汉代的敦煌郡治和唐代的沙州城的遗址已难辨寻，而莫高窟岿然独存。

在莫高窟D365窟内有公元698年沙州左玉钤卫效谷府旅帅上护军李怀让建立《武周圣历元年修莫高窟佛龛碑》①，它记述了莫高窟的历史。前秦建元（366）佛僧乐僔（zǔn）执持着锡杖——法器，从西域踏遍千山万水，游方到了鸣沙山的宕泉边，疲惫的身心顿觉清爽，落日的余晖成为无数道金光照射在石壁之上，忽然变幻为万千的佛像。这位佛教徒犹如得到佛陀的启示，决定在此弘扬佛法，便化缘请工，开凿石窟，营造一座佛龛。继而法良禅师从河西走廊来到敦煌，见了乐僔开凿的佛龛，直觉地感到这里的佛教文化将会发展兴盛，遂在石窟旁边又营造一座佛龛。北魏永安二年（529）东阳王元太荣任瓜州刺史，在鸣沙山又开凿了许多石窟，他还写造了许多佛经。今存敦煌文书S.4415《大般涅槃经》即东阳王所造，卷末题记云：

> 大代大魏永熙二年（533）七月十五日，清信士使持节散骑常侍开府仪同三司都督岭西诸军事车骑大将军瓜州刺史东阳王元太荣敬造《涅槃》《法华》《大云》《贤愚》《观佛三昧》《净持》《金光明》《维摩》《药师》各一部，合一百卷，以

---

① 《武周圣历元年修莫高窟佛龛碑》，碑高建初尺五尺七寸，宽三尺三寸，正面二十一行，行五十字，背面三十行，行四十八字，末有题名八行。碑额篆文《大周李君修功德记》。今碑已毁，碑记见存于清人徐松《西域水道记》，另见P.2551背面朱字抄本。

为毗沙门天王。愿弟子前患永除，四体休宁。所愿如是。

东阳王任瓜州刺史十六年，他很信佛，依靠行政力量，对莫高窟的发展起了较大的推动作用①。在东阳王的影响下，沙州地区民众纷纷开窟建龛，莫高窟渐渐兴盛起来。这里确如碑记所述：

> 实神秀之灵岩，灵奇之净域也。西连九龙坂，鸣沙、飞井擅其名；东接三危峰，泫雾、祥云腾其间。前葱郁层峦；后显敞川原，丽物色新。仙禽瑞兽阿其育，斑羽毛而百彩；珍林嘉卉生其谷，绚花叶而千光。

莫高窟的佛教艺术与敦煌的自然风光，奇妙地浑然一体。一片灵岩成为红尘中的净域了。

莫高窟第156窟前室北壁有唐代咸通六年（865）沙州归义军张氏题的《莫高窟记》：

> 右在州东南二十五里三危山上。秦建元之世，有沙门乐僔杖锡西游至此，遥礼其山，见金光如千佛之状，遂架空镌岩，大造龛像。次法良禅师东来，多诸神异，复于僔师龛侧，又造一龛。伽蓝（寺庙）肇于二僧。晋司空索靖题壁于仙岩寺。自兹以后，镌造不绝，可有五百余龛。又至延载二年（695）禅师灵隐与作黄居士阴祖等造北大像，高一百四十尺。又开元中

---

① 参见向达：《莫高、榆林二窟杂考》，《唐代长安与西域文明》第395页-398页。

僧处谚与乡人马思忠等造南大像，高一百二十尺。开皇中僧
善喜造讲堂。从初开窟至大历三年戊申（768）即四百四年，
又至今大唐庚辰四百九十六年。时咸通六年正月十五日记。
（P.3720）

此所述莫高窟历史较详，补充了唐代武则天以后造窟情形，反映
了唐末时已有五百余窟的盛况。关于乐僔和法良建窟之事，至今
敦煌文物中尚未考实，如果所建之窟还在，便可能在第267至第
275窟这一段崖面上[①]。记里还补充了晋代名士索靖题壁之事。

索靖（239-303），西晋敦煌龙勒人，字幼安。他为敦煌贵
族之后，博通经史，尤擅长书法，被称为敦煌五龙之一。因被
荐贤良方正，当其诏试对策，甚为皇帝赏识。曾任西域戊巳校
尉长史，拜酒泉太守。元康（291-299）中因平定西北民族叛乱
有功封荡寇将军，在河西重镇任职。鸣沙山仙岩寺题壁当是索
靖晚年还乡时所书，可惜今已不存了。西晋建都洛阳（河南洛
阳），汉代铸造的两匹铜驼立在宫殿南面路口的繁华市区。索
靖经过这里深感朝政腐败，天下将发生大乱，便指着铜驼叹息
说："我会见到你在荆棘乱草中的！"后来果如所料，因而史
学家佩服索靖的见识深远。他在鸣沙山题写"仙岩"，也应是
远识，后来仙岩上果然有了千佛。

关于敦煌的寺庙，河西释门都僧统于唐代咸通四年（863）
曾说："敦煌管内一十六所寺及三所禅窟。"（S.1947）敦煌

---

① 贺世哲：《从供养人题记看莫高窟部分洞窟的营建年代》，见《敦煌莫
高窟供养人题记》第197页，文物出版社，1986年。

经卷P.2250、P.2738、S.542、S.261等题记所录寺庙有龙兴、乾元、开元、永安、金光明、大云、报恩、灵修、圣光、净土、安国、善光、灵图、莲台、兴善、大乘、三界等寺①，这些佛寺多数在莫高窟。关于最早建寺的记载见于敦煌文书残佛经注解背面的《沙州志》（P.2691）：

> 会时窟寺并亡，蠹新从永和九年癸丑岁创建，至今大汉乾祐二年己酉岁，算得五百九十六年记。

晋穆帝永和九年为公元353年，莫高窟某佛寺重修，到后汉乾祐二年（949），此寺尚在。这则记载也表明莫高窟并非清静之地，某些佛寺曾经兵火而毁坏，有的则为信徒们重建了。

新发现的莫高窟第220窟甬道南壁的五代同光年间翟奉达《检家谱》云："大成元年己亥岁□□迁于三危□□镌龛□□□圣容立像"。这应是莫高窟镌龛立像最早的记载。翟氏追述其祖先的功德，立像在北周大成元年，即公元579年②。

◎**佛学艺术的宝库**

敦煌莫高窟的佛教造型艺术数量之巨大、技艺之精湛和内容之丰富皆堪为世界宗教艺术的宝库。每一石窟的开建都得塑佛像，小的石窟塑像一尊；塑三尊的是佛陀、迦叶和阿兰；塑五尊的增加两位护法神；塑九尊的增加文殊、普贤、观音和大

---

① 参见姜亮夫：《莫高窟年表》第644页，上海古籍出版社，1985年。
② 《敦煌莫高窟供养人题记》第199页，文物出版社，1986年。

势菩萨。最大的坐佛高30余米。许多洞窟历经损坏和修补，已经残缺，保存完好的约有20%。莫高窟的壁画同塑像比较更为丰富，也更有艺术价值。

窟内南北壁上一般绘制释迦牟尼说法图，西壁佛龛两侧一般绘制佛陀的十大弟子，窟顶则是散花的神怪、飞天和佛祖故事。此外还有佛僧修行、寺庙生活、中国神话、战争场面、贵族行乐、采伐、渔猎、耕种、商贩、卫戍、车马、营造、畜牧等宗教及世俗的壁画。它们是中国古代文明的生动画卷，却又是中西文化交流的成果，因为敦煌壁画的内容与表现技法都明显地受了印度和中亚文化的影响。我们试看莫高窟第321窟《宝雨经变》壁画。此窟是初唐武则天时期开凿的，壁画是根据武则天长寿二年（693）印度菩提流支译的《佛说宝雨经》故事绘制的，画面宏伟而内容怪异，在敦煌壁画中甚有典型意义。

释迦牟尼在迦耶城的迦耶山为七万二千信徒说法。佛陀在中心，两旁列侍听法的有菩萨、僧侣、梵天、魔王、商主等。

莫高窟　第321窟　宝雨经变（初唐）

佛陀座下一位止盖菩萨发问，旁边有趁会的佛徒们捧着鲜花、珠宝、璎珞等供奉之物。止盖菩萨的左边有一位妇女着绣襦长裙，双手合十向佛陀礼拜；她就是东方日月光女王。佛陀坐在莲台上说法，天上的杂花妙果、珠盖幢幡、奇香异彩，纷纷降下。宝雨天花云下是一带海洋。在海天日月横幅之上是十幅说法分图，每分图中央是佛陀，旁边的菩萨则各不相等。此外画面中又分别有各个说法故事，如海天日月之下有三头牛，一个农民担禾，一人锄地，三人修塔，三位僧人受斋，二人写经诵读，一位妇女在灯树上点灯，一位妇女与男子亲切交谈，丑恶的夜叉与一男子开玩笑，牢狱中提出的犯人，僧侣持弓箭射杀大象，女子侍奉病人，袒臂僧侣与人辩论。壁画的右端有一个商队，骑马的旅行者后是满载货物的骆驼在山间，押货的商人跟随行进。这支商队从右至左经过山峦、沙漠、河流、村庄，到达了长城的关口。商队正是行进在古代丝绸之路①。我们从这幅以宗教为内容的壁画里可以见到世俗众生的纷纷攘攘，佛陀正在劝说他们脱离苦海，给他们指示出一条通向西天极乐世界的道路。

四　供养人的功德

佛教信徒向寺庙施舍奉献香花、灯油、饮食或资财，称为供养；供养人即是施主。佛门以作福利的功能为善行之德，修功便

---

① 参见史苇湘：《敦煌莫高窟的〈宝雨经变〉》，《1983年全国敦煌学术讨论会文集》（艺术篇）第61页–70页，甘肃人民出版社，1985年。

有所得，这样称为功德。施主出资开凿造像是佛教内所为最大和最重要的功德，因为这样可以弘扬佛法。开窟造像者也被称为供养人。信徒们认为"功德"做得越多，做得越大，佛陀就为其虔敬所感动，使其现今和来世都会得到幸福。供养人在开窟造像之工程完成后，于窟壁上绘制自己家族以及亲友等的图像，旁边题上姓名、官职或身份，表明自己的愿望和虔诚。现在敦煌莫高窟的第492窟内基本上都有供养人画像和题记。

◎开窟塑像——善男信女的祝愿

　　菩萨的供养人主要是权贵富绅和寺庙上层僧侣，如河西及敦煌地区的地方政府官员、王公贵族、节度使、将军、僧统、寺主、法师等，也有一些普通的佛教信徒——清信士和清信女。莫高窟第98窟的供养人是沙州归义军节度使授神武将军太保河西万户侯张义潮，其家族有归义军管内观察处置押蕃落支度营田等使索勋、于阗国至孝帝天皇后曹氏、郡君太夫人李氏、郡君太夫人宋氏、第十二小娘子、第十三小娘子、新妇小娘子李氏、新妇小娘子阎氏、新妇小娘子李氏，沙州官员有检校国子祭酒兼御史中丞阴又明、张庆达、陈万通、杨神佑、阎海员、张贤庆、张行宗、宋国忠、王延寿，检校太子宾客兼监察御史张盈达、索进达、米和清、张贤进、郭汉君、曹安宁、罗守忠等。这些供养人像依次绘在壁上，表示他们贵重的社会地位和所作功德。张义潮所开凿的第156窟有佛经变图十二幅，壁的下端绘有其妻《宋国河内郡夫人宋氏出行图》，图中人物众多，仪仗威严，妇女丰盈端庄，表现了豪华贵幸的气派。第108窟为河西陇右节度使检校太尉兼中书令曹义金营造，下列了其家族及家属二十五位供养人。画像中曹义金官服持笏，乌帽朱衣；妻回纥公主戴凤冠，面贴花钿，珠翠项圈，朱衣窄袖，丹凤领，腰系红带，双手捧香炉。曹义金所开第66窟绘有曹氏夫妇出行图：前有旌旗仪仗骑导，旁有乐队和众多舞女，义金乌帽红袍骑在白马上，后面有羽扇战旗等簇拥；回纥公主高冠骑白马，御者分立左右，侍女十余骑跟随，两旁有舞女和武士，后面有轿车三乘，妇女女童步行观看。显赫的贵族出行图给清静的佛地增添了世俗色彩。这些供养人的虔敬功德是希望在菩萨的保佑之下永远享荣华富贵。

沙州释门都法律和尚索义辩为第12窟的窟主。他是沙州贵族索姓，而且任释门要职，所以有能力开窟，以此为亡故和未亡的亲属祈福。故所列的供养人有侄男新妇张氏、亡姑索氏、亡妹行四娘、姑四娘子。第303窟绘列了四位供养人像，在像旁有人以嘲讽的语气做了题记，分别是："僧是大喜，故书壹字"、"这僧名字法严"、"这僧名字严意"、"这女人名字好女"。这是僧尼们集资营造的。僧侣虽然十戒俱足，五蕴皆空，他们开凿造像仍存在个人的愿望，但愿佛祖能够理解。

盛唐开凿的第225窟内有两位供养人像，题为："佛弟子王沙奴敬画千佛六百一十躯，一心供养"、"女弟子优婆夷郭氏为亡男画千佛六百一十躯，一心供养"。他们一为佛教善男，一为信女，都没有官衔职位，当是沙州的富户。他们捐资请画工绘制了众多的佛像以表达纯朴的信仰。西魏开凿的第285窟内的供养人有史崇姬、阿丑、乾绪、乾、阿媚、蛾女、丁爰、阿建、头女、难当、处胜等众多信女。这些都是普通的妇女，她们是佛教的真正支持者和最虔诚的信徒，在莫高窟留下了她们信仰的见证。

北周第428窟是河西的僧侣与民众集资开凿的。此窟的供养人有瓜州沙门比丘庆仙、凉州沙门比丘道琮、甘州沙门孙义、永隆寺和样福寺的僧众，以及众多的佛教信徒。他们为了一个共同的信仰而结合起来，贡献出微弱的力量。晚唐的第147窟是由社人刘藏藏、刘贤德等四人集资开凿的一个小小的佛龛。他们相信做点功德会得到平安和福祉的。敦煌文书有《比丘福慧等十六人造佛窟约》（S.3540）：

> 庚午年正月廿五日立凭：比丘福慧、社长王安午、将头□乾祐、乡官李延会、李富进、安永长、押衙张富佛、阎愿成、陈干文、张佛奴、崔丑奴、马文斌、孔彦长、都头示祐员、示祐清、贾永存等一十六人，发心于宕泉修窟一所。并乃各所心意，不是科牵（摊派），所要色目林果，随办而出。或若天地倾动，此愿不移。指二帝以同盟，请四天而作证。众内请乡官李延会为录事，陈干文为纲首，押衙阎愿成为虞侯；祗奉录事从事，比至修窟罢工，斯凭为验。又比丘愿澄充为祗食纳力，又胡住儿亦随气力，所办应遂。

这是由僧侣福慧发起，联系地方乡绅，民众自愿参加，集资开窟造像，特立下盟誓规约。文约里有细致的组织分工，也有贫苦僧侣和民众自愿出力，这样可以保证营造工程的顺利完成。由此可见营造佛窟的工程之巨大和艰难，亦可见民众的宗教信仰所产生的力量。

敦煌及河西的各阶层人们，世俗的和方外的，善男和信女，他们都是佛教的信仰者，既为传播宗教而广积功德，又为自己发下种种朴素的愿望，于是一个一个的佛龛在鸣沙山石壁上开凿修补，终于造成了千佛洞。这里曾经耗费了千千万万的资财，塑造和绘制了成百上千的图像，凝结了广大信徒的心愿。我们现在看来难于理解，但在古代文明中却是真实的。它比御用史臣所写的历史还更能揭示古代文明的意义。

◎趋福避祸——供养人的祈祷

现在我们从敦煌莫高窟留下的供养人题记里去了解古代人们开窟造像时的心愿。我们可能在短小甚至残缺的发愿文里听到他们向佛陀求助的声音。

敦煌民众和僧侣历经战乱的苦难，他们向佛陀和菩萨祈求和平，遥祝中原皇帝万寿无疆，希望给沙州人民带来安宁的张义潮和曹义金安康富贵，还祝愿世间众生幸福。莫高窟第192窟的龙兴寺僧明立所作的长篇《发愿功德赞文》记述了敦煌社官朱再靖和录事曹善僧等三十余人建造若干佛像，绘制数铺壁画，表示为佛龛燃灯，年年供养。他们完成此功德是为了：

> 先奉为当今皇帝衙宇，金镜常悬，国祚永隆；又愿我河西节度使万户侯检校司空张公命同极至寿；……合邑公等惟愿常修正道，崇敬法门，躬至慈悲！……齐宴河清，天下太平，……苍生俱沐胜化，咸登善果。

这种集体的祝愿是无私的。他们主要是愿沙州节度使张义潮长寿，但他们愿皇帝像明镜一样照察天下、愿王朝的国运长久、天下太平，则表达了沙州边地人民的愿望。显然他们深知中原王朝无力给边地人民带来和平了，只能求助于一种超然的力量。第166窟题记：

> 时唐□亥七月十三日释门法律临坛大德胜明奉为国界清平，郡主尚书曹公□□□先亡考妣神生□□法界，众生同沾斯福。

曹义金重建沙州归义军秩序后，与回纥、吐蕃和平共处，沙州社会安宁。僧人胜明代表了民众发出深深的祝愿，希望国界清平，沙州不再被回纥和吐蕃侵扰了。

佛陀似乎不仅对苦海众生慈悲，更乐意接受僧众的祈祷。第285窟题记：

> 夫至极闃旷，正为尘罗所约；圣道归趣，非积累何能济拔。是以佛弟子比丘辩化，仰为七世父母、所生父母敬造迦叶佛一躯并二菩萨。因此微福，愿亡者神游净土，永离三途；现在居眷，位太安吉，及蠕动之类速登常乐。大代大魏大统四年（538）岁次戊午八月中旬造。

比丘是出家受戒之僧。比丘辩化虽然身入佛门清净之域，但感到仍为尘世罗网所困。当其自觉趋向于佛法须经一段努力才能超然于世俗。因此按教义，他本应与世间脱离一切关系，却又不能忘记祖先和父母恩德，所以造佛求菩萨为祖先和父母降福。佛教认为地狱里存在三途：猛火所烧之处为火途，畜生互相捕食之处为血途，饿鬼以刀剑相逼之处为刀途。人死后变成鬼便在地狱里受苦。僧人辩化希望祖先亡灵脱离地狱之苦，超升净界；又愿在世亲人平安吉祥。第220窟有沙州节度押衙翟奉达于同光三年（925）的题记：

> 敬画新样大圣文殊师利菩萨一躯并侍从兼供养菩萨一躯及南无观世音菩萨一躯。标斯福者先奉为造窟之灵，神生净土，不坠三途之灾；次为我过往慈父长兄勿溺幽间（地狱）苦难，长遇善因；兼为现在老母合家子孙无诸灾障，报愿平安，福同萌芽，罪弃涓流。

这是为祖先、父母及全家人祈福的。民间相信人死后要入地狱，相信尘世之外尚有幸福的天国，更相信菩萨会因虔诚的发愿而感动的。这是儒家文化所没有的；民众在佛教文化里找到了信仰的归宿。当然，不忘祖先、孝敬父母是符合儒家提倡的孝道的，民众为他们祈福也应是儒家"慎终追远"之意了。第335窟东壁门北上角的发愿文：

> 垂拱二年（686）五月十七日净信优婆夷高氏奉为亡夫及男女见在眷属等普为法界含生，敬造阿弥陁二菩萨兼阿难、迦叶像一铺。

优婆夷，梵语，意为佛门信女。这位普通妇女高氏造佛像主要是为亡夫免坠地狱，她还愿儿女及一切有生命之物都得到赐福。这是多善良的妇女！第180窟西壁龛外题记：

> 清信佛弟子张承庆为身染患，发心造二菩萨。天宝七载
> （748）五月十三日毕功。

这位佛教信徒因身患疾病，特造佛像以求消除病患。此窟南壁西侧有一则中唐的题记：

> 观世音菩萨，弟子阚日荣奉为慈亲蕃中隔别敬造。

这是吐蕃占领河西时期，佛教信徒阚日荣的母亲沦陷蕃中，他希望救苦救难的观音菩萨相助，以使他们母子团聚。在第107窟东壁门北侧有一则很特别的短短的题记：

> 敬造释迦牟尼佛六躯，愿舍贱从良，及女喜和一心供养。

这位供养人的社会身份在莫高窟里是最特殊的，他是贱民，身为家奴，没有自由。他铢积寸累，辛辛苦苦存下一点钱，用它来造了佛像。佛祖会为这特殊的供养人感动的，他必将改变其被奴役的卑贱地位，让他和女儿喜和舍贱从良，得到自由。

莫高窟的千佛就是由这些芸芸众生供养的。他们为佛教信仰贡献了资财，也贡献出善良而朴素的心愿。

五　经卷后面的心声

敦煌莫高窟秘室保存的数万卷写本佛经，在经卷后面往往留下造经者的题记。它同供养人开窟造像的题记性质相同，记

述了造经者的姓名、官职、造经缘起和祝愿。窟壁题记虽然可以藉附寺庙佛像以广传播，而且似乎依托于坚实的质料可以永远保存，但事实上它随着石窟、佛像、壁画所遭的兵火的摧毁、寺僧的改建、游人的损坏，至今存留的题记大都剥落漫灭、残缺不全了。幸存的佛经卷子却奇异地避免了佛像和壁画所遭到的劫运，于是依附卷末的造经者题记大都完好地保存下来了。由于经卷题记的书写方便，它的文字篇幅增大，所表达造经者的愿望更充分，因而更具有文化价值。

◎造经礼佛，广积功德

佛教徒们为什么要造经，敦煌文书《写经功德文》（S.6229）做了全面的表述，可为造经者作题记的参考：

> 以此写经功德，并将回施：当今圣主保寿延遐，长使主千秋，万人安乐；又愿四生九类，水陆二空，一切有情，舍种类身，各得圣位；未离苦者，愿皆离苦；未得乐者，愿皆得乐；未发心者，愿早发；已发心者，愿证菩提；师僧父母，各保安宁；过往先亡，神生净土，囚徒禁闭，枷锁离身；凡是远行，早达乡井；怀胎母子，贤圣衍威；忤逆男女，各各孝顺；自遭离乱，伤煞孤魂，六道三途，两方见佛；怨家欢喜，更莫相仇；诤讼折词，闻经善处；身无自在，愿得逍遥；热恼之苦，愿得清凉；风露伤寒，得生衣服。土地龙神，各护所在。愿以此功德，溥及于一切。我等与众生，同生于佛会。

佛法无边，只要人们礼佛虔敬，广积功德，菩萨便可满足人们一切善良愿望：世间一切众生，以往亡灵，各种有生命之物，都获得幸福；世俗的病患、仇怨、痛苦、烦恼、囚禁、贫穷、困厄，等等，皆可解脱。所谓"回施"即是造经者因其功德从菩萨那里获得的赐福，他们自己不要，请菩萨将它转赐给他们所祝愿的人。一般说来佛教徒是无私的，他们为他人祈祷祝福，有着广阔的仁慈胸怀，高扬了人性之善。他们的祝愿应是一曲人道主义的颂歌。为了这个高尚的目标，他们造经，积累功德。这不仅可能感动佛陀，也可能感动世俗社会中的人性未泯灭者。

最古老的佛经文献如演说、格言、诗歌、故事、戒律，都是短小的。印度的佛教僧侣将它们汇为集子，这叫作"藏"（zàng，存储东西的地方）。佛教经典分为三类：一、律藏，为管理僧团的秩序和指导僧尼日常生活提供的清规戒律；二、经藏，记述佛陀及其最早的门徒的思想言行，为佛教文献的重要作品；三、论藏，阐述佛教思想的诸种论题的高级理论著述。"三藏"是佛家经典的总汇，通晓"三藏"奥义的僧侣尊称为"三藏法师"。佛教经典是佛教信仰的本源和载体，它是神圣的。传播佛经即意味着在世间撒下宗教信仰的种子，因而造经在某种意义上是胜过开窟造像的。虽然开窟造像的工程用费是相当巨大的，然而造经却是一件更为神圣严肃的工作。

《佛说宝雨经》是唐代武则天时由朝廷敕令组织京都各寺高级僧侣和印度僧侣并派朝臣专使监督，在长安佛授记寺译写的，共用了两年多的时间。译写的组织极其严密，而且有细致的分工。此经由高僧监译，印度僧侣读梵文本，印度僧和中土僧共同口译，并分别校勘梵文，草写译文初稿，进行文字的加工润色，数位精通佛学的僧侣审订，梵本由印度僧缮写，译本由朝廷特派擅长书法的史臣缮写，最后再进行校勘。这样神圣严肃的译写工作，其组织规模与耗费的物力都超过了开窟造像。一般由朝廷之命写造的官本佛经皆有严格的缮写与校勘过程。

《梵网经佛说菩萨心地戒》题记（S.0102）里一位佚名的佛僧在校经后写道：

> 右此戒本，前后共广略，乃愚远年及近写等，约共校勘一十九本，将为句义圆满，文字楷定，稍具备了诸本。是故文有多少，差别不同，所以恐时人见之欲传，传受者遂妄致生疑执怪：因兹疑怪，则便起机嫌，有爱有憎，或赞或毁；以赞毁故，乃动其三业。故当即惧坠陷诸宿（前辈）于恶道邪途之中，自招殃累，讵（怎）保安乐？夫求福利者，以众善普会；持净戒者，用澄肃为资。如上因果更若是，更凭何文斯修？愚每悼斯深患，情所实莫堪忍，谨奉向先明后哲，幸预详而昭览，庶望杜绝其诃责凡庸，因致谤于圣教真法者矣。

这位僧人为校此经遍访名僧，历时四载，校勘十九本，最后写成定本。他反复说明校经的意义在于使文义无误，免致读者误解而产生歧义，甚至坠入邪恶外道。佛家经典同儒家经典一样是神圣的，人们应求得真经。当时中国尚未发明雕版印刷术，唐代末年虽有雕刻印本佛经但未推广，所以佛经的流传只能依靠抄写。佛教信徒必须诵经，一般文化程度较低或不识字的善男信女虽然诵经却对经文的意义不甚了解，但他们相信诵经可以表示虔诚，会令菩萨感应，产生灵验。傅增湘藏敦煌卷子0699《阿弥陀经》中间插叙了一段故事：六朝陈时天嘉年间（560-565）庐山珍禅师在净室跌坐，忽然看见许多高僧乘船到西方极乐世界去。珍禅师请求众僧载他一同航行。一位高僧对他说："你这位禅师没有念诵《阿弥陀经》，我们不能载你同往。"珍禅师从此之后天天念诵《阿弥陀经》。阿弥陀佛为无量寿佛音译，《阿弥陀经》是以偈颂赞叹净土的著作。净土为圣者所居的国土，即西方极乐世界。珍禅师诵此经二万遍后，四月七日夜晚四更天在禅室里出现一位西方金甲神人，送来一座白银莲台。神人告诉法师他的寿缘已尽，现在可乘坐莲台往生阿陁国——佛家高境。禅师应召而去，室中异香数日不散。这天夜里，庐山峰顶寺僧看见山谷内有数十个火炬，火光如车轮，方悟得往西方极乐世界化佛的高僧是有许多佛徒用灵奇的车轮来迎接的。这个故事和诵经的应验在佛教徒看来都是真实的，所以他们写经和诵经。

◎抄经发愿，弘扬佛法

佛经的抄写传播可以弘扬佛法，这是佛教僧侣写经的本意。《大比丘尼羯摩》题记（S.0736）：

> 大统六年（540）七月六日己丑写讫，比丘尼贤玉所供养。
> 比丘尼贤玉起发写《羯摩经》一卷，愿此功德普及一切十方功德，世界六道众生，心开意解，发大乘意，荣此生命，生生之外，常为六方十道众生而为导者，如三世诸佛及诸菩萨度众生等无有异；有能读诵奉此律者亦复如是。大圣立心，使荣此愿，必得成就。果成佛道，三听众应时解脱。

"羯摩"意为作业，此经是关于比丘尼作受戒、忏悔等仪式的宣告文。"六道"是六种轮回之途：地狱、饿鬼、畜生、阿修罗、人间、天上。"大乘"，梵语为摩诃衍，是佛教的一种教派。此派认为众生学佛，勤修精进，得到关于世间一切智识、佛教智识、自然界的智识，怜悯和度脱世人；这就如乘坐大舟救度世人脱离苦海一样。"小乘"教则只是关于个人的灭身灭智而到达空寂的涅槃。中国敦煌及河西是盛行大乘教的。比丘尼贤玉写经是纯粹为了宣传宗教信仰。她希望天下众生接受大乘教义，并由此再向其他人导乎先路；这犹如佛陀和菩萨度脱世人一样。她坚信这种愿望必定实现，众生皆得解脱，成为正果。《大般涅槃经》题记（S.4436）：

夫福不虚应，求之必感；果无自来，崇因必克（能）；是以佛弟子比丘尼道容，往行不何，身处女秽，自不尊妙旨，何以应其将来之果？故减撤身上衣食之资，敬写《涅槃经》一部。愿转读之者，兴无上之心；流通之者，使众惑感悟。又愿现身住念，无他疾苦；七世父母、先死后亡、现在家眷，四大常胜，所求如意。又禀性有识之徒，率齐斯愿。

大统十六年（550）四月廿九日

这将写经的作用表述得很明白。人们如果读了此经，便会皈依佛门——生无上心；如果使此经在社会上流通，便可使众人除去世俗的迷惑而有所感悟。为此，尼道容省衣节食，集资成此功德。她也未忘为世俗的祖先和家人祈福。佛家是讲随喜功德的。造经的有一卷，有数十卷，有数百卷，甚至数千卷的。只要造经者各自尽力，功德的大小在佛陀面前都是平等的，它们都将化作善因。佛僧德祐在受戒后，为表示信仰的坚定，特写了《十诵比丘戒本》（S.0797），卷末题云：

> 建初元年（405）岁在乙巳十二月五日戊时，比丘德祐于敦煌城南受具戒。和尚僧法性，戒师宝意，教师惠观。同时戒场者道辅、惠御等十二人。到夏安居，写此戒讽之文成，具拙字而已，手拙用愧。见者但念其意，莫笑其字也。故记之。

这是敦煌经卷中最早的写本，也可能是现有《十诵比丘戒本》的最早译本。此经原名《十诵律比丘波罗提木义戒本》，是关于佛门若干清规戒律的。"受具戒"是佛教徒受具足二百五十戒，分八段：波罗夷、十三僧残、二不定、三十舍堕、九十单提、提舍尼、百众学、六灭净。当佛徒受具足戒成时，意味着剃度佛门，忍受苦行，断绝世俗一切欲念。这是对信仰的考验。初受具足戒的僧人德祐写下了关于戒律规定的经卷，以便苦修苦炼使自己成为真正的佛徒。他的字写得不好，希望见到此经者，理解其诚意。这份诚意足可相当于雇请书手抄写成百上千的经卷了。

造经者的愿望多种多样，如《写经功德文》所拟的那样。我们从经卷题记里还发现一些颇特殊的祝愿，可见佛教信仰在中国民众间是有着非常深厚的根基。《般若波罗蜜经》（S.4528）题记：

> 大代建明二年（530）四月十五日，佛弟子元集，既居

末朝，生死是累，离乡已久，归慕常心，是以身及妻子、奴婢、六畜，悉用为彼沙门天王布施三宝（僧众）。以银钱千文，赎钱一千文赎身及妻子；一千文赎奴婢；一千文赎六畜。入法之钱，即用造经。愿天王成佛弟子、家眷、奴婢、六畜。（下缺）

这位流落河西的百姓，捐钱数千文于佛寺，用以造经——购纸雇人书写。他在佛教四大天王像前发愿，希望天王帮助他回到故乡，以功德赎身。这愿望固不足为奇，但他为奴婢和六畜（马牛羊鸡犬豕）祈愿却颇奇了。在他的意识里，佛门天王威力无比，对一切生命之物都会给以帮助的。《般若波罗蜜多心经》（S.4441）题记更为奇特了：

> 奉为母羊两口，羔子一口，写经一卷。领受功德，解怨释结。

这位贫苦的农户因养的两只母羊经常打架，影响羊羔的喂养，不利于羊的繁殖。为此他做了一点小小功德，希望菩萨使羊们解怨释结，安静和谐。菩萨不仅管人类的事，连牲畜之间的纠纷也要管的。《佛说阎罗王授记令四众送终生七斋功德往生净土经》（S.5544）题记：

> 奉为老耕牛一头，敬写《金刚》一卷，《授记》一卷。愿此牛身领受功德，往生净土，再莫受畜生身。六曹地府，分明分付，莫令更有仇讼。辛未年正月。

这是一位农民为其老耕牛做的功德。老耕牛曾为他辛苦劳累一生，他愿它也到西方极乐世界去，来世不再变成牲畜了。农民淳朴善良的一点心愿是会为阴间阎罗王允许的，因为这是很合理的要求。

还有一些题记显然是普通民众造经的发愿，它们是生动而感人的。《大方便佛报恩经》（S.4284）题记：

> 今贞观十五年（641）七月八日菩萨弟子辛闻香。弟子失乡破落，离别父母，生死各不相知，奉为慈父亡妣敬造《报恩经》一部。后头弟子父母生生之处，值佛闻法，常生为贵，莫经三途八难。愿弟子将来世中，父母眷属，莫相舍离。善愿从心，俱登正觉。

辛闻香当是在边地战争时离乡背井的。他在异乡处于孤独贫困的境地，思念父母，特为写经。他深知今生流离不幸已难改变，希望父母来世生在富贵之家，不受欺凌；希望自己来世和家人永远团聚。尽管来世非常渺茫，或者有此善因会得到菩萨帮助的。

这许许多多的普通善男信女的功德造就了数以万计的敦煌经卷。时隔千载，我们还能在经卷题记里似乎见到他们朴素虔诚的心声。由此我们可以理解：为什么小小的莫高窟会成为佛教胜地，为什么它所保存的佛教文化在东土是最丰富的。五代后梁诗人韦蟾云：

> 莫欺沙州是小处，

若论佛法出彼所。（S.4359）

这很恰当地评价了敦煌在佛教文化中的意义。敦煌的佛教文化不仅经历了种种劫运而神奇地存在，而且在佛教文化的掩护下让中国一段古代文明悄然在此沉睡，使它突然隐没，无影无踪，神秘莫测，竟没有留下一点线索。我们现在应该真诚地感谢佛陀和诸菩萨的保佑！

隐没的中国古代文明

　　敦煌莫高窟北山一处石窟内有一个秘室，其中藏有四万卷以上的写本文书，如果不是在公元1900年由于偶然的缘故而被发现，它也许永远沉埋，以致毁灭。人类文化总有许多难以解释之谜，尤其是某些极其偶然所造成的文化奇迹。敦煌文书的发现应是人类文化史上的奇迹之一。敦煌文书里除去百分之九十几的佛经写本而外，剩下的约有五千余件写本，它是中国西凉建初元年（405）至宋代咸平五年（1002）间的社会历史文献。这些文献的内容极为丰富，其文化意义远远超越了敦煌一隅，展现了曾经隐没的中国古代文明。

　　中国敦煌学者王重民著的《敦煌古籍叙录》依传统书目分类，著录了经部书目24种，史部25种，子部62种，集部33种，共为144种[①]。其中如《周易》《尚书》《诗经》《春秋左传》《礼记》等是中国的常见典籍。此外还有文献从未著录

[①]　王重民：《敦煌古籍叙录》，中华书局，1979年。

藏经洞发现的中文卷子

的秘籍如《晋纪》《唐代残史书》《贞观氏族志》《沙州都督府图经》《西州图经》《唐高宗天训》《修女殿御览》《新集吉凶书仪》《王梵志诗》《天地阴阳交欢大乐赋》《云谣集杂曲子》《伍子胥变文》《王陵变文》《王昭君变文》《董永变文》等；古代文献著录而不传世的佚书如《楚辞音》（释道骞）、《论语郑氏注》（郑玄）、《论语疏》（皇侃）、《帝王略论》（虞世南）、《阃外春秋》（李荃）、《诸道山河地名要略》（章澳）、《治道集》（李文博）、《兔园策府》（杜嗣先）、《太公家教》《老子化胡经》《摩尼教经》等。王重民于1957年完成《敦煌古籍叙录》时尚未见到苏联列宁格勒亚洲民族研究所收藏的万余件敦煌文书，其中即有关于儒学、通俗文学和历史的许多写本①。敦煌文书中关于政府的和

---

① 见敦煌文物研究所编：《敦煌译丛》第一辑第9页，甘肃人民出版社，1985年。

民间的文书，日本学者进行了分类①。此外，还有民间书信、碑记、通俗文学作品、杂记。这些秘籍、佚书、政府文书、民间契约、通俗文学作品等等，都是中国中古时期的文化遗存。它不仅补充了中国历史文献的遗阙，提供了珍贵的古代写本文物，其真正价值在于再现了中国古代文明。我们从中可以探寻到的是：儒学在边陲的传播，佛家教义的世俗化，开放的文化态度，通俗文学的摇篮，社会下层的生活图景，远离中原王朝的汉族政权。它们整合为一体，反映了中国古代文明。这种文明显然不能完全代表中国，但它是未经御用史臣和文人处理过的中国古代文明真实的遗存，而且是中国传统文献里失落了的部分。它既有地方文化的特色而又具传统文化的性质。

一　儒学在边陲的传播

儒学是中华传统文化的核心和标志。自汉代在河西设置敦煌郡，即迁徙中原汉族人民到敦煌定居，并在此建立汉族政权。中原文化因此西传。西汉元鼎六年（前111）太中大夫索抚因直谏忤旨，徙往敦煌。东汉时索堪举孝廉明经，对策入高第。索翊精通兵法，于永初六年（112）任西域长史。晋代索靖有很高的儒学修养，以先识远量著称。西汉地节元年（前69）司隶校尉张襄向汉宣帝秘奏霍光之妻毒杀许后。宣帝因霍光为国家立有大功，不再提及此事。张襄深恐由此招祸，遂全家迁往甘肃天水定居，

---

① 见敦煌文物研究所编：《敦煌译丛》第一辑第10页，甘肃人民出版社，1985年。

其子孙移居敦煌。西汉御史中丞氾雄于成帝河平元年（前28）在朝廷受到排斥，徙居敦煌。晋代氾祎，自少好学，精通儒典，高风亮节，举孝廉以贤良方正对策第一，称为驸马都尉，升为护羌将军。唐初阴仁干智慧过人，时称理窟，任沙州子亭镇将上柱国。阴仁希学识渊博，精熟儒家典籍，为敦煌郡开国公。以上索氏、张氏、氾氏、阴氏为敦煌四大望姓。他们给敦煌带来了中原文化，有助于儒学在边陲的发展。

◎敦煌州学——传播儒学的官方机构

中国古代每个县设置县学，由政府委派教职人员教授本县子弟学习儒家经典和文化，经过考试合格，可升入州学学习。州学考试合格者可向朝廷举荐或参加科举考试。地方学校都以学习儒家经典为主，所以学校内都得供奉儒家先圣先师之像，春秋二时奠祭。敦煌从建立汉族政权之后，设有州学和县学，向中原王朝举荐优秀人才。公元400年李暠建立西凉政权，自称凉王，旋即在敦煌设置学宫以讲说儒家经典，特增加贵族生员五百人，修筑嘉纳堂于后园以供生员学习。《显德三年丙辰岁具注日历》（S.0095）为公元954年沙州"学仕郎守州学博士翟奉达纂"，"写勘校，子弟翟文进书"。此可见州学设有博士等教职，翟文进是州学学生。《论语集解》（P.2681）卷端题："大唐乾符三年三月廿四日夜敦煌县归义军学士张喜进书记之也。"这张喜进是县学学生。《古文尚书》残卷（P.2643）题"乾元二年正月二十六日义学生王老子写了，故记之也。"义学是由家族出资办的学校，收本族贫苦子弟入学学习。王老子是敦煌义学学生。

我们在敦煌儒家经典写本中发现一些写本与佛寺有关，

例如：

> S.0707《孝经》，同光三年（925）乙酉岁十月十二日三界寺学仕郎君曹元深写记。
> P.2570《毛诗》卷九，寅年净土寺学生赵令全读。
> P.2618《论语集解》卷一，沙州灵图寺上座随军弟子李庭珍写记，乾符三年学士张喜进念。

这里的"学仕郎"、"学生"、"学士"都是在敦煌的寺庙——三界寺、净土寺和灵图寺学习的生员。敦煌的寺庙多众，僧人们皆以自谋生活为主，从事经营、劳作，还兼教学活动。所以这些学子在寺庙里抄写和诵读儒家经典就不足为奇了。僧侣中有一些不仅精通佛典，而且还具很高文化修养。他们懂得儒家典籍，故能兼事启蒙教育任务。《孝经》（S.0728）题记为"丙申年四月五日灵图寺沙弥德荣写过，后辈弟子梁子校；庚子年二月十五日灵图寺学郎李再昌写，梁子校"。这部《孝经》即是灵图寺寺僧所传写，并由其弟子校勘的。我们在其他的通行的汉文写本典籍里也常见僧侣们抄写时留下的题记。这种现象是很特殊的，它可说明敦煌的佛教徒们并不排斥儒家文化。他们虽已身在空门仍不可能脱离社会现实，所以敦煌的佛教徒总是同当地民众一起参加政治活动、军事斗争、社会公益和启蒙教育。我们由此可以理解，为什么在这佛教胜地会存在中原汉族的儒家文化。

◎敦煌流行的儒学经典

儒学在汉代取得独尊的地位以来，它实际上成为中国两千年来的统治思想。中国古代的选举和科举考试无论形式与科目怎样的变化，但皆是以儒家思想为指导的。选举与科举制度在敦煌一隅是作为汉族政权的特色之一而存在的。这边地的士子们为了参加选举与科举以期跻入仕途，必须在学校里学习儒学经典及有关的文化知识。《杂抄·书目》（P.2721）是唐代科举考试推荐的必读书籍。

书目共列书25种，可分为儒家经典、子书、小学书、文学书和民间读物五类①。儒家经典有《周易》《尚书》《春秋左传》《春秋穀梁传》《春秋公羊传》《周礼》《仪礼》《礼记》《诗经》，它们被称为九经，但唐代科举考试仅用五经——《周易》《尚书》《左传》《礼记》《诗经》，其余四种经典是较难读的，仅是辅助读物。这些经典自汉代以来各朝皆由朝廷采取种种方式，向国内士子公布标准文本以供学习。古代小学教授六艺，所以礼、乐、射、御、书、数都称为小学。汉代以小学作为文字训诂之学的专称。唐代以来小学分为训诂学、音韵学和文字学三类。小学是作为理解儒家经典的工具，在传统文化中它是附属于儒学的。《尔雅》是一部关于字义解释的古书，学以考释经典词语的含义。《切韵》是一部韵书，有助于对字音的读解，还可供士子作诗赋时用韵的参考。

书目所列的《老子》《庄子》和《刘子》属于子部书。诸

---

① 周丕显：《巴黎藏伯字第2721号〈杂抄·书目〉初探》，《敦煌吐鲁番学研究论文集》，汉语大辞典出版社，1991年。

子之言虽不属儒家，但仍是传统文化的一个重要部分，所以一般士子也应学习的。《老子》和《庄子》在儒者的眼光里它们是具有哲理性的一家之言，而不是宗教性的著述，并非道教所理解的意义。《刘子》亦名《刘子新论》，存十卷，实为北齐刘昼所著，或误传为刘勰所著。此书属于杂家，内容涉及哲学、政治、军事、文艺、三教九流，是当时流行的书籍。

所列《离骚》和《文选》属文学作品，前者为屈原的代表作品，后者为古代诗文选集。唐代科举考试特重进士科，它是最难考取的，而诗赋在该科中占有非常重要的地位。当时士子必须"熟精《文选》理"才能适应进士科的考试。

书目所列的《史记》《前汉书》和《东观汉记》称为"三史"。《东观汉记》为班固所著，唐以后已佚，后来的"三史"补上了《后汉书》。儒者和政治家都重视历史经验，以之作为政治的借鉴，所以必须熟悉历史知识，而"三史"是唐代士子的必读书。

《千字文》《急就章》和《开蒙要训》是关于识字、书法、常识的启蒙读物。《兔园策》《文场秀》和《典言》是小型类书，类列事典，以供士子考试备查的。这些皆具民间读物性质，在当时甚为流行。

《杂抄·书目》反映了唐代科举考试的要求，体现了一般士人的知识结构，它具有鲜明的时代特色。在所列的25种书籍里，突出了儒家经典的重要性，其余的则是有助于理解经学的和士子们必备的各种常识性书籍。由此我们可以见到以儒家经典所代表的统治思想已深入并普及到河西地区，而儒学的传播则是与中原汉族政权的政治势力有着密不可分的关系。凡是汉族中原政权的政治势力所及之处，儒学便作为统治思想和传统文化以行政的力量和科举考试的途径得以推行。儒学在远离中原王朝的地方成为了汉族文化的标志。

◎敦煌写本——中国现存最早的儒学经典

中国古代的统治阶级深知儒学作为统治思想的特殊意义，它对于维护封建秩序、推行政治教化、确立社会伦理道德规范都起到了积极而有效的作用。儒家经典是儒学所依据的最高权威，它受到汉以来历代王朝的尊重。在印刷术发明之前，儒家经典的传播受到了客观条件的极大限制。西汉初年在太学设立五经博士。博士传授儒家经典是各有家法的，而且文本互有歧异，经文章句正误难辨。为此，博士之间争议不休，互相攻诋，到东汉后期愈演愈烈。汉灵帝熹平四年（175）诏命儒臣蔡邕和李巡等负责订正儒家典籍文字，刊于碑石，立于太学讲堂东侧，以作为诸儒和学子的正本。此项工程历时九年，至光和六年（183）完成。刻石46碑，有《鲁诗》《尚书》《周易》《仪礼》《春秋》《公羊传》和《论语》七种经文。碑石为长方形，经文从右至左；每碑135行，每行75字，字体为标准的隶书。七年之后，天下动乱，军阀混战，董卓率军烧毁都城洛阳宫殿，太学荒废，石经受到严重破坏。三国魏文帝黄初元年（220）又于洛阳设置太学，于正始二年（241）立《正始石经》于太学两侧，但所刻经文仅有《尚书》和《春秋》两部。汉魏石经遭受数次破坏，原碑早已不存，宋以后偶有石经残片出土。唐代初年，朝廷诏令经学大师贾公彦和孔颖达订正儒经。唐文宗时在儒臣郑覃和唐玄度的建议下，依先朝之例镌石太学，从大和七年（833）至开成二年（837）历时5年完成，计刻石114碑，有《周易》《尚书》《毛诗》《周礼》《仪礼》《礼记》《春秋左氏传》《公羊传》《穀梁传》《孝经》《论语》《尔雅》十二部儒家经典。每碑上下分列8段，每段约刻37行，每行10字，自右至左，从上而下，先表后里雕刻碑文。经书标题为隶书，经文为楷书，共刻经文650252字，每碑高1.8米，面宽0.8米。原碑立在唐代长安城务本坊国子监内，现在完整地保存于陕西西安碑林。此后，五代后蜀广政、北宋嘉祐和南宋绍兴均有石经，但已残毁；清代刻石十三经尚保存于北京国子监。

中国现存的最古的儒家经典文本是唐代开成石经，它坚固而未被毁损，永垂不朽。在造纸术发明之后，古代儒者和士子们所用的经典是用纸卷抄写的。儒经固以国家所立石经为准，但除此而外，还有许多注解本也以抄本的方式流传。公元二十世纪敦煌文书发现之前，中国保存的最早的儒家经典，只有稀罕的宋代刊本。五代时冯道开始用雕版印行的《易经》《书经》《诗经》《三礼》《春秋三传》《孝经》《论语》《尔雅》《五经文字》《九经字样》和《经典释文》，却未留下一本，仅是历史上的记述而已。敦煌文书为我们提供了二十余种儒家经典的古写本。它们虽然多半残缺，却是当时社会通行的儒学文本实物。其中如：

《古文尚书》孔安国传，魏晋隶书古写本（P.2533）。
《尚书·秦誓》六朝写本（P.2980）。
《毛诗传笺》六朝写本（S.0010）。

《礼记》六朝写本（P.3380）。

《春秋经传集解》杜预撰，六朝写本（P.2562）。

《毛诗音》初唐写本（S.2729）。

《礼记》郑玄注，初唐写本（P.2500）。

《尚书》初唐写本（P.3605）。

《周易》王弼注，唐显庆五年（660）题记，初唐写本
（P.2530、2532）。

《周易经典释文》陆德明撰，唐开元二十六年（738）写
本（P.2617）。

《御注孝经疏》元行冲撰，唐代天宝元年（742）写本
（P.3274）。[1]

以上写本都早于唐代开成石经，是中国今存最早的儒家经典文
本，它们是中国的稀世之宝。

敦煌儒家经典写本在校勘学上有非常重要的学术价值，可
以订正现在通行经典之讹误，有助于准确地理解经典的本义。

在敦煌儒家经典写本里保存了四种佚书。晋代儒者徐邈的
《毛诗音》十六卷（P.3383）和《礼记音》三卷（S.2053）。
它们是关于《诗经》和《礼记》中难字和异读字的注音的工具
书。中国的音韵学在晋代已经兴起，已有韵书著作出现。徐邈
采取了反切的方式对儒家典籍注音，反映了当时的实际读音。
这不仅可以借此了解古音，也为研究中国中古音韵提供了新的
资料。这两部书在六朝时便散佚了。

---

① 据《敦煌古籍叙录》第1页–74页。

西汉经师孔安国是孔子的后裔，曾受《诗经》于申公，受《尚书》于伏生。汉武帝时，孔安国因对《尚书》有专门的研究与解释，被列为国子博士。《尚书孔氏传》即其代表著作。敦煌写本《论语郑氏注》（P.2510）每篇题下书"孔氏本郑氏注"。三国魏人何晏在其《论语解集》序言里曾谈到孔安国关于《论语》的解说已经失传，东汉末年经师郑玄又为《论语》作注释。郑玄的注本在唐代已经失传。敦煌写本表明郑玄是依据孔安国传本而作的注释。公元1910年中国学者在北京见到此卷的影印照片便惊叹为"希世之宝"，又以为是"治郑学者之至宝"，因为它是郑玄晚年的著作，为公元890年的写本，而且久已无传了。

《论语疏》（P.3573），南朝梁时皇侃撰，存卷一、卷二，为公元896年以前写本，五代时敦煌县尉汜唐彦曾经收藏。北宋真宗初年儒臣邢昺奉诏根据皇侃《论语疏》为《论语》作注解，公布于学官。从此，影响隋唐数百年的皇疏便衰微而在南宋时失传了。皇侃所著自来受到儒者的称许，其中保留了汉魏时代许多儒者的论述，因而十分珍贵。

以上四种经部著作均在中原早已佚失，它们竟流传到河西地区而得以幸存。这足可说明敦煌对儒学的重视，能得到中原有关儒家经典的优秀著作。

◎敦煌书仪——儒学流播的证据

儒学在河西的传播，还可从敦煌写本书仪间接地反映出来。"书仪"是古代关于官方表、状、笺、启，关于民间书信、典礼仪注的文书规范。它是儒家《仪礼》在日常书信及文书中的具体运用，体现儒家的礼法和礼教精神，而且随着时代风尚习俗而有所变化。书仪这类著作盛行于中国的魏晋隋唐时期，它与社会门阀等级观念的盛行有很密切的关系，特别强调社会等级尊卑的礼仪规定。中国现在仅存北宋司马光《书仪》十卷，分表奏、公文、私书、家书、冠仪、婚仪、丧仪等文式。北宋以前的这类著作很多，但都佚失了。我们在敦煌文书里却见到这类著作约有百件①。这是很值得注意的文化现象。

唐代末年河西归义军节度使掌书记儒林郎试太常寺协律郎张敖著有《新集吉凶书仪》二卷（P.2646、2556、3246、3249），自序云：

> 人之有礼即安，无礼即危。以识才通明于礼仪，是以士大夫之家吉凶轻重，而《礼经》繁综，卒难寻检；乃有贤才撰集纂要吉凶，号曰书仪，以传时也，实为济要。自大唐前后数十家著述，纸墨颇繁，词理归一。且乎死丧之初，礼宜贵于宁戚；悲号之际，情岂假于玄文。所以综其旧仪，较量轻重，裁为一绝，亦尽哀情。今朝廷遵行《元和新定书仪》，其间数卷，在于凡庶固无所施，不在于此。今采取要，编其吉凶，录为两卷，使童蒙易晓，一览无遗。故曰纂要书仪。

儒家圣人孔子以为执政者要以道德引导人民向善，要以礼制来维护社会等级的秩序。儒者发挥孔子关于礼的论述，认为

---

① 赵和平：《敦煌写本书仪略论》，《敦煌吐鲁番学研究论文集》第561页–599页，汉语大辞典出版社，1991年。

人是有欲望的，由于无限的需求而引起社会动乱，因此必须制定出礼以区分尊卑贵贱；这就是礼产生的社会原因。礼的本义在于区别人在社会中的地位，使贵与贱有等级，长与幼有差异，富与贫有轻重，而且这一切关系都以一定的称呼、仪式和行为表现出来。这样，地位卑下者必须顺从，尊贵者便会明智了。礼制的规定，人们如果遵循则天下太平，否则天下大乱；遵循则社会安定，否则国家危亡。张敖发挥了儒家制礼思想，强调了社会无礼即危，所以应该提倡礼仪。儒家经典的《礼记》《仪礼》都是很烦琐的。人们在社会实践中涉及礼的问题不容易去查阅，所以学者们曾将有关礼制、礼仪的规定以简明的书仪表述。唐代这类书仪著作有几十种，张敖从中进行归纳整理，择要选出一些适用于吉庆和丧葬的书仪，并参考当代国家新的规定，著为两卷。这样既可供人们参考，亦便于士子学习。敦煌地区因重视儒学，相应地重视儒家礼教和礼仪，因而流行的书仪之类的著作即有初唐书仪、杜友晋《吉凶书仪》、唐前书仪、吐蕃时期书仪、郑庆余《大唐新定吉凶书仪》、张敖《新集诸家九族尊卑书仪》《新集书仪》等十五种写本。郑庆余的《大唐新定吉凶书仪》共三十篇，涉及朋友间的问候、节日的祝福、公文格式、同事日常通信、婚丧礼仪、家庭礼教、讣告祭文、婚丧庆吊、国家庆典和忌日等。这些都是适用的往返书札的范本汇集。例如朋友的书仪：

分颜两地，独凄怆于边城；二处悬心，每咨嗟于外邑。月流光于蓬径，万里相思；星散彩于蒿途，千山起恨。且兰山四月，由结冷而霜飞；灵武三春，地乏桃花之色。蒲关柳媚，跃鲤蓬鲜。蜂歌绕翠叶之欢，蝶舞戏红芳之乐。愁人对此，倍更相思。远念朋友，何时可忘？想上官登春台而执卷，望夜月而题篇。含璋每侔于陈思（曹植），怀藻岂殊于颜子。追朋旧酌，岂忆愁人；择俗高谈，谁思远客？某乙离家弃梓（乡里），远役边州，别于汾榆，远赴碛石。荒庭独叹，收泪思朋；草室孤嗟，行啼忆友。今因去次，略附寸心。书若至宾，愿知委曲。

朋友书仪依十二月分列各式；以上为二月往返书札。夫妻往来书仪：

自从西别，已隔累旬；人信劳通，音书断绝。冬中甚寒，伏维几娘子动止康和，儿女佳健。此某推免，合从官役，且得平安，唯忧家内如何存济？努力侍奉尊亲，男女切须教训。今因使信，略附两行，不具一一。

远行归家备酒席宴请亲友，往来书仪：

伏承久处外方，喜还故里。谨竭之诚，常思言款。奉计不辜风景，吾贤届此，即合洗拂倍增，今日聊会，一宴群公。专候。立排数字，以达愚情。速降，速降！不宣。谨状。

这些书仪是在《礼记》和《仪礼》之中找不到的。儒者将礼仪原则生活化了，民众是乐于接受的。书仪的时代色彩特别浓厚，生动地反映了一个地区的民俗和文明程度。从这些书仪，我们可见儒家礼仪观念影响下的中国古代社会人际交往关系，体现了古代文明的一个方面；它是中国礼仪之邦所具的文化现象。书仪在敦煌的普及，充分说明边地汉族人民对中原文化的向往与接受，从中习染了儒家的礼教。

◎敦煌韵书——解开中国音韵学的疑案

我们现在很容易知道中国汉字的声音结构，即每个字有声、韵、调。古代人们对汉字声音结构是不易辨识的，这自然同汉字的特点有关。自《诗经》以来至六朝以前，中国诗也押韵，但只是根据经验或直觉，当时并无可以参考的韵书。东汉时佛教逐渐东传，由于翻译印度梵文佛经，中国学者接触到音素文字——拼音文字，每个字母代表不同的音素，于是对汉字声音结构有所认识。这样促使韵书的产生。中国文献记载的最早的韵书是三国魏时李登的《声类》，稍后有晋代吕静编的《韵集》。六朝时期的韵文作品已讲求声律之美，文人们注意辨别四声八病。四声即汉字的四种声调——平声、上声、去声、入声。八病是指诗歌作品在声韵方面出现的八种病犯，要求作者避免。为适应文学创作的需要，大量的韵书问世了，例如周研的《声韵》四十一卷，阳休之的《韵略》一卷，李概的《音谱》四卷，沈约的《四声》一卷，夏侯咏的《四声韵略》十三卷，等等。它们早已不存了。

汉语音韵学史上划时代的著作是陆法言的《切韵》。这部韵书是在隋代初年（581-589）陆法言聚会刘臻、颜之推、卢思道、李若、萧该、辛德源、薛道衡、魏彦渊等学者和诗人，评论通行韵书的优劣，斟酌语音的古今差异和地域区别，审音辨韵，以中

原音韵为准，拟订的新的标准韵书。陆法言在家记下他们共同
讨论的意见，此后到了隋代仁寿元年（601）才由他完成了《切
韵》。唐代实行科举考试制度，特别重视以诗赋取士，古典格律
诗的声律形成定格。诗人作格律诗——包括五言律诗、七言律
诗、五言绝句、七言绝句、排律，必须辨别字声的平仄，并按一
定的格式组织字句，押韵必须按照通行的韵部而不得错乱。辨别
平仄和韵部，所根据的是通行的韵书。唐初通行的是《切韵》，
唐玄宗开元年间由孙愐在《切韵》的基础上进行修订，编著了
《唐韵》。孙愐在序言里谈到编著的原因是：

> 我国家偃武修文，大崇儒术，置集贤之院，召才学之流；
> 自开辟以来，未有如今日之盛。上行下效，比屋可封；辄罄搜
> 闻，敢补遗阙。兼习诸书，具为训解。

这可见韵书与倡导儒术的关系，而《唐韵》是盛唐之音的产
物。《唐韵》的定本完成于天宝十年（751），它是唐诗声韵的
标准。

北宋景德四年（1007）真宗皇帝诏命儒臣陈彭年、丘雍等人
根据《唐韵》进行修订增补，编制了《大宋重修广韵》，以朝廷
的名义于大中祥符元年（1008）颁布施行。真宗皇帝颁布韵书是
国家文教的一件大事。自《广韵》颁布后，近千年来中国历朝传
统诗词创作皆以它所规定的声调和韵部为准则，而它所建构的音
韵体系与提供的音韵资料则为音韵学家研究中国中古音系的重要
依据。《广韵》极为流行，现存最早的有南宋国子监刻本和乾道
五年（1169）建宁书铺刊本。宋以前的《切韵》和《唐韵》早已

佚失了，然而所幸的是这两种古老而重要的韵书写本在敦煌文献里得以幸存。敦煌学家姜亮夫深有感慨地说：

> 余旅欧时所得敦煌经卷，以《诗》《尚书》《道德经》及隋唐以来韵书字书为最全，而韵书使陆法言《切韵》一系之已失坠者重见其本来面目，于事为最伟。[①]

敦煌写本韵书今存二十七卷，其中有陆法言《切韵》原书七卷、初唐《切韵》增字本二卷、长孙讷言《切韵》笺注本二卷、王仁昫《刊谬补缺切韵》一卷、孙愐《唐韵》三卷、晚唐集成本四卷、北宋刊本《切韵》四卷。这些古本韵书使我们能够重见《切韵》的原貌，发现《切韵》与《广韵》的异同，解开中国音韵学史上的许多疑案。

《切韵》原本全书字数为11719字，分193韵部：平声54部，上声51部，去声56部，入声32部。它在韵类的排列次序、四声的审订、反切的注音方法和突出韵书的特点方面都较为符合现代音韵学原理，其精密与正确的程度至今尚令音韵学家佩服和惊叹。

音韵学属于传统的小学，它是经学的附庸。敦煌一隅曾流行过多种隋唐韵书，这足以说明此地曾有过高度发达的汉族文化，而且它与唐宋科举考试制度有关密切关系，间接地反映了唐宋时代文教事业的兴盛和儒学在边陲的传播。

---

① 姜亮夫：《瀛外将去敦煌所藏韵书字书各卷叙录》，《敦煌学论文集》第321页，上海古籍出版社，1987年。

二 佛家教义的世俗化

◎俗讲——佛家教义世俗化的途径

佛教信仰是怎样为中国民众所接受的？在佛教东传过程中这条线索早已模糊不清了。佛教的经典和教义都含有很深的哲理意义，而在认识论方面尤为细致并富于思辨色彩，因此一般的士大夫和文人都需要经过认真的学习和探讨才能理解其奥义。然而任何宗教若不获得社会性的发展，即缺乏广大的社会民众的基础，必将趋于萎缩和消亡。佛教传播教义的僧侣被称为经师，他擅长以优美的歌声赞叹讽咏梵土法曲以作佛事，或从佛经中挑选一部分念读，这叫梵呗与转读；讲述佛经的僧侣为讲师；协助讲师讲经的僧侣为都讲。中国南北朝时期佛教僧侣的讲经对象仅限于僧众、贵族和士大夫，普通民众是被排斥的，而且他们也听不懂佛经。唐代以来，佛教为了争取东土的广大民众，努力使教义世俗化，进一步与中国本土文化相结合，特组织了僧侣在民间传教。在民间巡回各地以通俗的方式进行传教活动的僧侣被称为化俗法师。化俗法师向文化低下和不识字的民众讲解佛家经典必须采取受众能接受的方式，这种方式在中唐以后称为俗讲。这是为俗人而设的，深受民众的欢迎，而俗讲遂兴盛一时①。日本僧人圆仁于唐代会昌元年（开成六年，841）到长安寻求佛法，归国后著有《入唐求法巡礼行记》，其中记述了长安俗讲的情形：

---

① 〔日〕镰田茂雄：《简明中国佛教史》第201页–202页，上海译文出版社，1986年。

开成六年正月九日五更时拜南郡了，早朝归城（武宗）幸在丹凤楼，改年号，改开成六年为会昌元年；及敕于左、右街七寺开俗讲。左街四处：此赀圣寺，令云花寺赐紫大德海岸法师讲《华严经》，保寿寺令左街僧录三教讲论赐紫引驾大德体虚法师讲《法华经》，菩提寺令招福寺内供奉三教讲论大德齐高法师讲《涅槃经》，景公寺令光影法师讲。右街三处：会昌寺令内供奉三教讲论赐紫引驾起居大德文溆法师讲《法华经》，城中俗讲，此法师为第一；惠日寺、崇福寺俗讲法师未得其名。……

会昌二年（842）正月一日……诸寺开俗讲。

五月奉敕开俗讲，两街各五座。

关于俗讲的仪式，在敦煌文书P.3849有一段记述：

夫为俗讲：先作梵了；次念"菩萨"两声；说押座了；素旧《温室经》法师唱释经题了；念佛一声了；便说开经了；便说庄严了；念佛一声便一一说其经题字了；便说经本文了；便说波罗蜜等了；便念念佛赞了；便发愿了；便又念佛一声了；便回向发愿取散云云。

"作梵"即唱佛偈："云何于此经，究竟到彼岸；愿佛开微密，广为众生说。""念菩萨"，唱念"观世音菩萨"。"押座"为俗讲特有，说一段押座文，为讲经前的引言，以吸引听众注意。"波罗蜜"，梵语，"波罗"为汉语"岸"，"蜜"为"到"，意译为"到彼岸"。"发愿"，在佛前发起誓愿。

可见俗讲过程是由讲师作梵、礼佛、押座、唱释经题、讲说经文、听众发愿，向寺庙施舍。

当时最著名的俗讲师是文溆（或作文淑）法师。他吟唱经文，声音宛转悠扬，俗讲的内容投合世俗趣味，因此很受民众欢迎。唐人赵璘说：

> 有文淑僧者，公为聚众谈说，假论经论，所言无非淫秽鄙亵之事。不逞之徒转相鼓扇扶树，愚夫冶妇乐闻其说，听者填咽寺舍，瞻礼崇奉，呼为和尚。教坊效其声调以为歌曲。其氓庶易诱，释徒苟知真理及文义稍精，亦甚嗤鄙之。（《因话录》卷四）

这侧面反映了文淑法师得到普通民众、市井年轻人和妇女们的欢迎和崇奉，以致去听他俗讲的人们挤满了寺庙。朝廷教习歌舞的教坊模仿文淑的俗讲唱赞声调制为歌曲名《文溆子》。他讲的内容是联系世俗的"淫秽鄙亵"之事，因此受到正宗的僧侣和守旧的文人的指摘和攻击。令我们感到很有趣的是，当时长安的妓女们也要争取去听俗讲。唐人孙棨的《北里志》云：

> 诸妓以出里艰难，每南街保唐寺有讲席，多以月三八日相牵率听焉。皆纳其假母一缗，然后能出于里。其于他处，必因人而游，或约人与同行，则为下婢而纳资于假母。故保唐寺每三八日，士子极多，盖有期于诸妓也。

唐代长安城内的社区划分为坊，坊内的街巷为里。妓女们平时要外出必须结伴并有下婢监视，得到鸨母许可才能出里。她们如果每月逢三和八日到保唐寺去听俗讲，则给鸨母一点钱便可获得自由了。佛祖是普度众生的，众生平等，所以佛门也向妓女开放。妓女们去保唐寺听俗讲，这犹如参加庙会，在那里有许多年轻男子等待着她们。俗讲因有了时髦女流参加而更加热闹了。人们在清静之地广结善愿，了却前生的宿债，随喜功德。

俗讲是将佛家教义作通俗解释，俗讲师所用的底本称为"变文"，它是相对于佛经正文而言的，是经文的变相或变体。它是中国佛教僧侣将佛教文化与东土文化相结合的、韵文和散文相间的一种新创的文体，服务于教义的世俗化。其具体名称可分为三类：押座文或缘起，变文故事，经文的通俗讲

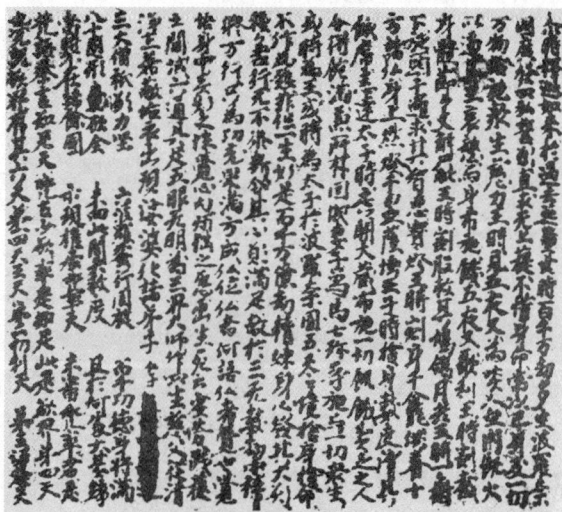

《八相变文》首段

解①。敦煌文书《八相变文》（云字24号，北京图书馆藏敦煌卷子以《千字文》字序编号）末云：

> 况说如来八相，三秋未尽根原，略以标明，开示题目。今具日光西下，坐久迎时。盈场皆是英奇仁，阖郡皆怀云雅操，众中俊哲，艺晓千端，忽滞掩藏，后无一出。伏望府主允从，则是光扬佛日。恩矣！恩矣！

这是俗讲的收场白。讲师向施主和众生致辞，表示时间已晚，所讲故事仅开了个头，留待以后再讲。他希望听众接受讲论，便是弘扬佛法，也就达到俗讲的目的了。

◎俗讲——佛教与世俗政权结合

佛教的俗讲得到中国许多帝王的支持，俗讲法师常常是奉皇帝之命而在京都寺庙开讲的。中国帝王为什么会支持此项宗教活动？我们可从《长兴四年中兴殿应圣节讲经文》（P.3808）见到宗教和世俗政权的联系：

> 沙门△乙言：千年河变，万乘君生；饮乌兔之灵光，抱乾坤之正气。年年今日，彤庭别布于祥烟；岁岁重阳，寰海皆荣于嘉节。位尊九五，圣应一千。若非菩萨之潜行，即是轮王之应位。……谨奉上严尊号皇帝陛下，伏愿：圣枝万叶、圣寿千

---

① 向达：《唐代俗讲考》，《唐代长安与西域文明》第302页，三联书店，1979年。

春。等渤澥之深沉，并须弥之坚固。奉为念佛。

　　皇后伏愿：常新全范，永揩坤风。隶万乘之宅光，行六宫之惠爱。

　　淑妃伏愿：灵椿比寿，劫石齐年。推恩之誉更言，内治之名唯远。然后愿君唱臣和，天成地平，烽烟息而寰海安，日月明而干戈静。念佛。

以下开始讲《仁王护国般若波罗蜜多经·序品》，联系中国历史，着重歌颂当今皇帝，祝愿王朝强盛平安。这是僧侣在后唐长兴四年（933）九月九日明宗皇帝生日应圣节奉命开俗讲。僧侣迎合帝王福寿吉祥、国泰民安之意十分鲜明，而帝王的国祚也得到了宗教的支持。这样，使宗教向现实政权亲近，有利于传教活动的进展。

　　《破魔变文》（P.2187）是讲述释迦牟尼成道过程中与魔王斗争的故事。故事前有一段押座文：

　　　谨奉庄严我当今皇帝贵位。伏愿长悬舜日，永保尧年；廷凤邑于千秋，保龙图于万岁。伏惟我府主仆射，神资直气，岳降英灵，怀济物之深仁，蕴调元之盛业。门传阀阅，抚养黎民，总邦教之清规，均水土之重位。自临井邑，比屋如春，皆传善政之歌，共贺升平文化。致得岁时丰稔，官境谧宁。山积粮储于川流，价卖声传于井邑。谨将称赞功德，奉用我庄严府主司徒，伏愿洪河再复，流水而绕乾坤；紫绶千年，勋业长扶社稷。次将称赞功德，谨奉庄严国母圣天公主，伏愿山南朱桂，不变四时；岭北寒梅，一枝独秀。又将称赞功德奉用庄严合宅小娘子、郎君贵位。儿则朱缨奉国，匡辅圣朝；小娘子眉齐龙楼，身临帝阙。门多美玉，宅纳吉祥。千灾不降于门庭，万善咸臻于贵户。然后衙前大将，尽孝尽忠；随从公僚，惟清与直。城隍社庙，土地灵坛，高峰常保于千秋，海内咸称于无事。

这篇押座文是为歌颂沙州节度使的功勋并为之祝愿而作。歌颂的"府主司徒"为曹元深，他于后晋天福七年（942）拜归义军节度使检校司徒兼御史大夫之职。当时曹元深奉母亲回纥圣天公主为国母。其父曹义金曾受封为仆射，文中首先颂扬他在天之灵及其功勋；此外还为曹府的小姐和公子们祝福。沙州曹府信仰佛教，而当地佛教的发展则依附于地方政权。这篇押座文还表明佛教与地方政权的关系。僧侣以俗讲的方式向民众表达了宗教对地方安危休戚的关怀，民众由此可感受到佛祖的慈悲。

梵语"兜率"译为"妙足"、"知足"或"喜足"。它为佛家的欲界之灭，其内院为弥勒菩萨之净土，外院为天众之欲乐处。这里虽然有天男天女，但他们会因对色欲的厌倦而达到无欲和知足的境界。敦煌文书《佛说观弥勒菩萨上生兜率天经讲经文》（P.3093）是俗讲师向民众讲兜率宫内厌欲的情况，将经文讲解得通俗易懂，如下面一段：

　　"具足"梵语应云"兜率陁"，或云"睹史多"，唐言"知足"。知欲乐足，故《疏》云"兜率"，此云"知足"。问：何以此天偏于五欲境而知是？答：内容天男天女，先为人时，曾持佛戒，互相观察，知非究竟，遂厌欲也。

佛家想象人们在老、病、死的痛苦和悲哀情景，以之劝导世人看破红尘，灭绝欲念，及早修行，脱离苦海，超生净界。我们且不论"厌欲"的是非，值得注意的是俗讲师讲解经文的唱词中融入了中国传统文化，例如美女西施、楚襄王云雨之梦、张敞画眉、诗人刘禹锡等事典，还谈到流行歌曲《伊州》《长恨曲》《想夫怜》等，它们是当时中国民众所熟悉的，易于接受。佛家经典的异域文化色彩很浓重，而俗讲则使佛家文化与中国传统文化相结合了。

◎俗讲——佛教与孝道结合

中国儒家很重视孝道，佛教僧侣在俗讲中也宣传孝敬父母的意义。《父母恩重经讲经文》（P.2418）述释迦牟尼对弟子阿难谈论父母恩德："佛告阿难，我观众生，虽沾人品，必行愚懞，不思耶娘（父母），有大恩德，不生恭敬，无有仁慈。"俗讲师拟托佛祖对不孝之人训诫，特别引述了儒家贤人曾参之语和启蒙读物《太公家教》：

所以书云曾子曰："百行之先，无以加于孝矣。夫孝者，是天之经，地之义。孝感于天地也，通乎神明。孝至于天，则风雨顺序；孝至于地，则百谷成熟；孝至于人，则重福来；孝至于神，则冥灵祐助。"又《太公家教》："孝子事亲，晨省暮省，知饥知渴，知暖知寒。忧则共戚，乐则同欢。父母有病，甘羹不食；食无求饱，居无求安；闻乐不乐，见戏不看。不修身体，不整衣冠；待至疾瘥，整易不难。"又经云："天地世界之大者，不过父母之恩。"经书之内，皆说父母之恩，奉劝门徒，大须行孝。

佛家提倡孝道，而且发挥儒家孝顺的观念，这是中国民众乐意接受的传统思想。它表明佛教僧侣利用中国传统思想以争取民众，从而达到传教的目的。

俗讲师认为，慈母对儿子的恩德，只施不望报；这犹如佛陀一样慈悲为怀，普度众生而不言自己的恩德。只要众生度越迷津，一旦成佛，即是报答父母之恩德了。这种宗教的宣传并不符合世俗的孝道逻辑，但善男信女相信，便实现传教之意了。

敦煌变文中有数种关于目连救母的故事，以典型事例说明佛教如何奉行孝道，提出了解决出家与尽孝之间的矛盾的一种途径。《目连缘起》（P.2193）简明地叙述了此事。

目连之母青提夫人杀生毁佛，作恶多端，死后在地狱受苦。目连恳求佛陀帮助，以便到地狱救母。佛陀怜悯他的诚意，借给十二环锡杖、七宝钵盂。他以此进入地狱，见到母亲受苦的惨状。目连回到佛陀前，再次恳求救母亲脱离地狱。佛陀要求目连于祇园准备香花供养，设置盂兰盆，以求得诸菩萨救济。后来，目连终于将母亲救出地狱，又开设道场，礼拜佛祖，念经放生，使母亲超生天上。这样，完成了佛教徒的孝道。在佛教看来，世俗的善行便是斋僧布施，救助孤贫，礼佛放生。因果的报应，地狱的恐怖，佛法的威力，天堂的幻想，这些观念是民众容易接受的，而且由此产生了一种宗教信仰。目连救母故事里还宣扬了斋僧布施和礼佛所产生的巨大超然力量，可以使世俗人们脱离苦海。俗讲的重要意义即在于此。

◎俗讲——佛教与历史故事、民间故事结合

俗讲师们为了争取民间的听众，如果只讲解佛教经文会使听众感到枯燥无味；因此，俗讲师们在中国传统文化中选择了某些历史故事和民间故事进行通俗的阐释。今存敦煌变文里有讲述春秋时伍子胥复仇、汉将王陵夜袭楚营、汉将李陵征匈奴等历史故事，有讲述孟姜女哭长城、董永卖身葬父、秋胡戏妻、王昭君出塞等民间传说，还有反映现实战争的张义潮收复沙州和张淮深击败回纥的故事。这是在中国文化史上最初以通俗的方式向民众介绍传统文化的先例，佛教僧侣自觉地担负了此项任务，真是一种有趣而奇怪的文化现象。它虽然没有传教的直接效应，却获得了民众对佛门的好感。中国的儒者在当时尚没有考虑到去争取民众，遂在儒学传播过程中留下了空白地带，让佛教僧侣去占领了。

敦煌经卷里有一本《十空赞》（S.4039）是将佛家教义与中国传统文化结合的典型，非常突出地表明佛家教义的世俗化倾向：

难思努力现真宗，色声香味染尘蒙。大不若广言六百春，讲劝人间多少空。上论色界诸天子，下至轮王福最雄；七宝镇随千子绕，福尽然知也是空。三皇五帝立禅宗，伏羲太号与神农，造化世间多少事，古往今来也是空。羲之写字笔补踪，善财童子世间听，多苗草剑人传论，世界寻论也是空。宋玉每每夸端正，西施一笑值千金，潘安尚总归于土，美儿寻思也是空。无盐貌陋心贤女，说尽赞台万万功，宣王遂纳为皇后，豹变多荣也是空。项王汉主争天下，楼烦一唱世龙种，日从东

出还西没，月往西生渐向东，且夜暗催人自老，不觉无常也是空。澄澄四海心无底，矻矻须弥（山）不见逢，海纳须弥也是空。一朝却火三灾地，一朝自别乌江死，盖天雄名也是空。唯言般若波罗蜜，众生与佛体异同；愿逢法教开心地，成佛因缘不是空。万事从来本是空，如何修道出樊笼，若恋婆娑浊恶世，犹如长在秽湿中。

佛家认为，因缘所生之法，即凡小者、大者、有形者、无形者、真实者、虚妄者、事物其物者、道理其物者，它们终究是没有实体的，所以为空。唐译《华严经》卷二十五谈到十种空相：一、了一切之众生界，无有众生；二、解一切之法，无有寿命；三、知一切之法，无有作者；四、悟一切之法，无补特伽罗；五、了一切之法，无有忿净；六、观一切之法，皆无缘而起，无有住处；七、知一切之物，皆无所依；八、了一切之刹，悉无所住；九、观一切菩萨之行，亦无处所；十、见一切之境界，悉无所有。这样，世间万物，一切皆空；由此可悟人生，皈依佛法。《十空赞》是宣传佛家教义的赞文，它纯以中国传统文化为例以说明一切皆空的道理。其中引用了中国的三皇五帝、伏羲神农、书法家王羲之、宋玉的作品、美女西施、美男子潘安、齐宣王纳丑女无盐为后、楚汉相争、项羽自刎于乌江。这些都是中国古代历史人物和民间传说，佛教僧侣用来说明事业、才华、美色、富贵、权力，到头都是一场空，只有成佛因缘是真实的。此足以表明佛教已东土化了。

◎佛教歌辞——佛教教义世俗化的范例

敦煌文书内保存了许多佛教歌辞，它可分为两类：一类是佛教徒内部有关戒律和佛理的，一类是佛教徒以歌辞形式"普劝四众，依教修行"的。在后一类歌辞里，我们可以见到佛教教义世俗化的一些范例。

《十无常》（S.2204、S.0126）表述世间一切生与灭都是刹那间发生的事，无法留住，变幻无常：

> 每思人世流光速，时短促。人生日月暗催将，转茫茫。容颜不觉暗已换，日改变。直饶便是转轮王，不免也无常。
>
> 伤嗟生死轮回路，不觉悟。循环来往几时休，受飘流。纵君人世心无善，难劝谏。愚痴不信有天堂，不免也无常。

世间一切都是无常，也即成空。"九品净土"乃佛陀所居，为诸佛境界，在此可免无常了。

佛教徒深感人间的诸种痛苦。他们没有去探索人间痛苦与社会黑暗的本质原因，采取消极逃避态度，而且尽量夸大痛苦，以为它是人们今生沉沦的"火宅"。人们皈依佛门，斋僧布施，多种善因，便可获得来生幸福。敦煌文书存在大量佛教歌辞，反映了它在民间的广泛流行。这些歌词配合一定的曲调可以歌唱，因词语通俗易懂，可为受苦受难的下层民众指引一条通向佛国的幸福之路。

在佛家教义世俗化过程中，我们不应忘记一位唐初的民间诗人王梵志。他的通俗诗作曾经流行于中国河西。现存敦煌写本王梵志诗有三百余首，它们是中唐至宋初手抄的。

北宋李昉等编的《太平广记》卷八二有一则关于王梵志的传说。隋代初年河南黎阳城东王德祖家内，种有一株林檎树。树上生了一个很大的瘿瘤。过了三年。瘿瘤朽烂了，王德祖将它的皮剖开，忽然出现一个小孩。王德祖收养了这小孩。小孩七岁时才能说话，他问："谁人养育了我？我叫什么姓名？"王德祖将实情告诉。小孩说："双木曰梵，我应名梵天；王家养育了我，我可以姓王。"后来小孩长大名王梵志，善于作诗，很有旨趣。此外，关于这位民间诗人的身世里籍尚有种种传说，民间已经将他神秘化了。

王梵志出身于一个富裕的家庭，有田产和奴婢。后来家境渐渐衰败，他曾出外经商，又遇天灾人祸，以致陷入穷愁潦倒的境地。当其由富庶转变为穷困时，他曾受到社会冷遇和人们的嘲笑，历尽沧桑，谙尽世间烦恼，于是对社会现实有了深刻认识。他学习过儒家诗书，接受了儒家思想，但半生坎坷，甚至为了温饱而不得不做低贱的劳动。终于王梵志转向了佛教信仰，看破红尘，舍弃家室子女，半路出家为僧了。他大约活到八十岁左右。[①]这位民间诗人曾在唐宋诗坛上产生过一定的影响，其诗自为一体，称为"梵志体"。郑振铎说：

> 梵志诗在唐，不仅民间盛传之，即大诗人们也受其影响。王维诗《与胡居士皆病寄此诗兼示学人二首》注云"梵志体"。宋诗人黄庭坚也盛称他的"翻著袜"一诗。诗僧们像寒

---

① 张锡厚：《唐初民间诗人王梵志考略》，《王梵志诗校辑》附编，中华书局，1983年。

山、拾得，似尤受其影响。唐末诗人杜荀鹤、罗隐们也未尝不是他的同流。他是以口语似的诗体，格言式的韵文，博得民间的"众口相传"的。[①]

梵志诗的内容非常丰富，具有突出的批判社会现实的倾向，表示了对人生的透彻感悟，时而有关于儒家伦理的说教，但这一切都统摄于其佛家思想之中。他的诗基本上是对佛家教义的通俗阐释。宋以后，其诗散佚了，幸存于敦煌的三百余首可见边陲人民对它的喜爱，所以大量传抄流行。现在我们看看他谈佛家教义的诗作：

> 沉沦三恶道，家内无人知。有衣不能著，有马不能骑。有奴不能使，有婢不相随。有食不能吃，向前恒受饥。冥冥地狱苦，难见出头日。相逐次第去，却活知是谁？

佛家以为人死之后，按照其罪恶分往地狱道、饿鬼道和畜生道，名为三道。地狱的原意为不乐、可厌、无有等意思，因处地下，故名地狱。此诗描述地狱之苦，丧失了自由，受到饥饿的煎熬，永远无出头之时。

> 福至生两方，各难知厌足。身是有限身，程期太剧促。纵有百年活，徘徊如转烛。憨人连脑痴，买锦要装束。无心造福田，有意事奴仆。只得暂时劳，旷身入苦海。

---

① 郑振铎：《跋王梵志诗》，《世界文库》第五册，良友公司，1935年。

佛家以为人们行善必定受到福报，福至时超生西方佛国。此诗警告世人：生命有限，百年易逝，而那些憨愚的人只图现实的享乐，遂堕入苦海之中，甚为可怜。

> 人纵百年活，须臾一日死。彭祖七百岁，终成老烂鬼。托生得他乡，随生作名字。轮回变动兔，生死不由你。身带无常苦，长命何须喜。不闻念佛声，满街闻哭响。

彭祖是传说的远古长寿老人，他虽然活了七百余岁，也免不了一死。佛家将众生也分为天、人、阿修罗、地狱、饿鬼、畜生等六类，由人的善恶因果永远像车轮一样在各道中转动，轮回相续。所以人生在世，生死无常，免不了轮回之苦。如果人们念佛，就不会听到满街的哭声了。

王梵志诗在佛家教义世俗化过程中曾对民众信仰佛教发生了作用，以致僧侣们讲经时常常引用。敦煌写本《佛书》（P.3021）里，僧侣讲经云：

> 经云："修功千种，终趣大乘；造福万途，终归正道。"施主等既知善是福本，建立道场，听大乘经典，此乃不可思议。智慧种子，欲渡无名苦海，生死爱河，虽以经称慧，两度生死之埃尘；法号智力，剪除烦恼于欲业，能专心静听一句偈，能灭积劫之愁，必获无穷果报。若其心生怠慢，浪有凡缘，则徒劳久坐，终无利益。故经云："此身危脆，等秋露朝悬；命若浮云，须臾散灭。"故王梵志诗云："此身如馆舍，命是寄宿客。客去馆舍空，知是谁家宅？"又云："人是无常身。"

经师们讲佛经时特引用王梵志诗为证，这可见其诗的意义了。

南宋初年学者王灼在《碧鸡漫志》卷五里关于《文淑子》，他引用了《资治通鉴》所载"敬宗宝历二年六月己卯幸兴福寺观沙门文淑俗讲"。王灼怀疑这段记载，他说："至所谓'俗讲'则不可晓。"可见南宋时学者们已不知什么是"俗讲"了。南宋后期理宗时良渚指责摩尼教经典戒律违背佛经经文的有《开元括地变文》[①]，然而当时不能理解什么是"变文"，此种文体已无实例可参考了。唐代至宋初的佛教通俗歌辞和王梵志诗，皆早已失传。由于以上情形，致使佛教信仰为中国普通民众接受的这一文化线索断裂。它幸存于敦煌文书中，为我们寻到了佛家教义世俗化的遗迹。

三 开放的文化态度

◎敦煌——中外文化融会之地

中国以儒家思想为核心的传统文化极为牢固，基本上造成了一种封闭的意识，对于外来文化易于采取轻蔑与排斥的态度。中国因有辉煌的古代文明，在人类历史进程中长期居于领先的地位，这样总是以天朝自居，保持着文化的优越感，以致很难平等地对待外来文化。中国历史上最为开明的朝代唐王朝，虽然采取了文化开放政策，注意吸收外来文化，但并未改变固有的文化态度。以佛教在唐代的命运而言，就曾遭到严厉

---

① 引自《唐代长安与西域文明》第315页。

的禁黜。唐武宗会昌五年（845）在全国范围内毁佛寺四千六百余所，兰若（僧舍）四万余所，僧尼还俗者二十六万人。武宗皇帝特发布了制词，以为：佛教在中国汉魏之际传入，这种外国的宗教信仰很快蔓延，渐渐破坏了中国习俗，使人民受到迷惑。京都和全国寺庙增多，佛徒日众，因此耗费人力财物，不奉祀君王祖先，违背婚配法律，坏法害人。六朝时国力贫乏，风俗不良，皆由佞佛所致。自唐王朝以武力建国，以文理兴邦，怎么可以容许区区西方宗教，与我朝抗衡！现在听取了诸位大臣的意见，必须铲除此弊。

这种坚决排佛的主张代表了中国统治阶级对外来文化的基本意见。如果说排佛是出于理性的考虑，表示对虚妄的宗教信仰的抵制，那么对其他外来文化的排斥则表现为保守了。唐代初年从西域传入的印度百戏——杂技，高宗皇帝看了深恶其惊险骇俗，曾令西域等地守臣不准表演杂技的"幻人"进入中国国境。从西域传入的印度系音乐——胡乐，在唐代也曾受到白居易和元稹等诗人的攻击，他们害怕异域之音就像中国古代的郑卫之声一样会影响国家的政治教化。由此可见中国历史上被誉为执行文化开放的唐王朝，虽然在一定程度上吸收了外来文化，但本质上仍是较为固执的，或者是矛盾的。后来的王朝就更加守旧了，最终必然走向闭关锁国的错误道路上去。

我们在敦煌一隅所见到的中西文化交流与多种文化并存的局面，似乎反映了中华民族存在一种积极的开放的文化态度。敦煌及河西本是古代月氏人的故地，此后匈奴、吐谷浑、回纥、吐蕃等民族处于与汉族政权的复杂关系之中。此地的汉族政权既远离中原王朝，又处于民族杂居状态，尤其是地理位置恰恰在东西文化交流的丝绸之路的孔道上。因此它必须采取文化开放的态度才能适应自己的生存与发展，否则任何一种单一的保守的文化态度都将导致毁灭的命运。汉族政权归义军的文化政策正体现了河西地区人民的意志。敦煌文书《管内三军百姓奏请表》（S.4276）题为"归义军节度左都押衙银青光禄大夫检校国子祭酒兼御史大夫安怀恩并州县僧俗官吏兼二州六县镇耆老及口类退军十部落三军蕃汉百姓一万人上表"。后唐同光元年（923）沙州节度使曹义金进贡时随带上此表，以请求旌表曹氏功勋①。从此卷文书的题名我们可见归义军辖区内社会是由汉族政府官员、僧侣、吐谷浑部落、吐蕃人、三军将士、汉族百姓组成的。他们是汉族政权的社会基础。他们联合向中原王朝进表，说明各族民众及僧侣在政治上是平等的。这种情形与中原内地的社会成员结构是大不相同的，从而决定了此地区的丰富的文化色彩。

◎佛教——敦煌文化的主角

儒、释、道三教之争在唐代甚为激烈。唐高祖李渊将道教始祖李老君与唐王朝的李氏家族相联系，认为老子是李氏先祖，于是特别崇尚道教。道士傅奕向朝廷上疏，建议削减寺庙和僧侣，佛教僧侣法琳指出道教的虚妄及破坏国家的实例，儒者李师政也批评傅奕之论。武德八年（625），唐高祖确定了三教的地位次序是道、儒、释。唐太宗贞观十一年（637）下诏将

---

① 唐长孺：《关于归义军节度的几种资料跋》，《敦煌吐鲁番文书研究》第170页，甘肃人民出版社，1983年。

道教地位置于佛教之上。武则天崇奉佛教，确定"佛先道后"的位置，唐玄宗又改为"道先佛后"。中唐以来，凡值皇帝生日举行三教辩论，这成了一种传统活动。三教之争因国家政权的干预有时变成残酷的斗争，很多寺庙或道观被毁，僧徒或儒者被流放，然而争论始终未决①。

敦煌因有佛教胜地莫高窟，佛教在这里有深厚的根基。敦煌的佛教徒参与地方政治活动，关心民众公益事业和文化事业，从事各种经济营生。他们与当地政权和民众有着文化的、意识的和生活的密切联系。敦煌文化在本质上是以佛教文化为主的地方文化，所以敦煌文书的绝大多数是佛经卷子。然而敦煌文书内却存在着其他宗教如道教、景教和摩尼教的文献。这些异教文献又是保存在佛教胜地莫高窟的秘室之内。可见敦煌佛教徒并无消灭异端的偏狭心理。他们既能与儒学共处，也能兼容异教。我们在敦煌文献里见不到中原那种激烈的无休的三教之争；也许除了开放的态度而外，这里的人们需要不分阶层、民族、贵贱和宗教信仰而团结一致，以对付战争的威胁和民族的侵扰。现实的安全需要使这里的人们团结了。

◎道佛的争斗——《老子化胡经》

道教经典在敦煌文书中约存五百卷，大都是初唐和盛唐时期的写本。其中如《太玄真一本际经》《本际经疏》《灵宝升玄经》《太上洞玄灵宝升玄内教善胜还国经》《太上洞玄灵宝明真经科仪》《老子十方像名经》《老子化胡经》《太上济众

---

① 《简明中国佛教史》第191页–196页。

唐景龙三年（709）的《道教文约》

经》《十戒经》等三十种是为道教经典总汇《道藏》所未收的佚经，或者虽收而文字相异者，这为研究道教教理和历史提供了新的资料。此外，关于道家典籍《老子》，保存了多种罕见的古注本，对研究原始道家有重要意义。最值得我们注意的和最能引起我们兴趣的应是《老子化胡经》。此经共十卷，西晋道士王浮著，意在攻击毁谤佛教，以期贬低佛教的社会地位。它随着佛与道的命运升降沉浮而受到种种毁誉，在元代至元十八年（1281）朝廷下令禁毁道教经典以后佚失了。敦煌写本

《老子化胡经》（P.2007，P.2004，S.1857）的发现，表明它在敦煌佛地躲过了焚毁的劫运。此经是荒诞离奇的，讲述道家始祖李老君命令弟子尹喜乘着月精降落到印度，进入白净夫人口中，投胎而生，名为悉达。悉达舍弃了太子之位入山修道成佛，这便是佛祖。老子西游回到中国，宣传天下之奥义，将仁义等学问传授给儒家圣人孔子。老子又乘着道气飞往西方邻国，托生王室，成为太子，舍弃王位入道，号称摩尼。此佛教和摩尼教都到了东土，三教混合，一齐尊奉老子。这样，儒、佛、摩尼各教皆源出于道教，所以道教的地位是最崇高的。当然这个故事纯属在宗教信仰的狂热之下编造的，反映了道教以荒诞的意识来参加三教之争，力图抬高道教的独尊地位。《老子化胡经》卷十为《玄歌》，其中的《化胡歌》云：

> 我在舍卫时，约持瞿昙（佛姓）身，共汝摩诃萨（菩萨），赍经教东秦。历落神州界，迫至东海间，广宣至尊法，教授聋俗人。与子威神法，化道满千年，年终时当还，慎莫恋中秦。致令天气怒，太上踏地瞋，寺庙崩倒澌，龙王舐经文。八万四千子弟，一时受大缘，轮转五道头，万元一升仙。吾在三天上，悯子泪流连。念子出行道，不能却死缘，不能凌空去，束身入黄泉。天门地户塞，一去不能还，虽得存禋嗣，使子常寒心。逆天违地理，灾考加子身。神能易生死，由子行不真。三十六天道。终卒归无形。

歌词述说佛教及异教因违背老子训告，以致老子震怒，使寺庙毁坏，佛徒遭到屠杀，佛祖死去，异教全被消灭。这集中表现了"化胡"的伟大成绩。关于这部道经本身的意义没有必要探究，其客观意义是：它在敦煌佛教文化盛行之地竟被保存下来了。

◎敦煌文书中的景教文献

1623年或1625年发现的景教石碑，现存于西安"碑林"

敦煌文书里保存的景教文献有《大秦景教三威蒙度赞》（P.3847）、《尊经》（P.3847）和《志云安乐经》等七种。景教是西方基督教派之一，公元五世纪之初为叙利亚人聂斯托利所创，以玛丽亚只产耶稣之体，不产耶稣之神，故不当为圣母。公元431年在爱非萨召开宗教会议时受到排斥。489年聂斯托利离开波斯，前往中亚传教。中亚人信奉袄教和佛教，景教的影响很有限。公元七世纪初，伊斯兰教势力强盛，景教徒四散。景教徒阿罗本带着经典东入中国长安，唐太宗诏令准许立庙传教。初称波斯经教，后称景教，在长安建波斯寺，天宝时改名大秦寺，于唐德宗建中二年（781）建《大秦景教流行中国碑》。会昌五年（845）唐武宗禁黜佛教，景教亦遭到株连。《景教碑》于明代天启五年（1625）在中国西安出土（现藏陕西省博物馆碑林），这在中国宗教史研究上是一个重要发现，引起了中国和外国学者的探讨。《尊经》（P.3847）有一则题记：

谨按诸法目录，大秦本教经都五百二十部，并是贝叶梵音。唐太宗贞观九年，西域大德僧阿罗本届于中夏（中国），并奏上本音，房玄龄、魏征宣译奏言。后召本教大德景净，译得以上三十部卷，余大数俱在皮夹，犹未翻译。

　　据此，阿罗本带到中国的景教经典共五百余部，翻译为汉文的有三十部。敦煌景教文献的发现，更为研究景教历史和教义提供了珍贵资料。

　　《志玄安乐经》散落民间，为天津李盛铎收藏，现在下落不明。1928年日本羽田亨教授和杉村勇造同到天津向李氏借阅，并准予抄录进行研究。次年三月日本《东洋学报》第18卷第1号发表全文；此后日本佐伯好郎博士将它译成英文并加上注释①。此经是完整的，由景净在中唐时翻译，译文优美典雅，应是唐代翻译文学的杰作，如大哉无上一尊弥施诃语：

　　　　我在诸天，我在诸地，或于神道，或于人间，同类异类，有识无识，诸善缘者，我皆护持，诸恶报者，我皆救拔。

　　　　但于无中，能生有体。若于有中，终无安乐，何以故？譬如空山，所有林木，数条散叶，布影垂阴。然此山林，不求鸟兽，一切鸟兽，自求栖集。又如大海，所有水泉，广大无涯，深浚不测。然此海水，不求鳞介，一切鳞介，自往其中。含有生缘，求安乐者，亦复如是。但当安心静住，常习我宗，不求

---

① 陈增辉：《敦煌景教文献〈志玄安乐经〉考释》，《1983年全国敦煌学术讨论会文集》（文史编）下册，甘肃人民出版社，1987年。

安乐，安乐自至。是故无中能生有法。

景教崇奉的无上一尊弥施诃即耶稣基督。《志玄安乐经》是演绎《圣经·箴言》"他的道是安乐，他的路全是平安"，以耶稣和弟子的对话阐释了基督徒的教义。基督教教派之一的景教经典，在西方早已不传，它的古老写本竟会在东土保存下来了。

◎敦煌文书中的摩尼教经典

敦煌文书中保存了摩尼教经典三种：《摩尼光佛教法仪略》（S.3969，P.3884）、《证明过去因果经》（《摩尼教残经一》宇56）和《下部赞》（《摩尼教残经三》，S.2659）[①]。摩尼教是古波斯（伊朗）人摩尼所创立的宗教。摩尼出生于公元216年，精通天文，擅长绘画，熟悉幻术。其教是杂糅基督教与佛教教义，宣扬光明与黑暗互相对立为善恶的本原，摩尼为光明的代表，故又称明教或明尊教。摩尼不为波斯所容许，便到罗马东部和印度北部传教。摩尼曾一度归国，于公元277年波斯王法拉乃第二时，因受波斯旧教的攻击而被捕，被最残酷的刑法处死：其皮剥下，内装杂草，悬于城门示众。摩尼受难后甚得到人们的同情，其教迅速传播。公元三世纪至六世纪时，中亚各国和地中海沿岸诸国都是摩尼教流行的范围。此教于晋代传入中国。唐代延载元年（694），波斯人拂富诞以《二宗经》

---

① 林悟殊：《唐代摩尼教与中亚摩尼教团》，《文史》第二十三辑，中华书局，1984年。

（光明与黑暗）来中国长安朝见武则天皇后；大历三年（768）唐代宗准许在长安建立摩尼寺，赐名为"大云光明寺"。其教在中国长安、洛阳和西域的商人间流行。唐武宗禁黜佛教时，摩尼教遭到株连，寺庙被没收，经典被焚毁，教徒大多数殉难。此后摩尼教仍不断在中国传播，演变为秘密教派[①]。摩尼教经典除波斯文外，翻译得较多，新发现的已有叙利亚文、突厥文、回纥文和汉文。汉文摩尼教经典仅见于敦煌写本三种。《摩尼光佛教法仪略》是开元十九年（731）摩尼传教师奉中国皇帝诏命对本教情况的介绍，其中谈到关于寺庙的建置：

> 经图堂一、斋讲堂一、礼忏堂一、教授堂一、病僧堂一。右置五堂，法众所居，精修养业，不得别立私室厨库。每日斋食，俨然待施；若无施者，乞丐以充。唯使听人，勿蓄奴婢及六畜等非法之具。
>
> 每寺尊者，诠简三人：第一阿拂胤萨，译云赞愿首，专知法事；第二呼嚧唤，译云教道首，专知奖劝；第三遏换健塞波塞，译云月值，专知供施。皆须依命，不得擅意。

这是其寺院情况。教徒的寺院生活是由民众支持与施舍的。

《证明过去因果经》是讲述摩尼教基本教义的。此教认为世界形成以前，净风和善母两位光明使者进入黑暗无明的境界。他们有五种能力和智慧，同时又有五类恶魔黏附，如苍蝇

---

① 陈垣：《摩尼教入中国考》，《陈垣学术论文集》第一集第329页-374页，中华书局，1980年。

着蜂蜜，如飞鸟被网罗，如游鱼吞饵钩。净风明使将五类魔与五明身二者结合，创造了世界；于是光明与黑暗并存，善性与恶魔相共。经文教导人们怎样去驱除黑暗与增进光明：

> 惠明使于其清净五重宝地，栽莳五种光明胜誉无上宝树，复于五种光明宝台燃五常住光明宝灯。时惠明使施五施已，先以驱逐无明暗相，伐却五种恶毒死树。其树根者自是怨憎，其茎刚强，其枝是嗔，其叶是恨，果是分拆，味是淡泊，色是讥嫌。

信徒们只要注意个人的善根培养，除去象征内心邪恶的死树，种植象征怜悯、诚信、知足、忍辱、智慧的活树，勤修精进，自然会生成化果的。这种教谕偏重人的道德修养，不具虚幻迷信的成分，所以长期为中国民间接受，而且转化为一种积极改进社会的信念。经文的结尾是信徒们发愿，一心向往光明：

> 唯愿大圣垂怜悯心，除舍我将旷劫以来无明重罪，令得消灭。我等今者不敢轻慢，皆为奉持无上宝树，使令具足。缘此法水，洗濯我等诸尘重垢，令我明性，常得清净。缘此法药，及大神呢，咒疗我等多劫重病，悉得除愈。缘此智慧，坚牢铠伏，被串我等，对彼怨敌，皆得强胜。缘此微妙众相之冠，庄严我等，皆得具足。缘此本性光明模样，印于我等，不令散失。缘此甘膳百味饮食，饱足我等，离诸饥渴。缘此微妙音乐，娱乐我等，离诸忧恼。缘此种种奇异珍宝，给施我等，令得富饶。缘此明网于大海中，捞渡我等，安置宝船。

摩尼教于十二世纪时在欧洲尚流行，旋即被基督教作为异端攻击。现在摩尼教失传，经典焚毁将尽，西方基督教史料中尚有一些记载。其汉文经典的存在，使我们可见到此教的真实面貌。

敦煌文书虽以佛经为主，却同时存在中国道教以及西方的景教和摩尼教经典。这是世界文化中罕见的文化现象，而在中国也属罕见的。多种宗教在敦煌一隅并存，此非一种积极的开放的文化态度支配下是绝不可能的。

◎敦煌文书——亚洲多种古文字的宝库

亚洲多种古文字写本汇存于敦煌文书里，这也是世界文化中罕见的现象。其中有古藏文、粟特文①、于阗文、焉耆——龟兹文、印度梵文、回鹘文、希伯来文②。我们还常见一个卷子上书写着数种文字，例如：

P.2020　受戒忏悔文，背面为粟特文；

P.2021　粟特文，背面为索义辩修功德记；

P.2022　《金刚般若波罗蜜经》，背为梵文；

P.2046　佛学字书，汉文与藏文对译；

P.2782　《大般若波罗蜜多经》，首有回鹘文，背为梵文。

敦煌文书里藏文文献存二千余件，于阗文献约一百二十余件，其余的回鹘文、粟特文、焉耆——龟兹文、突厥文文献数量较少。藏文文献涉及的内容最广泛，包括政治、经济、法律、宗教、文学、医学等方面，具有非常珍贵的史料价值。吐

---

① 粟特，中亚细亚古国，即粟戈，中国史籍称康国，属伊朗语族东支。其文字与回鹘字母相近，二十世纪初经学者读通。
② 希伯来，阿拉伯半岛中亚古民族，属于闪语族。

蕃大王赤祖德赞（815-841），藏文史籍中称为热巴巾，意为"有发辫者"，因其发辫末系续长绸，让佛僧坐在上面以示尊敬。他在位时崇奉佛教，用僧人贝吉允丹为相执政，规定"七户养一僧"的供养制度。公元821年与唐王朝在长安盟会，次年在西藏拉萨盟会，结束了长期的战争。《赞普赤祖德赞愿文》（P.T.16）译文：

神为人主之蕃赞普赤祖德赞犹如先王之化身，精明干练，威望崇高，建立严明规律，弘扬佛法，社稷兴盛，国土扩大，威镇天下南北东西，边陲四邻之邦国尽归吐蕃之一统天下。……

当赞普立下丰功伟业之时，贤臣绮立心儿与大尚论拉卜桑击溃六嘉（四川阿坝藏族部落）敌兵于大战之中，敌营坚固碉堡为吐蕃百姓英勇击溃，英雄们领兵杀敌，双方对阵大战一年之久，……最终敌军长官降服。此间玉园所兴建之佛寺由瓜州都督供奉，为吐蕃王臣祈福净罪。……

由于吐蕃王臣神通万变，天崩可弥合，地裂可缝补，天地融合，克敌制胜；因此敌人逃窜不能，藏北的牦牛不顶角，普天下永久安宁，光芒如太阳初升，花朵处处开放。①

这篇发愿文是歌颂赤祖德赞对藏族部落六嘉及河西瓜州等地战争的胜利，并为吐蕃祈福。赤祖德赞因佞佛礼僧达到迷妄程

---

① 罗秉芬译，见《敦煌吐鲁番学研究论文集》第340页-341页，书目文献出版社，1996年。

度，引起吐蕃集团内部的不满，于公元841年被暗杀。吐蕃的继位者为赞普吾东赞（又称达郎玛，841-846），其次妃王后赞蒙彭和王子微松，由宫廷向沙州龙兴寺长老洪辩等发下牒文（P.T.999），译文：

先前，天子赤祖德赞之功德，在沙州以汉藏文抄写了佛经《无量寿经》，作为对臣民广泛的教法大布施。

鼠年夏月初八日，王后赞蒙彭母子光护宫殿之功德，沙州两部僧伽为沙州地方在俗人作回向功德，举行修福供养法会。依据宫廷的指令及信函、教法大臣及安抚使的信函，为在俗二千七百人众举行修福供养法会。作为教法大布施的资具，从龙兴寺经籍仓库中取出《无量寿经》汉文一百三十五卷，藏文四百八十卷，总共六百一十五卷，散发给众人。由长老僧人洪辩和旺却批准取用，并发给经籍保管僧人云涅海与李丹贡二人此件耗用经卷之凭执。今后进行经籍总清点时，以此耗用凭执与账册原本相较，数目符合，予以注销。[1]

这是令沙州为王后赞蒙彭母子作修福供养法会，向民众散发汉藏佛经以为功德。从中我们可见在敦煌龙兴寺经籍仓库里藏有大量佛经写本，亦可见以抄写和散发佛经为功德，所以在此地保存了大量经卷。敦煌本藏文中保存了一些吐蕃法制文献，它们反映了吐蕃社会的某些特点。[2]

---

① 陈庆英：《敦煌藏文写卷P.T.999号译注》，《敦煌研究》1987年第2期。
② 陈践、王尧译，见《1983年全国敦煌学术讨论会文集》（文史编）上册，第236页-267页。

于阗，西域古国，今新疆和田一带。汉代在此建立西域都护；唐代置毗沙都督府，属安西都护府。于阗——塞语，属印欧语系伊朗语族东支，文字使用婆罗米字母直体。古于阗文是在敦煌文书中发现的。《从德太子发愿文》（P.3510）的作者从德是于阗王李圣天的太子，后为王；沙州节度使曹元忠是其舅父，其母亲是曹元忠之姊。公元967年，从德出使宋朝后归国即王位，年号天尊。发愿文之译文：

> 一切恭敬，敬礼一切诸佛并诸菩萨、八贤圣、佛说真谛及常住三宝。叹佛亿万功德，不能一一称颂，仅默诵在心，并数万次匍匐礼拜。伏愿诸佛慈悲于我从德太子，佑我得悟真识。从无始时来，因痴而生身至今日，由身舌心三行，由不崇敬信徒，由众多烦扰而有无数行为，今并一切忏悔：因嗔染痴而对父、对母、对诸师乃至对三宝遭罪得罪，无量无间，无论记忆与否，今并发露，许我忏悔。至心发愿，愿借菩萨善戒力而脱我虚妄，并借菩萨之力导我以正。……愿我诸世皆识前生，愿我拯救诸界众生皆得涅槃。愿我亲见诸佛，永无疾苦。愿我因虔敬而往生极乐世界。

从德太子是一位虔诚的佛教徒，在他统治时期，于阗佛教盛行，大量于阗文佛经皆造于此时。他后来与伊斯兰教黑汗王朝进行宗教战争，取得了胜利①。于阗文书里保存了于阗使者在甘

---

① 张广达、荣新江译，见《1983年全国敦煌学术讨论会文集》（文史编）上册，第163页–172页。

州回鹘地区发回的奏稿。于阗使者的奏稿是关于这段时期甘州回鹘的重要史料，其叙述甚为详细。P.2741奏稿：

> 十五日灵州朔方的中国使臣宋尚书来了，并派人来问于阗使臣，能否相见，但他一直没来。春季第三月末，沙州军队来了，二十五位于迦带领二千仲云人与二百达怛人同来。进入甘州第三天，毗伽可汗及妻与二女被杀，第八天军队就离开远至删丹，没有敢在突厥中冒险就回去了。于是仲云却火了，说，这是中国人和回鹘人玩的手段，他们率领我们达一个多月陆地驱驰，却没有带到最后地点（指决战），就走开了。沙州人占了甘州，第六天突厥拔野古的军队来了，在第一个地点，回鹘的军队，于伽的军队及其他人来了。……我们在城中等于要饿死，城外是敌人，在这里的于阗使臣境况是可悲的。他们也都像贼一样，他们的马匹全被捉走。

于阗文的解读是很困难的。二十世纪四十年代西方学者释读了两篇奏稿，但有语意难通之处。这些奏稿都与甘州回鹘史事有关，其具体历史背景还待考证。[①]

回鹘文源于粟特文，约创始于公元八世纪。敦煌文书存回鹘文约40件，其中书信、牒状等22件，宗教文献16件，兹录一件民间书信。P.0002书信译文：

---

① 黄盛璋：《敦煌于阗文几篇使臣奏稿及其相关的问题综说》，《敦煌研究》1989年第2期。

男儿斯利葛·哈尔恰尔和亚则尔，我们心事重重，自远方衷心地向出生高贵、行为智善、智力聪慧、名声贤妙，我们的嫂子阿尔屯·烟盖西问候快乐、和睦和平安。

时至我们写此信，我们一切安好。现在，在这封问安的信中，我们有许多话要说。一个逃难者到此。（从他那）听说我们的好哥哥死了。我们听说把他处死，把他送上了绞刑架。我们失声痛哭。自从亚则尔到于都斤山，今我们一切安好。我们从邮差手里得到了你们的来信，得知你们一切安好，我们十分高兴。我们从逃难者嘴里听说后，十分难过。

好嫂子阿尔屯，让你辛苦了，你好好操持这个家吧，不要有什么坏名声，忍耐一下。下一个月我会与喀尔恰尔一起从仲云来甘州的。望照看好西帕尔和颉利·亚鲁克。

这普通的家常话语，朴质感人。显然这家人属于甘州回鹘，他们在战乱中遭到横祸，弟兄逃难在外，兄长被处死，嫂嫂承担了家庭生活的重任，还得保持好的名声。

敦煌文书中保存了多种古文字写本，有的已是后世不使用的文字了。学者们释读它们非常困难，但愿经过整理和破译能从中发现一些民族的古代文明。

敦煌文化虽以佛家为主，却同时存在儒家、道家、景教和摩尼教文化；敦煌文书虽以汉文为主，却同时存在梵文、粟特文、藏文、于阗文和回鹘文等古写本。这些不同的宗教与不同的文字同时聚藏于敦煌秘室，表明相异的思想、信仰、文化、语言、习俗和民族都曾经在一个特殊的时空里相容共生，显示着中国曾经是一个主张文化开放的伟大的民族。

四　通俗文学的摇篮

中国汉族长期以来保持着书面语言与口头语言脱离的传统。古代文学作品如《诗经》《楚辞》、汉魏乐府歌辞、南北朝民歌，它们是否能为普通民众所理解和接受，这已不可确考了。在古代社会里，民众受文化教育的权利实际上被剥夺了，没有文人认真地为民众写作他们能欣赏的作品。历史文献所记载的"采风"和"妇孺皆知"的作品，如果我们细细考察，它们都会令我们怀疑的。真正通俗文学的产生是在人类社会已经发展到相当高的阶段。通俗文学是文学大众化的产物。文学的大众化是指文学的创作目的是为社会广大的民众，作品的内容是民众能理解的和感兴趣的，作品的形式是通俗的和民众喜闻乐见的。中国的这种通俗文学是出现在封建社会的后期，然而其发展的线索是断裂了的。二十世纪三十年代郑振铎说：

> 我们往往有一个疑问，在宋元之前，为什么中国没有发生过戏曲和小说的大作品？为什么这些重要的作品直到宋元之时才突然的如雨后春笋般的纷纷产生？许多文学史家对于这疑问都没有注意过。最近有一部分人用文学的眼光去研究印度的文学，尤其是它的小说与戏曲，于是才发现他们的戏曲与小说，其体裁与结构与中国的有惊人的共同之点。……
>
> 还有，我们重要的民间文学，如弹词、佛曲与鼓词，也都是受印度影响而发生的，这个外来感应的痕迹，比之小说与戏曲尤为明显。在敦煌石室发现的许多抄本中，我们见到好几种佛曲；《文殊问疾》等三种，见上虞罗氏（振玉）刻的《敦煌

零拾》中；《佛本行集经俗文》《八相成道俗文》《维摩诘所说经俗文》等四五种，现存京师图书馆中：这就是后来佛曲的祖先，而弹词与鼓词却又是完全由佛曲蜕化而成的。[①]

这里的"佛曲"实指俗讲文学的变文。四十年代郑振铎将印度文学与中国通俗文学的关系表述得较为明确了。他认为，由于佛教在唐代的发展，从印度输入的作品多了，于是有了通俗的歌词、通俗的诗人、变文和大曲[②]。郑振铎是根据敦煌文书中的通俗作品的发现而得出这个结论的。

中国通俗文学，确切地说应是都市通俗文学或市民文学，它是产生在中国市民社会形成的北宋时期，它是流行于都市的、通俗的表现市民社会的和市民喜爱的文学，它具有明显的商业性和娱乐性的特点[③]。它的历史渊源与唐代佛教讲唱文学、燕乐歌词、话本、小说是有密切关系的。由于宋代以后这种关系隐伏了，作品散佚了，文献失载了，以致通俗文学起源的历史面目模糊，给中国文学研究留下了许多不可索解的疑案。敦煌文学的发现使我们见到中国通俗文学的原生状态，提供了新的文学史线索，尤其使我们由此见到中古时期的中华民族的思想和情感的一般历史。

---

① 郑振铎：《研究中国文学的新途径》，《中国文学研究》上册，《小说月报》十七卷号外，1927年6月。
② 郑振铎：《中国俗文学史》第15页，商务印书馆，1938年。
③ 参见谢桃坊：《中国市民文学史》，四川人民出版社，1997年。

◎敦煌文书中的新燕乐与敦煌曲子词

丝绸之路的开通，西域音乐传入中国，这促使中国古乐发生了一次重大变革：以印度系西域龟兹乐为主的音乐经中国化，与中国旧有的民间音乐相结合而产生了新的隋唐燕乐。"燕"，同"讌"，即"宴"。燕乐是用于宴会之乐。中国古代宫廷与贵族之家宴会时所用的音乐称燕乐，但隋唐燕乐是当时流行的新的俗乐，它与古代燕乐的音阶、调式、旋律、乐器、演奏方式等方面都有很大的区别，甚至在性质上是相异的。印度系的龟兹乐在公元六世纪时（北朝）已经传入中国。音乐理论家郑译在北周武帝时（561-578），遇到龟兹（Qiū cí，新疆库车）乐师苏祇婆。中国古乐用五音阶，当郑译听苏祇婆弹奏琵琶时，发现他用的是七音阶。郑译遂向他学习，经过一段时间遂能准确地以琵琶弹奏七音了。郑译将中国古乐的宫、

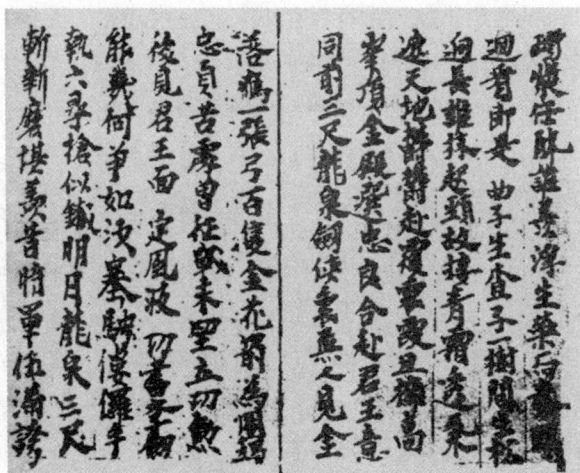

敦煌曲子词写本

商、角、徵、羽五音，加上两个半音——变宫和变徵而成为七音；又与中国十二律吕的理论附会，于是七音与十二律旋转相交构成八十四调式。这就是隋唐燕乐八十四调，它是由郑译的理论推演而得的，实际上由琵琶定律的新燕乐在唐代流行的只有二十八调。新燕乐在唐代称俗乐或胡乐，自它渐渐流行之后，原来单调沉缓的古乐被淘汰，而且伴随这种新燕乐的歌词应运而生了。这种新燕乐热烈活泼、繁声促节，最为美听。它的歌词形式复杂，句式富于变化，语言通俗易懂，长于主观抒情，有强烈的艺术感染力。

唐代沿袭胡乐的篇无定句、句无定字的长短句歌词，北宋人所见到的只是中唐以来白居易、刘禹锡、温庭筠、皇甫松等的作品。新燕乐歌词，唐人称为曲子或曲子词，它即词，在五代渐渐发展，而到宋代成为一代之文学。关于词体文学的起源，自来是令词学家们感到困惑的问题，这是因隋唐新燕乐流行之后，早期燕乐歌词没有保存下来。唐代开元、天宝（713-755）是新燕乐盛行的时代。唐明皇特别喜好流行音乐，在京都长安和东都洛阳设立专门管理和教习俗乐的机构——教坊。两京教坊集中了民间优秀的歌妓和乐工，他们表演流行歌舞以供朝廷娱乐。开元时崔令钦曾任左金吾仓曹参军，他认识许多管理教坊的武官，因而对教坊里的情形甚为熟悉。安史之乱后，崔令钦回忆开元盛时，写下一卷《教坊记》。他记述了教坊的建制、演出和歌妓们的遗事，而最有价值的是记录了三二四支教坊曲，它成为唐代燕乐的珍贵文献。教坊曲如《清平乐》《浣溪沙》《浪淘沙》《望江南》《菩萨蛮》《临江仙》《虞美人》《洞仙歌》《兰陵王》等百余曲都是五代和两宋常用的词调。然而令人感到遗憾的是，崔令钦只记下了曲名，竟没有记下一首歌词。这为词体的起源留下了一个疑案：人们很难判断这些曲子是长短句形式，或者是整齐的五言或七言诗体。

现在我们从五代人编的词总集《花间集》里所见到的长短句词，最早的已是唐末的词人作的了。他们所用的词调大多数都见于教坊曲。由此是否可以断定教坊曲就已是长短句形式的词呢？显然不能。南宋初年学者郭茂倩编的《乐府诗集》，其中卷七十九至八十二共四卷收录唐人曲辞，其中如《破阵乐》《何满子》《雨霖铃》《杨柳枝》《浪淘沙》《凤归云》等三十余曲也见于教坊曲，但这些曲辞大都是整齐的五言绝句或七言绝句，如刘禹锡的《浪淘沙》：

> 日照澄洲江雾开，淘金女伴满江隈。
> 美人首饰侯王印，尽是沙中浪底来。

当时这种曲辞被称为"声诗"，即它是可以配合乐曲歌唱的。可是五代时李煜作的《浪淘沙》却是长短句体：

> 帘外雨潺潺。春意阑珊。罗衾不暖五更寒。梦里不知身是客，一晌贪欢。　　独自莫凭栏。无限江山。别时容易见时难。流水落花春去也，天上人间。

《浪淘沙》是唐代新燕乐乐曲，最早见于教坊曲。那么，教坊演唱此曲时，其歌词是长短句词体还是齐言声诗呢？这已无从考证。因此关于长短句词体的起源，词学家们大都假设它是由齐言声诗演变而来的。敦煌曲子词的发现，才使我们见到了白居易、刘禹锡、温庭筠等文人词之前的流行于民间的长短句词。这为解决词体起源问题提供了新的资料。

王重民编校的《敦煌曲子词集》[1]收录唐五代流行于西北民间的无名氏作品162首，它们都是幸存于敦煌秘室中的。其中有不少早期的长短句形式的歌词，例如唐玄宗的"御制曲子"《献忠心》[2]见于教坊曲，它在盛唐时期已传播西北。今敦煌曲子词里有"御制"两首，另存西北民族将领表述归向大唐意愿的两词：

> 臣远涉山水，来慕当今。到丹阙，向龙楼。弃毡帐与弓箭，不归边土。学唐化礼仪同，沐恩深。　见中华好，与舜日同钦。垂衣理，教化隆。尽遐方无珍宝，愿公千秋住。感皇泽，垂珠泪，献忠心。

> 蓦却多少云水，直至如今。涉历山阻，意难任。早晚得到唐国里，朝明主。望丹阙步步泪，满衣襟。　死生大唐好，喜难任。齐拍手，奏乡音。各将反本国里，呈歌舞，愿皇寿，千万岁，献忠心。

这两词产生于公元八世纪之初，它与我们以往的诗歌形式相较，已具新的特点：第一，句式为复杂的长短句，每首内三、四、五、六、七字句并用；第二，每首词分为对称的上阕和下

---

① 王重民：《敦煌曲子词集》，商务印书馆，1957年。
② 任半塘：《敦煌歌辞总编》第680页，上海古籍出版社，1987年。

阕；第三，每阕内共用四韵；第四，词中字声平仄已有规律可循，如○表示平声，●表示仄声，两词基本上相同；第五，两词系按词调格律规定有序地将字、句、韵组成一个整体，个别句子虽有一二字增减，但可见出其格律仍颇严整的。这是中国标准的"律词"的产生。①就词体的声韵格律而言，它的产生必须在近体诗声律已经成熟的时代；就词体所依赖的音乐准度而言，它的产生必须在新燕乐已经流行之时。中国词学史上关于词体起源问题之所以长期不能清楚地认识，这是因缺乏"律词"的概念和缺乏早期标准的作品所致。敦煌曲子词的发现，表明公元八世纪之初，中国已存在标准的律词，它标志了词体的起源。

宋人认为音乐文学和古典格律诗体中所出现的一种"变体"，它的形式特点是新的"长短句"，在音律和声韵方面有其独特的规定，因此不同于古代诗歌、乐府歌辞和唐代声诗，乃"别是一家"——这就是词。宋人认为外来音乐，"俗乐"、"夷声"或"胡乐"，它始于隋代，在唐代开元之后盛行于世，它是新燕乐，于是相应地产生了以词从乐的长短句歌词。宋人将词体起源时间的上限定在盛唐的开元、天宝间，下限定在唐末，而其兴起的内部原因是文人"倚声制词"，"句之长短各随曲度"，依据乐曲的节奏旋律而填写长短句式的歌词②。宋人没有见到敦煌曲子词，当时的历史线索已经错乱，但

---

① "律词"的概念是洛地提出的，见其《词乐曲唱》第232页，人民音乐出版社，1995年。

② 谢桃坊：《宋人词体起源说检讨》，见《宋词辨》，上海古籍出版社，1999年。

他们毕竟距离词体起源的时间最近。敦煌曲子词的发现，证实了他们的意见是很合理的。敦煌曲子词里已可见到艺术表现已经成熟的作品，例如《凤归云》：

> 征夫数载，萍寄他邦。去便无消息，累换星霜。月下愁听砧杵起，塞雁南行。孤眠鸾帐里，枉劳魂梦，夜夜飞飏。想君薄行，更不思量。谁为传书与，表妾衷肠。倚牖无言垂血泪，暗视三光。万般无奈处，一炉香尽，又更添香。

敦煌《云谣集》收此调两词，此其一；其二言及思念之丈夫征战于沙碛；两词作于同时，同一对象。词为代言体，即作者拟托妇女语气表达闺怨之情。它间接反映了河西战争给妇女们带来的痛苦。抒情主体是一位汉族将领的妻子，其思绪缠绵，情感细腻，在音讯不通时，唯有向三光——日、月、星——祈祷，愿丈夫早早平安归来。此词在敦煌曲子词里堪称典范之作，艺术技巧已达到相当成熟的境地。

《菩萨蛮》表现妇女对爱情永恒的坚决态度：

> 枕前发尽千般愿，要休且待青山烂。水面上秤锤浮，直待黄河彻底枯。　　白日参辰现，北斗回南面。休即未能休，直待三更见日头。

这种坚决的意志，一般是民间妇女具备的。汉代乐府歌辞《上邪》："我欲与君相知，长命无绝衰。山无陵，江水为竭，冬雷振振夏雨雪，天地合，乃敢与君绝。"敦煌歌辞完全继承了《上邪》的表现方式。民间妇女情感激烈，发出誓言，如果爱情断绝，必须是宇宙间重要的自然规律逆转，例如青山烂了，白天见到星辰，秤锤浮在水面，夏季下雪，天地相合，等等。如果这些自然规律正常地转运，则她的爱情是不会断绝的。这即是说，自然规律不可能改变，她那火样的情感也不会熄灭的。

以上所举的词，它们与唐五代文人的作品比较起来，无论在思想和艺术方面都毫无愧色的。敦煌曲子词的内容十分广泛，艺术风格是多样的，如王重民所说：

> 今兹所获，有边客游子之呻吟，忠臣义士之壮语，隐君子之怡情悦志，少年学子之热望与失望，以及佛子之赞颂，医生之歌诀，莫不入调。其言闺情与花柳者尚不及半，然其善者足以抗衡飞卿（温庭筠），比肩端己（韦庄）。至于"生死大唐好"，"只恨隔蕃部，情恳难申吐；早晚灭狼蕃，一齐拜圣颜"等句，则真已唱出外族统治下敦煌人民的壮烈歌声，绝非温飞卿、韦端己辈文人学士所能领会，所能道出者矣！[①]

现在我们且看战士表达为国立功信念的《生查子》：

> 三尺龙泉剑，箧里无人见。一张落雁弓，百支金花箭。
> 为国竭忠贞，苦处曾征战。先望立功勋，后见君王面。

正是有许许多多这样的战士，汉族政权才能在河西的敦煌长期存

---

① 王重民：《敦煌遗书论文集》第57页，中华书局，1984年。

在。这里的武士是很自豪的，他们嘲笑儒士，如《定风波》：

> 攻书学剑能几何？争如沙场骋偻傻。手执绿沉枪似铁，明
> 月。龙泉三尺斩新磨。　　堪羡昔时军伍，谩夸儒士德能康。
> 四塞忽闻狼烟起，问儒士：谁人敢去定风波？

河西的儒士也经常卷入政治与军事斗争，他们绝不示弱。

敦煌曲子词的发现为词体起源提供了新的历史资料，它还表明在唐代文人词之外尚有许多民间无名氏的作品，展示出丰富的艺术风格，从此改变了传统的词学史观念。

◎敦煌变文——中国说唱文学的先驱

中国的说唱文学是由北宋都城东京（河南开封）市民游艺场所瓦市艺人孔三传创始的。他所创的诸宫调①是有说有唱的一种通俗文艺形式，说的部分用散文，唱的部分采用各种宫调的曲子，以叙述长篇的故事。最早的诸宫调作品是金代民间书会才人董解元的《西厢记诸宫调》说唱唐代崔莺莺与张生的故事。金代刊刻的古本《刘知远诸宫调》说唱后汉国主刘知远的发迹变泰及与妻子李三娘的故事；此本是1907年俄国柯兹洛夫在黑水城考古发现的。明清时期中国市民文学繁荣兴盛，说唱文学如弹词、宝卷、子弟书、大鼓书等发展起来了。关于说唱文学的历史渊源，在敦煌文书发现以前，中国文学史家是不清楚的。敦煌文学中最重要的是"变文"。郑振铎认为："敦煌

---

① 参见《中国市民文学史》第55页。

宝库打开而发现了变文的一种文体之后，一切的疑问，我们才渐渐的可以得到解决了。我们才在古代文学与近代文学之间得到了一个连锁。"①"变文"是说唱文学，说的部分用通俗的散文，唱的部分用三、五、七言的韵文。印度古代盛行这种说唱文体，佛教传入中国后，此种文体也介绍到中国。僧侣们用变文的形式表述佛经故事，以使佛家教义世俗化。由于变文深受中国民众的欢迎，唐代中期以后，出现了一些新体的说唱文学②，例如《孔子项托相问书》（P.7882）：

> 昔者夫子东游，行至荆山之下，路逢三个小儿。二小儿作戏，一小儿不作戏。夫子怪而问曰："何不戏乎？"小儿（项托）答曰："大戏相杀，小戏相伤。戏而无功，衣破里空。相随掷石，不如归舂。上至父母，下及兄弟，只欲不报，恐受无礼。善思此事，是以不戏，何谓怪乎？"

小儿项托异常聪明，能言善辩。他拥土作城，不避孔子之车。孔子责问，项托回答说："昔闻圣人之言，上知天文，下知地理，中知人情。从昔至今，只闻车避城，岂闻城避车？"孔子只得下车绕道，但出于好奇，便诘问这位神童许多自然界现象和社会现象的种种疑难问题，项托回答得巧妙而正确。例如孔子问："汝知何山无石？何水无鱼？何门无关？何车无轮？何牛无犊？何马无驹？何刀无环？何火无烟？何人无妇？何女无

---

① 引自《中国俗文学史》第180页。
② 王重民等编《敦煌变文集》（人民文学出版社，1984年）收录的作品，有的属说唱文学，但不是变文。

夫？何日不足？何日有余？何雄无雌？何树无枝？何城无使？何人无字？"项托回答："土山无石。井水无鱼。空门无关。羼车无轮。泥牛无犊。木马无驹。斫刀无环。萤火无烟。仙人无妇。玉女无夫。冬日不足。夏日有余。孤雄无雌。枯树无枝。空城无使。小儿无字。"孔子最后叹息说："善哉！善哉！方知后生实可畏也。"以下是七言韵文，叙述项托入山修道。孔子入室杀害了读书的项托，其血变成苍苍的竹丛。孔子惧怕了，在州县设置庙堂以纪念项托。这个故事纯属虚构，表现出对儒家圣人孔子的嘲笑，歌颂了项托的聪明智慧。项托实是民众智慧的化身，象征着民众中的天才受到摧残。从文体而言，这是变文之外的典型的说唱体作品。

《燕子赋》是五言长篇韵文，以寓言方式讲述燕子与雀儿争夺窠窟的故事，整体结构是散文叙事性的。这类作品还有《茶酒论》《季布诗咏》《百鸟名》《齖䶩书》等或四言、五言、七言，或前有类似散文的说明部分。它们都不同于传统的诗歌或散文，但通俗生动，韵文句式而具散文叙述的特点，因而应是属于新体说唱文学。《下女夫词》（P.3350，S.3877）是典型的：

儿家初发言：贼来须打，客来须看。报道姑嫂，出来相看。

女答：门门相对，户户相当。通问刺史，是可祗当？

儿答：心游方外，意遂姮娥。日为西至，更阑至此。人困马乏，暂欲停留。幸愿姑嫂，请垂接引。

女答：更深月朗，星斗齐明。不审何方贵客，侵夜得至门庭？

. 142 .

儿答：凤凰故来至此，合得百鸟参迎。姑嫂若有疑心，火急反身却回。

女答：本是何方君子，何处英才？精神磊朗，因何到来？

儿答：本是长安君子，进士出身。选得刺史，故至高门。

女答：既是高门君子，贵胜英流，不审来意，有何所求？

儿答：闻君高语，故来相投。窈窕淑女，君子好逑！

这是表现民间婚俗的作品。"女夫"指女婿，"下"有戏弄之意；因此"下女夫"即戏难女婿之意。此作品的上半部分表述男方迎亲人骑马来到女方门前，女方伴娘开门盘问。经过盘问，新郎下马，邀请入室。作品的后半部分是五七言诗，表现新娘迎入男家后闹房的情形。这是一幅敦煌地区古代婚俗的画卷。其前部分生动有趣，具有一定情节，反映了当时富贵人家门当户对的婚姻现实，可以成为一篇独立的作品。

◎敦煌话本——中国小说的雏形

民间艺人的"说话"——讲故事，这在中唐文献中偶尔有记载。段成式《酉阳杂俎续集》卷四："予太和末因弟生日观杂戏，有市人小说，呼'扁鹊'作'褊鹊'字，上声。"这记述了民间艺人讲说战国时名医扁鹊的故事，然详情已不可考。北宋时都城开封的瓦市伎艺里已有专业的"说话人"，且有"讲史"与"小说"之分。我们现在还能见到宋代说话人的底本——"话本"近四十种[①]。敦煌文书里保存了《韩擒虎话本》

---

① 参见胡士莹：《话本小说概论》第200页–234页，中华书局，1980年。

《庐山远公话》《唐太宗入冥记》和《叶净能诗》等数种通俗小说，它们是幸存的中国最早的话本了。

《韩擒虎话本》（S.2144）讲述隋代大将韩擒虎的故事，如讲述他奉隋文帝杨坚之命，率军攻取江南陈朝：

> 擒虎虽在幼年，也曾博览王父兵书："此是左掩右移阵，见前面津口江旗，下面总是鹿砦，里有硇勾搭索，不得打着，切须记。当见右移阵上，人员较多，前头总是弓弩"。擒虎有令："摇旗大喊，旗亚齐入，若一人后退，斩杀诸将，莫言不道！"言讫，摇旗大喊，一齐便入，此阵一击，当时瓦解。

这一段描绘相当生动，是讲史话本之祖了。《庐山远公话》（S.2073）是讲述东晋佛教净土宗始祖慧远故事的，话本开头一段：

《庐山远公话》尾段

说这慧远，家住雁门。兄弟二人，更无外族。兄名惠远，舍俗出家；弟名惠持，侍养于母。惠远于旃檀和尚处，常念正法，每睹真经，知三禅定如乐，便委世之不远。遂于一日，合掌启和尚曰："弟子伏事和尚，积载年深，学艺荒芜，自为愚钝。今拟访一名山，寻溪度水，访道参僧，隐遁于岩谷之边，以畅平生可矣。"

　　此后话本讲述了慧远入庐山后的种种坎坷遭遇，师事名僧道安，终成正果。其他的《唐太宗入冥记》讲述唐太宗梦入地狱之事，《叶净能诗》讲述道士叶净能因法术而为唐明皇赏识，与明皇同游月宫。这些话本的故事，有的依据了一些史实而进行敷衍夸张，有的则属于虚构。它们以通俗的语言，说话人的语气，讲述故事；其结构和表述方式是普通民众所能接受的。话本的作者是民间的无名氏，他们写作时所设想的对象是普通民众。所以这些话本绝不同于当时文人们的传奇小说。

　　敦煌曲子词，敦煌说唱文学和话本，它们体现了中国文学大众化的倾向，是最早的大众文学作品。文学大众化是指文学创作的接受对象是社会广大民众，作品的内容是民众能理解的和感兴趣的，作品的形式是通俗的和民众喜闻乐见的。这种文学的出现，必须是人民大众有了自觉的社会意识之后，所以一般是产生在封建社会后期。唐代安史之乱以后，社会的政治经济结构发生了很大变化，中国封建社会进入了后期发展阶段。敦煌保存的曲子词、说唱文学和话本，预示着中国文学大众化开始了。然而由于文化线索的隐没，唐宋文献里没有关于它们的记载，以致长期以来中国学者根本不知道宋代京都瓦市伎艺之前曾有过通俗文学。市民文学在宋代兴起时，人们对通俗文学渊源迷茫难辨。敦煌文学的发现才解开了中国文学史上一些重大疑案。

五　大乐的颂歌

◎中国传统文化中的性文化

中国古代儒家经典以为"食、色，性也"（《孟子·告子》）；"饮食、男女，人之大欲存焉"（《礼记·礼运》）。现代生物学也证实了人的机体有三种需要，即饮、食、性，它们是维持个体生命和种族生命延续的必要条件，因而这些需要都是正常的、合理的。它们使人的生命充满活力，带来欢乐，产生生物的精神的力量。它们是人的基本需要，在此基础上才可能有关于安全、归属、荣誉、权力、审美、信仰等的需要，而许多高级需要里实际上潜藏着对基本需要的满足。在人的基本欲望里，情欲的满足带来最大的欢乐，而且最能体现原始的生命意义和个体生命的本质力量。在此意义上，人的性欲就是生命的冲动，情爱就是生命的姿态。中国儒家虽然承认人的"大欲"的存在，却做了种种防范和压抑，将它纳入"克己复礼"的轨道，使之服从封建社会伦理规范，实际上否定个人"大欲"存在的合理性。自汉代以后，儒家学说成为统治思想，然而它在某些时代、某些地域和某些阶层里并非十分强固的，例如汉代房中书的出现，魏晋士人的放诞，唐代朝廷不讳言私情；这都表现了对儒家礼法的轻蔑。这段时期，人们的思想是较为自由的。自北宋中期新的儒家学派——理学兴起之后，并在南宋后期上升为新的统治思想，延续了封建制度，桎梏了人们的思想。虽然如此，但是明代中期以来房中书、春宫画和艳情小说都极为盛行。荷兰学者高罗佩在研究中国性文化后认为：

> （明代）江南的色情文学和套色春宫版画，因为在随后的几个世纪里再也不曾展现过如此完整而袒露无遗的性生活画卷。况且，这幅画卷的背景乃是代表着传统中国文化处于顶峰状态的环境。[①]

高罗佩从西方的文化观念出发，高度肯定了中国古代的性文化，而且将房中书和春宫画等视为中国古代文明顶峰状态的产物。这在我们现代中国人都是难以接受的，然而却又是历史事实。中国自清代数次禁毁"淫词小说"之后，加强了封建思想的统治，人们的性观念发生了重大变化。现代中国人所继承的传统是来自清代的，于是许多古代文化中的优良传统被遗忘或舍弃了。这正如清代政权建立，汉族人民被迫长期剃发留辫而误认为是一种传统，当辛亥革命之后又强迫剪去辫子时，人们竟像丢失了什么东西一样又难于接受了。文化传统的变异给人们造成的心理误区，有时竟是异常稳固而又异常的荒谬。

公元七世纪至十世纪的唐王朝是中国历史上最辉煌最开放的时期。"虽然在唐朝儒家获得了组织上的增强，其教义并未

---

① 〔荷〕高罗佩：《中国古代房内考》第437页，上海人民出版社，1990年。

获广泛接受从而对中国百姓的生活产生影响。同时代的艺术和文学证明，男女授受不亲并没有被严格遵守。看来家庭主妇常常参加节庆和其他丈夫的朋友和熟人也出席的盛会。严肃的文学和诙谐的文学的作者对讨论性问题看来都是没有什么顾忌"①。我们从正史和野史里可见到关于唐代统治阶层中两性关系的较为自由的情况，甚至在皇室内有武则天、杨玉环姊妹、上官婉儿、韦后等的放纵态度。我们从古代房中书《洞玄子》《素女经》《房中秘术》《玉房秘诀》的流行和引用，名医孙思邈的《房中补益》系统讨论房中术，印度北部佛教密宗文献的翻译介绍，可见社会上对于房术的重视。我们从诗人白居易、元稹和李商隐的艳诗里可以见到关于性的含蓄的大胆的描绘；从唐人传奇故事里可见到士人的浪漫爱情生活与他们对礼法的轻视。所有这些都反映了唐人的开放意识和古代社会的高度文明，人们的性心理是正常的。然而很能体现唐人性观念的重要传奇文学作品《游仙窟》都流散于海外，在中国失传。

◎《游仙窟》——唐代性文化的缩影

《游仙窟》的作者张鷟，字文成，深州陆泽人，调露元年（679）登进士第，文学才华称誉一时。人们认为张鷟像精良的青铜钱一样，在钱堆里总是将它挑选出来，因此他被誉为"青钱万选之才"。他的《朝野佥载》属野史，为研究唐史的学者所重视。他著的《游仙窟》不见于中国文献著录，大约在中唐时流传到日本，对日本叙事文学产生了很大影响。晚清时学者

---

① 引自高罗佩：《秘戏图考》第79页，广东人民出版社，1992年。

杨守敬在日本访书，见到此作，以后有抄本传回中国。这篇传奇小说约一万字，文笔生动优美，诙谐有趣，是唐人传奇中的优秀之作。小说以第一人称叙述作者奉使河源（青海西宁），经金城（甘肃兰州）西南的积石山，行至险峻的山间遇到神仙居住的地方。唐代文人作品中所写遇到的仙女，大都是指妓女。小说作者在仙窟里遇到美艳的姑嫂二人。嫂称五嫂；女子名十娘，姓崔。小说的主要部分是描述这位书生留宿时与姑嫂以诗咏调情，其中许多即兴咏物诗寓有性爱的暗示，例如十娘咏琵琶："怜肠忽欲断，忆眼已先开；渠（代词，你）未相撩拨，娇从何处来？"书生咏双陆博局："眼是星初转，眉如月欲消。先须捺后脚，然后勒前腰。"十娘咏刀鞘："数捺皮应缓，频磨快转多；渠今拔出后，空鞘欲如何？"书生咏笔砚："摧毛任便美，爱色转须磨，所以研难竟，良由水太多。"当晚书生与十娘同宿："心去无人制，情来不自禁。插手红裈，交脚翠被。两唇对口，一臂枕头。拍搦奶房间，摩挲髀子上，一吃一快意，一勒一伤心。鼻里痠庳，心中结缭。少时眼花可热，脉胀筋舒，始知难逢难见，可贵可重。"次日书生和十娘、五嫂分别了，再见无因。这篇小说表现了唐人自由的性意识，他们希望在一个美丽幽静的环境里自由地实现性爱的欢悦。此篇小说在中国的禁黜到失传，正象征着一种健康的性观念的失落。

我们在敦煌文书里还可见到唐代性文化的一个侧面，其中尚有比《游仙窟》更具重要意义的作品。

◎敦煌文书中透露的性信息

河西是中西交通的孔道，这里中国传统文化与西方文化并存，汉民族与西北民族杂处，中原王朝的统治相对地薄弱，因而这里人们的思想自由，观念新颖，文化开放。我们在敦煌石窟艺术里可见到舞姿飞动的半裸的飞仙仙女，身着轻纱的雍容女菩萨，低领袒胸的美丽的女供养人。她们显然代表着印度的艺术精神与审美观念，而为中国世俗所接受的。我们在敦煌文书里还可发现一些体现当地人们关于两性观念的文献。

唐代开元以来，妇女已有集社集会，如崔令钦《教坊记》里记叙教坊女艺人，她们结为"香火兄弟"，多者十五人，少者近十人，形成一个小团伙。她们之间称"兄弟"，而称女艺人的丈夫为"新娘子"或"嫂子"，将男女称谓对换。凡是新婚的，香火"兄弟"学习突厥人风俗，与"新婿"同居一次，她们说："我们'兄弟'相爱，希望尝一下他（她）的新妇（夫）。"这是很奇特的社团。敦煌文书里有关于妇人结社的社条，如后周显德六年（959）女人社社条（S.0527）：

> 显德六年己未岁正月三日，女人社，因兹新岁初来，各发好意，再立条件。
>
> 盖闻至诚立社，有条有格。夫邑仪者，父母生其身，朋友长其值；遇危则相扶，难则相救；与朋友交，言如信，结交朋友，世语相续。大者若姊，小者若妹，语让先登，立条件于后。山河为誓，中不相违：
>
> 一、社内荣凶逐吉，亲痛之名，便于社格，人各油一合，白面一斤，粟一斗，便须驱驱济造食饭及酒者。若本身死之

者，仰众社益自耽拽便送，赠倒同前一般。其主人看待，不拣厚薄轻重，亦无罚责。

一、社内正月建福一日，人各税粟一斗，灯油一盏，脱塔印砂。一则报君王之恩泰，二乃以父母作福。或有社内不谏大小，无格无席上喧拳，不听上人言教者，便仰众社就门罚醴酒一筵，众社破用。若要出社之者，各人决杖三棒后，罚醴酒局席一筵，的无免者。

这可见敦煌地区民间妇女结社的自由。她们表面上是友好互助，在吉凶庆吊时和正月祈福聚会，而实际上是结为知己朋友，可能如"香火兄弟"一样保持秘密交往，所以发誓"如鱼如水，不得道说是非"。河西妇女的社会交往也是比较自由的，特别是她们与佛教僧侣的交往。武威郡夫人与某和尚书（S.0526）：

弟子夫人别有少事上告尊慈，幸望法德，伏垂听念：前者东去之时，弟子情多，慈母意极恩深，尽力接待，竭心侍足，如期邀劝不可留，听便。是前行违背口土，已后诸官人口说和尚去时，于阿郎极有喝说，不口也。阿郎寻自闻知，转甚烦恼。只和尚当在此之日，小来如兄如弟，似水似鱼，口牙谦慕，不闻弱事。今者为甚不和，喝说恶名？左右人闻名口不善，倍多罪塞。欲得和尚再要回来，要知腹事，弟子如来渴仰法慈，请归上府，即为满愿矣。又像肃州，安州世界不安，斗乱作恶，若和尚东去者，不同别僧行脚师僧，为是州主尊师，或遭逢急难之时，便说阿郎不是。有此难事，阿郎狠私，其弟

· 151 ·

子颇甚烦恼。伏希和尚，要假回还，在此止住，恒将惠药，每启智光，以除五毒之病源，用照六尘之暗蔽，即可教化与修矣。闰五月日，弟子武威郡夫人阴氏敬上。

阴氏是敦煌望族。此位武威郡夫人当住在敦煌，因书信中谈到"州主尊师"东去肃州和安州。她请求和尚假意回来住在府上，告知"腹事"，以释前怨。此事关涉到与其丈夫之间的种种关系，其具体情况已不得而知。

《金刚般若波罗蜜经》（S.1360）卷尾绘有一幅裸体男子图像，他头戴双翅帽，是一位官员。像前有西域文字三行，后有一行。这些颇为奇特的文化现象，尚待深入的研究。

敦煌曲子词描绘妇女体态之美的作品，词意艳丽，如《凤归云》（S.1441）：

幸因今日，得睹娇娥。眉如初月，目引横波。素胸未消残雪，透轻罗。朱唇碎玉，云髻婆娑。　东邻有女，相料实难过，罗衣掩袂，行步逶迤。逢人问语娇无力，态娇多。锦衣公子见，垂马立鞭，肠断知么？

这是一位男子心目中的风流妇女。她眉目有情，轻罗掩胸，朱唇云髻，体态娇媚。《南歌子》（P.1337）：

翠柳眉间绿，桃花脸上红。薄罗衫子掩酥胸。一段风流难比，像白莲出水中。

词用比喻，将风流的妇女形象表现得很鲜明。这与上词所写的妇女形象基本相同，她们都喜描眉涂唇，都喜着低领袒胸的薄罗衫子，都健康而有风情，反映了唐人的审美观念。

我们在敦煌曲子词里还见到关于风情问答的两首《南歌子》（P.3836）：

> 斜隐朱帘立，情事共谁亲？分明面上指痕新，罗带同心谁绾？甚人踏破裙？蝉鬓因何乱？金钗为甚分？红妆垂泪忆何人？分明殿前实说，莫沉吟！
>
> 自从君去后，无心恋别人。梦中面上指痕新。罗带同心自绾，被狲儿踏破裙。蝉鬓朱帘乱，金钗旧股分。红妆垂泪哭郎君。妾是青山松柏，无心恋别人。

后来的元曲和明清时调小曲都有风情问答体，以丈夫或母亲对女子的怀疑而责问，女子巧妙地回答，瞒过了偷情的行为。这种题材来自民间，反映了民间妇女的大胆与机智，她们胜利了。

以上几首词颇能表达河西人们关于两性的态度。他们追求爱情的自由幸福时是毫无中国传统礼法观念约束的。

◎唐代性文化的典范——《天地阴阳交欢大乐赋》

中国第一篇性文学作品应是可能出自六朝人之手的《飞燕外传》。它叙述汉成帝宫人赵飞燕与其妹昭仪的宫闱秘事，其中有较具体的性描写。此后在唐代的性文学作品应是张鷟的《游仙窟》和白行简的《天地阴阳交欢大乐赋》。这两篇作品都在中国失传，它们都是千余年之后在清代末年才为中国人所发现的。

《天地阴阳交欢大乐赋》（P.2539）本是中原文人的作品，但文献中无著录，却幸存于敦煌秘室。作者白行简，字知退，是唐代诗人白居易之弟。他于贞元末年（804）登进士第，元和十五年（820）授左拾遗，宝历二年（826）病逝；有文集十二卷已佚。他的《李娃传》是唐人传奇小说中的优秀之作；此外还有传奇小说《三梦记》。《天地阴阳交欢大乐赋》于1914年由近世藏书家叶德辉收入《双梅影庵丛书》刊出，始为中国人所知。叶氏跋语云：

> 此赋出自敦煌县鸣沙山石室，确是唐人文字，而原抄脱讹甚多，无别本可据以校改。又末一段文未完，读之令人怏怏不乐也。作者白行简，为白居易兄弟，事载《唐书·居易传》。赋中采用当时俗语，如"含你醋气"，"姐姐"，"哥哥"等字，至今尚有流传，亦是见千余年来风俗语言之大同，固未有所改变也。至注引《洞玄子》《素女经》皆唐以前古书，……于此益证两书之异出同原，信非后人所能伪造，而在唐宋时此等房中书流传士大夫之口之文，殊不足怪，使道学家见之，必以为诲淫之书，将拉杂烧之，惟恐其不绝于世矣。

荷兰学者高罗佩在《秘戏图考》里做了详细介绍，对此赋给予了很高的评价。他说：

> 敦煌的发现使我们对这一时期（唐代）色情题材书籍的多样性有了一个大致的了解。……这些十分重要的文书中

的一件，可以从一部制作精良的印本中见到，这就是《大乐赋》。这个本子是伯希和教授发现的，现存巴黎敦煌藏品。……这篇文章文风优美，且提供了许多与唐代生活风俗习惯和俚语有关的材料。自我限制是让人不心甘的，就像我在这里所做的一样。[①]

"天地"与"阴阳"象征男性和女性，此赋是关于两性交欢的颂歌，而且以为这是人生最大快乐之事。现在我们且看这篇奇文：

> 夫性命者，人之本；嗜欲者，人之利。本存利资，莫甚乎衣食既足，莫远乎欢娱至精，极乎夫妇之道，合乎男女之情。情所知，莫甚交接（原注：交接者，夫妇行阴阳之道）。其余官爵功名，实人情之衰也。夫造物构二为群伦之肇，造化之端。天地交接而覆载均，男女交接而阴阳顺。故仲尼（孔子）称婚姻之大，诗人著《螽斯》之篇，考本寻根，不离此也。
>
> 遂想男女之志，形貌妍媸之类，缘情立仪，因象取意，隐伪变机，无不尽有。难字异名，并随音注。始自童稚之岁，卒乎人事之终。虽则猥谈，理标佳境，具人之所乐，莫乐于此，所以名《大乐赋》。

这是序言部分，讲述天地阴阳交会之道，两性的交接合于此道，它给人带来最大欢乐，是"人事"的终极。虽然所述近于猥亵，却是符合道理的美好境界。

---

① 引自高罗佩：《秘戏图考》第95页-96页，广东人民出版社，1992年。

玄化初开，洪炉耀奇，铄劲成健，熔柔制雌，铸男女之两体，范阴阳之二仪。观其男之形，既禀刚而立矩；女之质，亦叶顺而成规。夫怀抱之时，总角之始，蛹带米囊，花含玉蕊。忽皮开而头露，俄肉倚而突起。时迁岁改，生戢戢之乌毛；日往月来，流涓涓之红水。既而男已羁冠，女当笄年，温闰之容似玉，娇羞之貌如仙。英威灿烂，绮态婵娟。素于雪净，粉颈长团。睹昂藏之材，已知挺秀；见窈窕之质，渐觉兰妍。草木芳丽，云水容裔，嫩叶絮死，香风绕砌。燕接翼想千男，分寸心为万计。然乃求吉士，问良媒，初六礼以盈止，复百两而爰来。既纳征于两姓，聘交礼于同杯。

此段叙述两性生长发育过程，到了成年，应当择配成亲。

于是青春之夜，红炜之下，冠缨之际，花须将卸。思心静默，有殊鹦鹉之言；柔情暗通，是念凤凰之卦。乃出朱雀，搅红裈，抬素足，抚玉臀。女握男茎，而女心忐忑；男含女舌，而男意昏昏。方以津液涂抹，上下揩擦。含情仰受，缝微绽而不知；用力前冲，茎突入而如割。观其童开点点，精漏汪汪，六带用拭，承筐是将。然乃成于夫妇，所谓合乎阴阳。从兹一度，永无闭固。

此段描述夫妇新婚的情形，合于阴阳之道，是人伦之始。

或高楼月夜，或闭窗早春，读素女之经，看隐侧之铺。立幛圆施，倚枕横布。美人乃脱罗裙，解绣裤，额似花团，腰如束素。情宛转以潜舒，眼低迷而下顾。初变体而拍搦，后从头而摸索。或掀脚而过肩，或宣裙而至肚。然更嚅口嗍舌，碜勒高抬，玉茎振怒而头举，金沟颤慑而唇开。屹若孤蜂，似嵯峨之挞坎；湛如幽谷，动趑趄之鸡舌。于是精液流漰，淫水洋溢，女伏枕而支腰，男据床而峻膝。玉茎乃上下来去，左右揩挃。阳峰直入，邂逅过于琴弦；阴干斜冲，参差磨于谷实。莫不上挑下刺，侧拗傍揩，臀摇似振，屡入如埋，暖滑焞焞，□□深深。或急抽，或慢硾。浅插如婴儿含乳，深刺似冻蜿入窟。扇簸而核欲吞，冲击而连根尽没。乍浅乍深，再浮再沉。舌入其口，屡刺其心。湿挞挞，鸣拶拶。或即据，或其捺，或久侵而淹留，或急抽而脱滑。方以帛子干拭，再内其中。袋阑单而乱摆，茎逼塞而深攻。纵婴婴之声，每闻气促；举摇之足，时觉香风。然更枕上之淫，用房中之术，行九浅而一深，待十候而方毕。既恣情而乍疾乍徐，亦下顾而看出看入。女乃色变而声颤，钗垂髻乱，慢眼而横波入鬓，梳低而半目临肩。男亦弥茫两目，揪垂四肢，精透子宫之内，津流丹穴之池。于是玉茎似退，金沟未盖，气力分张，形神散溃。颒精尚湿，傍沾昼袋之内；匾汁尤多，流下尻门之外。侍女乃进罗帛，具香汤，洗拭阴畔，整顿裤裆，开花箱而换服，揽宝镜而重妆。方乃正朱履，下银床，含娇调笑，接抚徜徉。当此时之可戏，实同穴之难忘……

此段是对性行为的详细描述。

在明代艳情小说兴起之前，《大乐赋》应是中国重要的性文学作品，体现了唐人思想的开放和对人们自然力量的认识。它具有文学的意义，又具有民俗的意义，但最主要的是文化意义；因为它是中国古代高度社会文明下的产物。我们应当看到《大乐赋》在中华民族关于人的自然性的认识过程中曾经达到的程度，它是对后来几百年间"兴天理，灭人欲"的理学思想的否定。我们应当以现代文化精神来认识其中包含的合理的因素与健康的精神。

六　社会下层的生活图景

社会下层民众是怎样生活的？这是御用史臣不愿意记载的，曾是诗人们以同情和想象做了夸张的，学者在笔记杂书里偶尔有一点记述，政治家在奏议里为适应政治需要而做了概括的报告。我们暂且假定他们所述的情况是真实的，但他们的根据是什么呢？当时没有人去追问他们，事过境迁后找不到任何凭证了。中国历史上曾经是有异常丰富的地方政府档案、民间契约和民间文献的，然而政治的变革与战火的毁灭，使它们难免劫运，而且即使不遭劫运，那些载体的纸页也会消释腐朽的。现在已经整理出的敦煌社会经济文献约四百件[①]，包括敦煌地区的政府档案和民间书契。它具体地反映了公元五世纪到十世纪中国西北的社会经济状况，我们从中可见到这数百年社会下层的真实的生活图景，尽管它不是完备而详赡的。

---

① 据《敦煌社会经济文献真迹释录》第一辑，唐耕耦、陆宏基编，书目文献出版社，1986年；《敦煌资料》第一辑，中国科学院历史研究所编，中华书局，1961年。

◎敦煌的户籍管理

西凉建初十二年（416）敦煌郡敦煌县西宕乡高昌里籍
（S.0123）是中国所保存的最早的户籍簿了。此残卷存八户户
籍，其中二户平民，如：

敦煌郡敦煌县西宕乡高昌里　散

阴怀　年十五

母高　年六十五　　丁男一

女口一

凡口二

居赵羽坞

建初十二年正月籍

敦煌郡敦煌县西宕乡高昌里　散

吕沾　年五十六

妻赵　年四十三

息男元　年十七

元男弟腾　年七　本名腾

腾女妹华　年二　　丁男二

小男一

女口二

凡五口

居赵羽坞

建初十二年正月籍

古代户籍管理将人口按年龄层次分类，三岁以下为黄，四至九岁为小，十至十七岁为中，十八至六十四为丁，六十五以上为老。丁男即成年男子。息男为亲生儿子，息女为亲生女子。以上两户非官、非吏、非兵，而属散籍平民，他们属于社会的下层。阴怀一户二口，户主仅十五岁，在西凉时已算成丁男子，母子两人相依为命，他们的生活是困难的。吕沾一户五口，户主五十六岁，妻子年小十三岁，因娶妻较晚，长子十七岁，丁男二口，这是较为典型的户籍状态。这些普通的平民家庭便承担着政府的税额、劳役和种种临时性的科差，永远束缚在边陲的土地上。

◎敦煌的账籍管理

中国古代地方政府编造有辖区内各户的账籍，它的内容有户口、丁中、土地、税额、劳役等项。今存西魏大统十三年（547）瓜州效谷郡计账文书（S.0613）反映了中国古代均田制时期河西敦煌地区农民的授田情况和他们所负的税役义务情况，例如下面一户：

戶主叩延天富壬辰生年三十六　白丁　课户中

母白乙升癸亥生年六十五　死

妻刘吐归丁酉生年三十一　丁妻

息男黄口甲子生年四　小男

息男黄口丙寅生年两　黄男

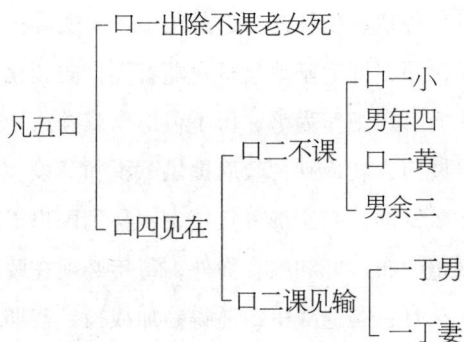

```
            ┌─ 口一出除不课老女死
            │
            │                       ┌─ 口一小
            │           ┌─ 口二不课 │   男年四
 凡五口 ─────┤           │           └─ 口一黄
            │           │               男余二
            │           │
            └─ 口四见在 ─┤           ┌─ 一丁男
                        └─ 口二课见输┤
                                    └─ 一丁妻
```

计布一匹
计麻二斤

```
              ┌─ 二石输租
 计租三石五斗 ─┤
              └─ 一石五斗折输草三围
```

```
            ┌─ 一丁男
 计受田二口 ─┤
            └─ 一丁妻
```

```
                          ┌─ 十五亩麻田
              ┌─ 廿六亩已受┤ 十亩正
 应受田        │          └─ 一亩园二分未足
 四十六亩 ─────┤
              └─ 廿亩未受
```

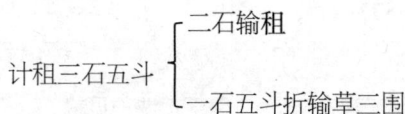

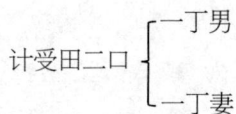

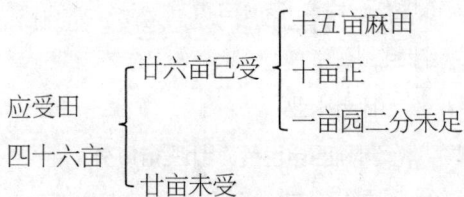

这户人家是汉族与西北民族通婚的，是白丁——平民百姓，在课税户等级属中等。西魏实行人均田制，即按丁年男女数由政府分配给田亩，但实分的田亩与应分的不相符，有将近一半的田亩未分到，而且永远分不到的。所授之田有三种：一是麻田，即荒坡、荒地、山林等；二是正田，为实际授田的三分之一左右；三，园，即宅基地。每户随着丁口的变化，所授正田也随之变化，麻田则作为永业田不再退出或补入。这样，农户均可从政府授田，农户则为政府提供赋税和劳役。均田制下的官户是免征赋税的，而这部分负担也转移到民户了。课户的丁男除缴纳调租的布、麻和粮食而外，每年必须在政府规定的地方服劳役两个月；若遇战争，还得参加战役，其期限则很难确定了。中国自北魏开始推行的均田制，直到唐代安史之乱后才结束。我们在唐代沙州敦煌县的乡籍中还见到均田制的情形，例如P.3557、P.3877：

　　　　户主邯寿寿年五十六　白丁　课户见输

　　　　女娘子年十三岁　小女

　　　　亡弟妻孙年三十六岁　寡

　　　　计布二丈五尺

　　　　计麻三斤

　　　　计租二石

　　　　　　廿亩永业

　　　　　　四十四亩已受　廿三亩口分

　　　　合应受田一顷三十一亩　一亩居住园宅

　　　　　　八十七亩未受

　　　户主汜尚元年五十八岁　寡，下下户　不课户

　　　　十四亩永业

　　　　一十五亩已受

　　　　合应受田五十一亩，一亩居住园宅

以上两户是武则天和唐玄宗时期的户籍。其中后者是寡妇，孤独无依，不授正田，免课赋税，她的生活当需要地方政府照顾。

均田制是与中国封建社会前期的政治经济结构相适应的。此种制度虽然在中国历史载籍中有颇详细的记述，但具体情形则只能在敦煌文书中找到标本了。

◎敦煌的民间祭祀

唐代以来，河西地区民间立社之风盛行。这个地区动乱不安，人民生活贫困，若遇天灾人祸便无力应付。于是民众之间组织互助团体。中国上古时祭祀土神，土地之神称为"社"。"社日"即祀土神之日。自汉代起，一般以立春后第五个戊日为春社，立秋后第五个戊日为秋社，适在春分和秋分前后。敦煌民众很重视中国传统的社日，他们不仅于春社和秋社祭祀土神，并由此组织了社团，它在民间发生着我们现在难以想象的作用。今存敦煌立社条件样文（S.6537）：

窃闻敦煌胜境，凭三宝以开基；风化人伦，藉明贤而共佐。君臣道合，四海来宾。五谷丰登，坚牢之本。人民安康，恩义大行。家家不失于尊卑，坊巷礼传于孝义。恐时偻伐之簿，人情以往日不同，互生纷然，复怕各生已见，所以某乙（我们）等一十五人，从前结契，心意一般。大者同父母之情，长时供奉；少者一如赤子，必不改张。虽则如此，难保终身。盏酒驴肉，时长不当。饥荒俭世，济危救死；益死荣生，割己从他，不生吝惜。所以上下商量，人心莫逐时改转。因慈众意一般，乃立文案，结为邑义，世代追崇。

这种社约的基本精神是儒家的仁义学说，而且强调传统的礼法，使相好的邻里之间结为一个小小的互助团体。我们从多件的社约情况可知，他们的人数约在十余至数十人，一般为中等农户，还有僧尼及下级吏员参加。社长是很具权威的，他经常负责组织社众的种种活动，处理社众之间的种种问题。每个社常有申请入社的，也有退社的。社户罗神奴乞求除名状（S.5698）：

> 癸酉年三月十九日，社户罗神奴及男文英、义英三人，盖缘家贫缺乏，种种不圆。神奴等三人数件追逐不得，伏乞三官（社官）众社赐以条内除名，放免宽闲。其三官知众社商量，缘是贫穷不济，放却神奴，宽急除名。神奴及男三人，家内所有死生，不关众社。

罗神奴父子因过于贫穷，无力应付社内吉凶互助活动，只得请求退社了。社司对不按规定参加活动的社众，发下处分通知书。如社司牒（S.1475）：

> 社司　状上
> 五月李子荣斋：不到人何社长、刘元振，并斋麦不送纳，不送麦成千荣，行香不到罗光进。
> 右件前人，斋及麦、行香不到，准条合罚，请处分。
> 　　　　　　　　　　　　　　　　　申年五月日赵庭璘牒

赵氏是社司，负责社务，他曾发出转帖（通知）以帮助患病的社众：

> 五月二十三日武光晖起病软脚，人各粟二斗，并明日辰日
> 于赵庭璘家纳。如违不纳，罚酒半瓮。

五月廿一日赵庭璘谘

这类转帖在当时是非常有效的，社众都严格执行，迅即转知。

除了一般的社而外，尚有亲情社，由亲戚组成；兄弟社，由家族同辈子弟组成；女人社，由妇女友好朋友组成。敦煌地区社邑组织的兴盛情况是较为特别的，表现了人们之间团结互助的精神，所以他们能够在边地创造历史上的种种奇迹。

◎敦煌的水利管理

沙州的农业发达。农田灌溉主要依赖从祁连山麓融化的雪水。雪水进入沙州分为若干渠道，给这片土地带来绿色的生命。沙州为了合理使用渠水，自古便有严格的用水管理制度。《沙州敦煌县行用水细则》（P.3560）记述了干渠和支渠数百道的用水管理规则，例如规定：

> 春分前十五日行水，为历日雨水合会。每年依雨水日行用，克须依次日为定，不得违迟。如天时温暖，河水消泽，水若流水，即须预前收用，要不待到期日，唯早最甚。必天温水次早到北府，浇用周遍；未至场苗之期，新河已南百姓即得早浇粟地，后浇伤苗田水大疾，亦省水利。

沙州敦煌县行用水细则

全年用水规则，极为细致可行。沙州各支渠用水的农户为维护水利，分别结为渠人社。如戊寅年六月渠人社转帖（S.6123）：

> 宜秋西支渠人转帖
>
> 莱扳忠　　石愿通　　索再头　　索铁子
>
> 苏保山　　索再升　　索流通　　索流定
>
> 索流实　　索谏升　　索再通　　索员昌
>
> 索再成　　索再德　　索不藉子　索廷德
>
> 吴富员　　阴清朵　　阴幸员　　阴富定
>
> 邓美昌　　解憨子　　汜坦达　　汜文惠
>
> 汜连儿
>
> 上件渠人，今缘水次浇粟得准旧者平水相量，幸请众渠

等。帖至，限今月十五日卯时于普光寺门前取齐。如有后到，
罚酒一角，全不来罚酒半瓮。

这是关于商讨具体用水问题，召集渠人开会的通知。河渠的修
治问题，也由渠人负责组织众渠进行，如甲申年（984）二月廿
九日渠人转帖（P.5023），要求农户们得按通知规定，带上治
河材料及工具，到时前往修治河口。渠人社的社众家有吉凶之
事，他们也得组织去庆吊。如壬午年（982）十二月十八日渠社
转帖（P.4003）：

　　右缘尹阿朵兄身故，合有吊酒一瓮。
　　人各粟一斗。幸请诸公等。帖至，限今月十九日卯时并身
及粟，氾录事门前兰若门取齐。捉二人后到，罚酒一角；全不
来者，罚酒半瓮。其帖立递相分付，不得停滞者。

　　敦煌民众保存了古代淳朴的社会生活，凡有庆吊，他们仅带
上粮食以助。我们从各种转帖可知，凡是社斋及其他筵席聚会，
很少有杀牛宰羊的例子，人们的生活是简单而贫苦的。他们应付
各种社团活动，几乎是简朴单调生活中的一种必需的社会活动。

◎敦煌的徭役

　　民众家有丁男的，经常可能被政府调往各处服役和进行战
备。这种被征调服役的人们在沙州称为"行人"。乙丑年正月
十六日行人转帖（P.2877）：

行人转帖

丁圆昌　宋保定　安万通　孔冉盈

张保德　曹佛奴　龙清儿　郭定得

平山富　李保盈　赵住得　薛汜三

薛什得

以上行人，次着上直三日，并弓箭、排枪、白棒，不得欠少一色。帖至，限今月十七日卯时，于北门外取齐，捉二人后到，决杖七下；全不来，官有重责。其帖各自示名递过者。

这是通知十三名男丁自带武器，值戍三日。他们必须将现在进行的劳活放下，到规定的地点集合，以去服役。

行人转帖很生动地反映了唐五代到北宋初年河西地区实行府兵制的情况。农户既是国家租税的负担者和劳役的负担者，也是随时可以召唤并组织起来的战士。民众的命运，在当时是不能自己掌握的，他们随时都可能受政府的命令而驱使。

◎敦煌的民间契约

在敦煌民间契约里，我们见到民众卖屋、卖地、借贷、雇佣、卖身、放良等真实情况，反映了社会下层民众的贫困与苦难的生活。唐乾宁四年（897）张义全卖宅舍契（S.3877）：

永宁坊巷东壁上舍内东房子一间并屋木，东西一丈三尺五寸基，南北二丈二尺五寸并基；又房门外院落地并檐廊柱东西四尺，南北一丈一尺三寸；又门道地南北二尺，东西三丈六尺五寸；其大门道三家共合出入。从乾宁四年丁巳岁正月二十九

· 168 ·

日平康乡百姓张义全为缺少粮用，遂将上件祖父舍兼屋木出卖与洪润乡百姓令狐信通兄弟，都断作价直五十硕（石），内斛斗乾货各半。其上件舍价立契，当日交相分付讫，一无悬欠。其舍一卖之后，中间若有亲姻兄弟兼及别人称为主己者，一仰旧舍主张义全及男粉子、支子祗当还替，不干买舍人之事。或有恩敕赦书行下，亦不在论理之限。一定之后，两不休悔；如有先悔者，罚麦三十驮，充入不悔人。恐人无信，两共对面平章，故勒此契，各愿自押署，用后凭验。

张义全因缺粮短用，遂将祖业房屋一间出卖。屋在城内，所以售价很高。当地的商品经济不发达，经济支付手段是以粮食交换方式进行的。

宋淳化二年（991）韩愿定卖妮子契（S.1946）：

淳化二年辛卯岁十一月十二日立契押衙韩愿定，伏缘家中用度不支，欠缺匹帛。今有家妮子花名媸胜，年可二十八岁，出卖与常住百姓朱愿松妻男等，断偿人女价生熟绢五匹。当日现还生绢三匹，熟绢两匹限至来年五月尽填还。其人及价更相分付。自卖已后，任承朱家男女世代为主。中间有亲情眷表认识此来人者，一仰韩愿定及妻七娘子面上觅好人充替。或遇恩赦流行，亦不在再来论理之限。两共面对商议为定，准格不许翻悔；如若先悔者罚楼绫一匹，仍罚大羝羊两口，充入不悔人。

恐人无信，故勒此契，用为后凭。

卖身女人媸胜（押）

出卖女人娘主七娘子（押）

出卖女人郎主韩愿定（押）

同商量人袁富深（押）

知见报恩寺僧丑狨（押）

知见龙兴寺乐善安法律（押）

韩愿定是敦煌的押衙，在衙门里任初级职务。他所卖的妮子是其家奴婢，已经二十八岁了，服役多年。现在韩氏将她出卖与人为奴，其价值仅为绢五匹。这极深刻地表明民间妇女被奴役的悲惨命运。她们辗转为奴，永远没有人身自由可言。壬午年郭定成典身契（S.1398）：

壬午年二月廿二日立契。惠立契慈惠乡百姓郭定成。伏缘家内欠今租，自身于押衙王永继家内质典，断作典价一丈八尺、幅二尺、土布一匹。自典余后，王永继得驱使，渎不许王家把勒。人无雇价，物无利头。若不得抛工数行□坐。镰刀器械，牛羊畜生，合宅若畔上，非理失却打破，赔在定成身上活。若牛羊畜生非命打煞，不关主人之事。若其因病痛，偷他人羊牛畜生，园中菜茄瓜果，赔在定成身上。……恐后无凭，故立此契，用后为凭。

农民郭定成因欠租，到押衙王家以为人质，典于主家，为人做奴。被典期间，不给工资，若劳作时损坏工具或放失牛羊，均应赔偿。这反映了敦煌阶级压迫和经济剥削的残酷。如果郭定成无力还租，便永远为奴了。立契的条件仅利于主人，典期不明，以典质方式而剥夺了贫苦人民的人身自由。当然有的主家出于对奴婢的同情或其他原因，立下放良文书，免去其贱民身份，给予自由。后唐清泰三年（936）放家童契（S.5700）：

> 放家童青衣女厶甲。若夫天地之内，人者为尊。贵贱不同，皆由先业。贵者广修善本，咸得自然；贱者不造善因，而生下品。虽则二等，亦有尊卑。况厶甲自从业网羁来，累年驱驰，有恭谨之心，侍奉不亏孝道。念慈谦顺，放汝从良。从今已后，任意随情，窈窕东西，大行南北。将此放良福分，先荐过往婆父，不落三途；次及近逝慈亲，神生净土；合家康吉，大小咸安。故对诸亲，给此凭约，已后子孙男女，更莫怪护。请山河作誓，日月证明，岳坏山移，不许改易。清康三年厶月日给曹主厶甲放尽一记。

这位除贱为良的妇女，本为曹家奴婢，因她恭谨谦顺，得到主人的同情，让她自由了；但是她在曹家服役多少年，她的年龄已多大？这些情况都不清楚。另一家童再宜放良书（S.6537）也是曹家放的家奴再宜。他自从到曹家为奴已经五十余年了，估计到放良时他已是六十余岁的老人。他被剥削和压迫一生，主家榨尽了他的血汗，现在他丧失了劳动力，仅一息尚存了。这时给他的自由，无异于驱逐出门，免给主家造成负担。放良文中说："从今已往，任意宽闲，选择高官，充为公子。"这只有嘲讽的意味了。

七 远离中原王朝的汉族政权

自西汉元鼎六年（前111）汉武帝设置河西四郡，敦煌郡即筑城移民建立了汉族政权。这里东距京都长安1880公里，是中国王朝西北边陲的一个行政区。中原王朝为了政治、经济和军事的长远利益，非常重视敦煌在丝绸之路的战略意义，所以建郡后即委派了刺史负责郡事，贯彻中原王朝的政教。同中原各地方政权一样，敦煌有种种地方职官、制度、学校、法律、驻军、汉族传统文化。它与中原王朝保持地方与中央的紧密联系，成为中国政权在西北延伸的一部分。今敦煌文书所存的《沙州图经》《沙州都督府图经》《沙州志》《沙州城土境》《敦煌录》，表明沙州为中国王朝版图；所存的《西凉建初十二年（418）敦煌郡敦煌县西岩乡高昌里籍》《西魏大统十三年（547）瓜州效谷郡计账》《唐大足元年（701）沙州敦煌县效谷乡籍》《唐大历（772）沙州敦煌县差科簿》等，则表明此地区执行中原王朝的行政户籍管理制度和差科制度。由于敦煌地方政权处于西北边陲，周边为西北民族，具有经济和战略的重要意义，成为西北民族争夺之地，因而历史状况十分复杂，最明显地体现着中国王朝国势的强盛与衰弱。当中国王朝国势强盛时，敦煌在王朝的保护下获得政治的安定与经济的繁荣，意味着丝绸之路的畅通；反之，当中国王朝国势衰弱时，敦煌地方政权处于孤立无依的状态，或竟陷没于西北新兴的民族政权。现在我们且依据敦煌文书较为具体地考察这远离中原王朝的汉族政权。

◎敦煌的法律体系

中国在隋唐以来法律体系趋于完备。法律分为：律，刑法；令，法规文献；格，官吏处事规则；式，官署和官员的有关法规条例。在远离中原王朝的敦煌，我们可见到地方政权在法律方面是严格地执行中原王朝的法制的。敦煌文书里今存有唐太宗时期长孙无忌等编定的《唐律疏议》，此外还有佚书《唐职官令》（S.1880）和《唐天宝官品令》（P.2504）、《唐垂拱律》（P.3608、3252）、《名例律疏》（河17）、《永徽东宫诸府职员令》（P.4654、S.1880）、《天宝令式表》（P.2504）等法律法规。在法律体系中最实用的是"格"，它是根据本朝敕令精神编制的官吏处事规则，对于律、令和式的补充与修正。唐代的格早已佚失，幸而敦煌文书里尚存五种：《神农散颁刑部格残卷》（P.3078，S.4673）、《神农吏部留司格断片》（T11T）、《开元户部格残卷》（S.1344）、《开元职方格断片》（周50）、《开元兵部选格断片》（P.4978）[①]。我们从这些残卷和断片里，尚能见到唐代的法制精神。且看部分格文：

> 如闻诸州百姓结构朋党，作"排山社"，宜令州县严加禁断。（S.1344）

这是命令地方官员严格严止民间结党结社，以维护社会政

---

① 刘俊文：《论唐格——敦煌写本唐格残卷研究》，《敦煌吐鲁番学研究论文集》，汉语大辞典出版社，1991年。

治秩序。

　　　流外行署州县杂任，于监主犯赃一匹以上，先决杖六十；满五匹以上，先决一百；并配入军。如当州无府，配侧近州。断后一月内即差纲领送，所配者领取，报讫申所司。赃不满匹者，即解却。虽会恩，并不在免军及解免之限。在东都（洛阳）及京（长安）犯者，于尚书省门对众决；在外州县者，长官集众对决。赃多者仰依本法。（P.3078）

唐代刑法规定：官员受财枉法者，受丝绸一尺杖九十，一匹加一等，二十四处以绞刑；受财不枉法者，一尺杖八十，二匹加一等，四十匹处以流放。此条格文是对地方官员犯贪赃的惩处规定，凡赃少则不计较，赃满一匹以上者受杖刑后发配充军。

　　　盗及诈请两京（长安与洛阳）及九城官库物，赃满一匹以上，首（犯）处斩，从（犯）配流。若盗司农诸仓及少府监诸库物并军粮军资，赃满五匹以上者，首处死，从处流，若一匹以上，首处流，从徒（刑）三年。所由官人不存检校，失数满三十匹以上者奏闻。（P.3078）

这是关于盗窃国家仓库货物的处罚专例，区别盗窃皇室及一般仓库军需物资处罚的轻重。以上可看出唐代对贪赃及盗窃者均处以重刑。

　　　敕：孝义之家，事须旌表，苟有虚滥，不可褒称。其孝必须生前纯至，色养过人，殁后孝思，哀毁逾礼，神明通感，贤愚共伤；其义必须累代同居，一门邕穆，尊卑有序，财食无私，远近钦承，州闾推伏。州县亲加按验，知状迹殊尤，使复同者，准令申奏。其得旌表者，孝门复终孝子之身，义门复终旌表时同籍人身。仍令所管长官以下及乡村等，每加访察。其孝义人，如中间有声实乖违，不依格文者，随事举正。若容隐不言或检复失实，并妄有申请者，里正、村正、坊正及同检人等各决杖六十，所由官与下考。（S.1433）

自汉代以来，中国历代王朝提倡封建礼教，对"义夫、节妇、孝子、顺孙"，由官府立牌坊，赐匾额，称为旌表，格文是关于申报旌表孝门与义门的审验规定，以明朝廷对伦理规范的重视，有助于实施政治教化。如果申报不实，地方里正等人将受杖刑，而负责的官员则给予考核为下等成绩的处分。

唐代法制格文在敦煌地方政府保存，说明当地在执法过程中曾按格文规定施行的，它是唐代法制精神在边远地方的体现。

◎敦煌的政治制度

河西诸州的行政长官是由中国王朝直接任命的，全权行使朝廷的政策并贯彻朝廷的政治意图。唐代宝应元年（762）四月，肃宗皇帝去世。当时河西肃州刺史（太守）刘臣璧尚未得到消息，他面对吐蕃的侵扰，请窦昊代写了《答南蕃书》（P.2555），义正词严地指责吐蕃背盟和伤害两国关系的行为。这封书信具有极重要的史学价值，同时表现了河西地方政府以中国王朝的名义慎重地处理邻邦的关系。书有云：

昔我开元圣文神武太上皇帝（唐玄宗）登极之际，与先赞普（吐蕃王弃隶蹜赞）神运契和，豁辟天关，开荡宇宙，初四海寰廓，并两国一心。公主（唐金城公主）下降于紫霄之中，远适于黄河之外，隽铭列土，誓不相侵。尽日照为天疆，穷沧溟为地界。是知舅甥（唐公主和亲至吐蕃，双方为舅甥关系）义同，天然有之。乾坤道合，星象所感；缅览明信，碑契犹存。五十年间，其则何远？去开元十有五载，悉诺罗不恭王违天背盟，暴振干戈，横行大汉，陷瓜州黎庶，聚土积薪；灌玉门军城，决山喷浪。自以为军戎大壮，扰攘边陲，为害滋深，已六七年矣。及哥舒翰（唐将）出将，天寄权旄，拥关西之师，凌威奋伐，集龙驹岛，入宛秀川，开地数千，筑城五所。谋力云合，指挥从风，使蕃不聊生，亦八九年矣。向若无悉诺逻先侵，岂见哥舒翰后患？

书信后半部分，刘臣璧指出，吐蕃乘中国安史之乱，河西兵力空虚，遂出兵侵扰。现在肃宗皇帝平定了安史之乱，势必调集大军，平靖河西。现在河西节度使吕崇贲神资武略，勇而至仁，愿两国谨守疆土，永不相侵。书信追溯了中国与吐蕃的友好关系，表明了中国的友好态度，批评了吐蕃背盟的不义行动，突出了中国的战备，希望吐蕃以双方长远利益为重。[1]这样有理有节有备地对待吐蕃的挑衅，充分显示了唐王朝的气度。

唐王朝在凉州设置河西节度使以总持河西诸州军政。安史

---

① 邓小南：《〈为肃州刺史刘臣璧答南蕃书〉校释》，《敦煌吐鲁番文献研究论集》，中华书局，1982年。

之乱后，凉州于广德二年（764）陷没于吐蕃，河西节度使移镇沙州。从永泰元年（765）至大历元年（766），朝廷尚未任命河西节度使，特派了专使巡抚河西，暂时全权处理军政事务①。这位河西巡抚使在沙州主持军政时，留下了许多重要公文的批示，即《唐代河西官文书》一卷（P.2942）。我们从判词里，可见到巡抚使遵循朝廷意图，正确而及时地处理了该地区的事务。例如关于"肃州请闭籴，不许甘州交易"判云：

> 邻德不孤，大义斯在；边城克守，小利须通。岂惟甘、肃比州，抑亦人烟接武。见危自可奔救，闭籴岂曰能贤？商贾往来，请无壅塞；粟麦交易，自合流通。准状仍榜军州。切勒捉搦，少有宽许，当按刑书。

甘州于永泰二年陷没于吐蕃，肃州官员请求禁止和甘州贸易，而且建议逮捕商贩。巡抚使从长远的政治利益考虑，决定开放两州之间的贸易，以便利人民；特别指示强令停止逮捕商贩，若有违者，按法律惩处。这样确保了两州人民正常的经济往来。关于"管内仓库设宴给纳馆递搏节事"判云：

> 艰难以来，军州凋弊，支持不足，破用则多。非直损于公途，亦乃伤乎人庶。若无先见，何至后图。俭约之资，公家所尚；信用之费，文簿虽明。各牒所由。

----

① 安家瑶：《唐永泰元年——大历元年河西巡抚使判集研究》，《敦煌吐鲁番文献研究论集》，中华书局，1982年。

"馆递"即馆驿递马。来往官员须在馆驿换马，补充物资。关于仓库主管部门提出节约宴请驿递过往官员之事，巡抚强调了在战乱艰难岁月里，节约用费，但应用开支须账簿注明并上报。这可见河西长官及下属均能以高度的政治责任感应付现实的困难局面，所以沙州能与吐蕃对抗十余年。关于"沙州诉远年什物征收不济"判云：

> 碛中什物，并是远年管内破除（除去），皆非今日，所由恳诉，须为商量。人既云亡，物无征处，徒行文牒，恐惧孤穷，并放。仍与洗削文案，杜绝萌芽，俾其后昆，免有牵挽。

政府向民众征收什物，有的拖欠未缴，而人已死去，以致账籍上的积欠难以处理。巡抚使认为主管部门可依例消除账籍，做一了结，不再追索，以免给孤穷之后人带来牵连。这是很明智的处理办法，体现了中国古代的仁政。关于"思结首领远来请粮事"判云：

> 思结首领，久沫薰风。比在河西，屡申忠赤，顷驰漠北，频被破伤。妻孥悉无，羊马俱尽。尚能慕义，不远归投。既乏粮储，略宜支给。李都督惠甘肃州斛斗一千石。

思结原为匈奴部落，曾在河西效忠唐王朝，后来并入回纥，其部落衰败伤亡，再到河西归投。巡抚使从唐王朝与思结的关系及其现实困难状况考虑，决定收留思结首领并给予粮食资助，以让西北民族部落归投大唐，在西域产生政治影响。当时河西的处境是很困难的，而给思结的资助是义不容辞的。巡抚使正确地贯彻了唐王朝的民族政策。关于"朱都护请放家口向西并勒男及女婿送"判云：

> 人惟邦本，本固邦宁。时属艰难，所在防捍。稍有动摇，谁不流离。朱都护久典军州，饱谙边务，何自封植，扰紊纪纲？进退由衷，是非在我。老亲少女，或在迁居；爱婿令男，无凭弃职，奴婢量事发遣，奏僮僮（跟从）不可东西。殉节宁冀忘家，临难终期奉国。将子无努，义不缘私。

唐代在西域设六大都护以统辖西域诸国，安史之乱后，西域都护撤离，吐蕃占有西域。此朱都护当是河西某军州之长官，在甘州陷没后，河西形势孤危。他准备将家属及儿子、女婿等送往西域安置，遣散了奴婢，任侍从自谋出路。巡抚专使其职权高于节度使，他以国家利益为重，严厉指责朱都护疏散家属，这将会动摇军心和民心，要求他以身家性命誓死守卫疆土，为国殉难。因而不准朱都护放家口西行。

这位姓名无考的河西巡抚使在河西困难时期处理军政紧急事务，坚决贯彻中原王朝的政治意图，表现出高度的政治水平和责任感，使这边陲之地与朝廷保持联系，成为中国汉族权政的一部分，动员了河西官吏和军民与吐蕃强大的军事威胁进行了卓绝的斗争。因为河西的位置重要，情况复杂，故中原王朝派遣到此的地方长官皆是极有才能的，例如肃州刺史与河西巡抚使在千载之下，其业绩犹让我们钦佩，并为之肃然起敬。

◎河西走廊政权与中原王朝的关系

唐代载初元年（689）是皇后武则天临朝时期，唐王朝的政治、经济和国力均处于继续发展，国威远扬，丝绸之路畅通。河西沙州地方官员制撰了歌颂则天皇后的歌谣，以让朝廷采风使者录呈。此歌谣保存在《沙州都督府图经》（P.2005）内：

> 神皇圣氏生于文王之祖，生于后稷。故诗人所谓生人尊祖也。于昭武王，承王剪商。谁其下武，圣母神皇。穆斯九族，绥彼四方。遵以礼仪，调以阴阳。三农五谷，万庾千箱。载兴文教，载构明堂。八窗四闼，上圆下方。多士济济，流水洋洋。明堂之兴，百工时揆，庶民子来，击鼓不胜。肃肃在上，无幽不察，无远不相。千龄所钟，万国攸向。俗被仁体，家怀孝让。帝德广运，圣寿遐延。明明在下，于昭于天，本枝百代，福祚万年。

这具体地歌颂唐高宗后期，武则天辅政，文治武功，国家富裕平安，周边民族臣服。高宗去世之后，武则天平定了裴炎与徐敬业的叛乱，使大唐事业昌盛。河西走廊曾经一度为西北民族侵扰，人民生活贫困，但在则天皇后治下很快和平富庶了。这支歌谣典雅正则，虽然不是出自民间，而又谀颂溢美，但它出自西北边陲，足以表明中原王朝政治权力所达之范围，故有珍贵的史料价值。

当中原王朝强盛之时，河西走廊在朝廷的直接控制之下，成为向西域和中亚扩展势力的前哨，非常利于中国的政治、经济和文化的发展。然而当中原陷于战乱，中原王朝自顾不暇之时，便从河西撤回军事力量，以解救现实的危难。自安史之乱后，唐王朝国势转弱，德宗建中四年（783）唐王朝与吐蕃清水之盟，朝廷决定放弃河西走廊。此后河西为吐蕃逐渐占领，而成为沦陷区。河西人民在张义潮领导下于唐代大中二年（848）收复了沙州，继而收复整个河西。河西人民依靠自己的力量和对中原王朝的信念而取得胜利。唐王朝在事后给予表彰和奖赏，将河西节度使从原来的凉州移镇沙州，建置归义军。这时中原王朝衰弱，对于归义军政权任其自我存在，仅仅给予名义上的支持。因此河西在实质上已是独立自治的汉族政权了。然而，它却仍然对中原王朝保持着地方政府的关系。这样，远离中原王朝的归义军汉族政权，能够绍继中华传统，以汉族民众为主，团结西北民族，艰苦卓绝地存在百余年，成为一个不可征服的孤立政权，创造了历史的奇迹。

敦煌莫高窟保存了唐宣宗大中五年（851）河西收复后朝廷奖赏建树功勋的河西都僧统洪辩的牒文碑刻。在敦煌文书里，我们还见到张义潮收复凉州的进表（S.6342），河西节度使张义潮国忌行香文式（P.2815），归义军节度使曹延禄向宋王朝的上表（P.3872），沙州进奏院上本使状（S.1156）等公文，表明归义军与中原王朝的关系。在敦煌文书里还保存了唐僖宗中和五年（885）三月车驾还京大赦诏（P.2696），大晋皇帝（石敬瑭）祭文和大行皇帝谥（议）状（S.4473）。归义军是永远作为中国中原王朝的地方政权而存在的。

关于河西走廊与中原王朝的政治关系，归义军政权的执政者是有非常清楚而正确的认识的。他们的认识甚至远远甚于中原王朝的宰执大臣。张义潮在收复凉州进表（S.6342）里言及凉州与朝廷的关系时认为：

> 今若废凉州一境，则自灵武西，皆为毳幕所居。比年使州
> 县辛勤，却是为羯胡修造。言之可为痛惜。今凉州之界，咫尺
> 帝乡，有兵为藩垣，有地为襟带，扼西戎冲要，为东夏关防。
> 捉守则内有金汤之安，废之则外无堵堑之固。

凉州乃河西节度使所在地。此言凉州，实指整个河西走廊。张
义潮指出，如果放弃了河西，那么从甘肃灵武以西都将为西北
民族所据，则中国经营河西的事业便废弃了。凉州距京都较
近，具有屏障保卫的作用，扼守西域与中原的要道，可使京都
有金汤之固。莫高窟所存《唐宗子陇西李氏再修功德记》碑，
为张义潮第十四女李明振妻平定索勋之难后所造，她在碑文里
强调了河西与李氏唐王朝的亲缘关系。

张义潮之女婿李明振曾在收复沙州后进京都长安上表报
捷。在朝见宣宗皇帝时，辨识了家谱，他确为李唐王室后裔，
自曾祖以来即世居沙州。这样，沙州归义军便与唐王朝存在亲
缘关系了。所以碑文强调李唐宗室枝繁叶茂，藩卫中原王朝，
绍续皇族，以使王朝兴盛强大。河西政权遂由地方与朝廷的关
系而增加了宗室的关系，其政治共存就更为密切了。这种关系
更加突出了归义军政权的正统意义。

由于归义军节度使对河西与中原王朝的关系能从历史的、
政治的和军事的意义上有高度的认识，确定了效忠中原王朝、
坚持汉族政权的牢固信念，因而使他们产生正义感和力量，使
孤立的政权存在下去。

人类文化的历史进程是遵循着一定规律的，总是存在着某种必然性暗中支配着，然而就具体的民族文化而言，它却表现为更多的偶然性，似乎没有什么规律可循。文化发展的真正原因总是带着超然的因素，我们是很难认识的。当我们回顾人类文化史时，世界上几种早熟的奇光异彩的古代文明，谁能意料它们将会发展、衰亡、失落或毁灭呢？我们现在又能对某个民族文化的真实面貌知道多少呢？许多的人物湮灭了，文学艺术散佚了，惊心动魄的英雄故事失传了，智慧的成果泯灭了，富于民族风格的建筑荡然无存了，雄伟坚固的城堡夷为平地了。历史学家从残缺的文献里所寻觅到的，考古学家从出土文物所推测到的，它们都是一些断片。历史的长河不知曾悄悄地卷走了多少古代文明，汇入无涯的大海，消失得无踪无影！

中华文化是幸运的，从古老的文明绵延和发展到现代文明，异常丰富的历史文献详细地记载着它的文明进程。这在世界文化史上是无与伦比的，也是极为特殊的，固值得炎黄子孙们引为自豪。文化原因既有超然因素，中华文化也是如此，因而有许多非常重要的文化烟消云散了，有许多积极活跃的文化精神死亡了，它们淹没在中华传统文化里，使现代的汉学家亦无从考索。我所描述的敦煌文化即是中华文化中隐没了的古代文明。最初发现敦煌文书价值的英国考察家斯坦因曾说：

除未知者外，关于历史地理以及其他方面的中国学问的残留，为以前所不知道的也还不少。有好几百篇文书对于当地的生活状态，寺院组织之类，可以显示若干光明，这一切的记录，自古以来实际上就没有留给我们。①

这指出一个曾经失落了的中国古代文明。如果不是某种超然的
文化原因，我们又怎么知道中国中古时期儒学在边陲的传播、
佛家教义的世俗化、通俗文学的萌芽、对外来文化的开放、性
爱的歌颂、社会下层生活的真实和边陲汉族地方政权与中原王
朝的复杂关系，等等。它们最能体现敦煌文化的本质，而且与
中原文化有着血缘的关系，是中华传统文化中积极而珍贵的部
分。敦煌文化沉埋了九百年，是中国隐没的古代文明。

---

① 〔英〕斯坦因：《西域考古记》第151页，向达译，中华书局，1936年。

文化线索的断裂

敦煌文书四万余卷深藏在佛教胜地莫高窟一个秘密石窟里。这些卷子是谁藏的，为什么要将它们藏起来，是在什么时间藏起来的，为什么在历史上竟未留下一点蛛丝马迹？中国古代文明之一的线索自此断裂了。这一连串难以解答的疑问给敦煌文化染上层层神秘的色彩，似乎证实文化原因的某种超然性。二十世纪以来，中国和西方的学者都在探索敦煌藏经洞之谜，只能就所知的现象做出猜测，每每苦于缺乏坚实的论据。学者的假说力图接近真理，以求符合历史的事实真相。然而当各种假说尚未经验证为合理之时，读者唯有凭自己的理性或直觉来判断某一假说是较可取的，或较为可信的。

一 沙州都督府文献之谜

◎敦煌文书性质之谜

我在寻绎敦煌文化后认为：四万余卷敦煌文书是属于沙州

都督府文献。

中国三国时魏文帝开始设置都督诸州军事，或领刺史（太守），而都督中外诸军及大都督的权位最重。东吴和蜀汉仿照魏而设置，晋代和北朝也沿袭此制。唐代建都督府，分为上中下三等：上都督由皇室亲王担负，但属赠官而无实权。唐代边防重镇的都督则加旌节，称之节度使。唐代中叶以后，节度使增加，都督之名遂废除。河西走廊自西汉设郡以来，于敦煌派刺史负责军政事务，而在凉州设刺史部以负责河西四郡之军政。唐代凉州为中都督，亦负责河西军政，其余河西各州均为下都督。中都督即节度使，下都督即刺史。沙州自汉代建敦煌郡后有郡署，以后改称州府，唐代为都督府，是州行政机构所在。今存敦煌文书即有唐代《沙州都督府图经》三种，它们是沙州都督府辖区的地志。安史之乱后，凉州为吐蕃占领，河西节度使移镇沙州。这样，沙州升为中都督府，由节度使负责河西军政事务。大中五年（851）唐王朝在沙州设置归义军，以张义潮为节度使，负责河西诸州军政。所以沙州的郡署、州府到都督府都是相沿的地方政府所在地。沙州都督府保存了公元五世纪初以来至十世纪末的地方政府档案资料、儒家典籍、史料地志、文学作品、通俗读物、民间契约和宗教经卷。

唐代以前的沙州郡署官方文书在经过隋末战乱后已大量被毁，今仅存《西凉建初十二年（416）敦煌郡敦煌县西岩乡高昌里籍》（S.0113）和《西魏大统十三年（547）瓜州效谷郡计账》（S.0613）两种。唐代沙州都督府文书则保存很多，如武则天至唐代宗时期的籍账即有十二种，差科簿两种，财政文书十四种①。它们是沙州地方政府辖区内关于户籍、授田、差科、赋税、仓库物资的档案，表明政府在民政管理方面行使的职权。关于沙州都督府的重要公文，例如《河西巡抚使判牒集》（P.2942）、《张义潮收复凉州进表》（S.6342）、《沙州进奏院上本使状》（S.1156）、《归义军上都进奏院贺正使押衙阴信均状》（P.3547）、《曹元忠献硇砂状》（S.3498）、《归义军支出酒账》（S.2629）、《曹延禄上表》（S.3827）、《河西都防御招抚押蕃落军使牒》（S.3863）、《曹义金上回鹘宰相书》（S.2992）、《归义军公文集》（P.2945）。在《敕归义军节度使牒》（S.4291）署有"检校司空兼御史大夫曹元忠"，在《归义军敕令》（P.2736）署有"敕归义军节度瓜沙等州观察处置管内营押蕃落等使特进检校太师兼中书令谯郡开国公食邑一千五百户食实封七百户敦煌郡王曹"；这是曹氏任归义军节度使时期发布的公文。我们还见到一些钤有沙州都督府印的籍账和公文，如《唐天宝六载（747）敦煌郡敦煌县效谷乡里籍》缝上有颗"敦煌郡之印"，下有四颗"敦煌县之印"（S.4583）、《唐天宝（750）敦煌郡敦煌县差科簿》有"敦煌县之印"数颗（P.2803），《唐大历四年（769）沙州敦煌县悬泉乡宜禾里手实》有"沙州都督之印"和"敦煌县之印"一百余颗（S.0514）、《戊辰年十月八日就东园算会小印子群牧驼马牛羊见行籍》有"归义军节度使新铸印"（P.2484），《显德五年（958）阴保山等牒》钤

---

① 唐耕耦、陆宏基编：《敦煌社会经济文献真迹释录》第一辑，书目文献出版社，1986年。

有"瓜沙等州观察使新印"（P.3879），《上都进奏院状》钤有"沙州院"之朱记方印（P.3547）。沙州都督府的官员及州学博士、学士等，他们为本地撰制的著作或抄录的经典俱署官职，保存于府署文献库内，例如《书仪》的编著者署名"唐河西节度使掌书记张敖"（P.2556），《论语集解》卷端署"大唐乾符三年三月二十四日敦煌县归义军学士张喜进书记之也"（P.2681），《显德三年丙辰岁具注日历》署"学仕郎守州学博士翟奉达纂"（S.0095），《瓜沙两郡大事记》署"节度孔目官兼御史中丞杨洞芊上"（P.3721），《晋天福十年（945）寿昌县地境》署"州学博士翟（奉达）上寿昌张县令地境一本"。以上文书有的是进呈中原王朝表状的复件，有的是政府处理行政事务的档案副本，有的是正式下行的公文，有的则是府署保存的地方文献。

在沙州都督府文献里保存了一些非常重的外交关系文件和军事情报，例如西域于阗王致河西节度使张淮深信札，其中钤有"通天万寿之印"和"大于阗汉天子制印"，商谈河西与于阗的政治军事关系（P.2815）；《沙州百姓上回鹘天可汗书》是张承奉金山国时期以沙州百姓的名义给甘州回鹘的书信（P.3633）；张淮深时期肃州防戍官员给归义军的军事报告，叙述中和四年（884）回鹘军与龙家、吐蕃在甘州的战争情况（S.0389）；凉州节度使押衙刘少晏报告甘州回鹘劫掠凉州的情况（S.5139）。

在沙州都督府文献里，我们还发现了一件《王留子状》（S.4459）：

常乐押衙王留子　　伏以留子，前遣留子放牧牛羊，自不谨慎，只欠殁羊□□十五头。今阿郎开大造之门，应有诸家债欠，并总赦免。只有留子今被宅官逼逐，不放存活。伏乞司空台鉴，赐留子全家得以存活。

常乐为瓜州属县，司空为张义潮①。此状是常乐县押衙王留子曾被派遣放牧牛羊，因遗失殁羊若干头而受到追索。时遇到沙州赦免债欠，王留子特请求沙州节度使准予在赦免之列，以让他全家得以存活。此事的处理情况不得而知，但状子却留在都督府档案里了。

以上各类文书皆可说明，它们不可能是民间私家的文献，它们是沙州都督府文献和档案，是地方政权实行职能的历史遗物，表明中国边陲汉族政权存在的事实。

◎敦煌宗教经卷来源之谜

沙州都督府文献究竟存留多少件，迄今尚无统计和专项著录；此外民间的契约、经史典籍、文学作品、题记杂文等项，迄今亦无统计和专项著录。这使我们全面地深入地研究敦煌文化感到非常困难。目前估计敦煌文书约存45000件，推测其中近90%是宗教经卷。如果依此比例计算，则非宗教卷子约存五千余件；这数目绝对是不小的。然而若认为敦煌文书是沙州都督府文献时，又如何解释它竟有90%的宗教经卷呢？这种现象是

---

① 据罗振玉：《补唐书张义潮传》，《敦煌学文选》第45页，兰州大学历史系敦煌学研究室，1983年。

很奇特的。敦煌文化似乎永远与佛教文化纠结在一起的。

唐代天宝元年（742）沙州曾改为晋昌郡。莫高窟D130窟为僧处谚等所造，乐庭瑰夫妇父子所供养，内有大佛一尊，高二十余米，故又名大佛洞。窟的北壁供养人像第一身乌帽青袍束带者，须髯甚美，手持长柄香炉，题云："朝议大夫使持节都督晋昌郡诸军事、晋昌太守兼墨离军使赐紫金鱼袋上柱园乐庭瑰供养"。乐庭瑰守晋昌郡（沙州）兼墨离军使在天宝时期，所开窟寺当在天宝十四年（755）以前。唐肃宗乾元元年（758）两京收复后，晋昌郡遂废。这是沙州太守第一个开窟的。因沙州这个地方长期以来为佛教文化所笼罩，行政长官无不受到感染。后来沙州与河西从吐蕃统治下得以收复，佛教僧侣曾起过重要的号召作用，所以归义军执政者形成了佞佛的传统。张义潮开的窟寺有D156窟，张义潭开的有D95窟，张淮深妻开的D38窟，索勋开的有D196窟，曹义金开的有D401、D275窟，曹元德重修D482窟，曹元忠开有榆林第12、26、22、17诸窟，曹延恭开的D454、D444窟。归义军远离中原王朝的汉族政权能在西北战乱的环境里孤立地存在一百五十余年，这与获得佛教徒的支持是有关系的。归义军政权与佛教的互相倚重形成了富于特色的地方文化。

从沙州行政长官佞佛的情况，使我们不会惊奇：在沙州都督府文献里为什么会有大量的佛教经卷。我们试从经卷题记留下的线索进行分析，可知其来源大约有三种：

第一，沙州刺史、归义军节度使、沙州军政官员及其家属因宗教信仰的支配而力图弘扬佛法，广积功德，遂写造佛经。北魏时沙州改为瓜州，宗室东阳王元荣在公元六世纪之初任瓜州（沙州）刺史。他是极其信奉佛教的，造写了大量佛经。

《观世音经》（S.439）题记："广明元年（880）四月十六日天平军凉州第五般防戍都右厢厢兵马使梁矩，缘身戍深蕃，发愿写此经。"这是唐僖宗时河西将领远戍吐蕃地区求菩萨保佑而造的经卷。

《金刚经》雕版印刷本（P.4515）是归义军节度使曹元忠组织刊行的。题记云："弟子归义军节度使特进检校太傅兼御史大夫谯郡开国侯曹元忠普施受持，天福十五年（950）己酉岁五月十五日记，雕版押衙雷延美。"

《佛说延寿命经》（日本桔瑞超藏）是曹元忠夫妇为幼子夭折而造的。愿儿子早登觉路。题记云："维大周广顺三年（953）岁当癸丑正月二十三日，府主太保及妻子，为亡男太子早别王宫，并辞火宅，遂写《延寿命经》四十三卷以济福力。愿超觉路，永充供养。"

这些经卷为沙州官员所造，它们留在了沙州都督府的文献库里。

第二，佛教僧侣们为了给地方府主以善良祝愿而造经，或者将所造经卷呈进都督府。《瑜伽师地论》（日本桔瑞超藏）卷二十三题："大中十年（856）十一月二十四日苾刍恒安随听抄记。"这是唐宣宗时佛弟子抄记的。"苾刍"为梵语音译，意为佛弟子。僧人恒安将此经卷呈送与归义军节度使，故钤有"瓜沙州大王印"，为府署所藏。

《佛说佛名经》（羽24）第三卷跋云："敬写《大佛名经》二百八十八卷。伏愿城隍安泰，百姓康宁：府主尚书曹公己躬永寿，继绍长年，合宅常然庆吉。于时大梁贞明六年

（920）岁次庚辰五月十五日写记。"这是五代时曹义金已实际上主持沙州政权，某僧人写经为府主祈福而呈上的。

这些都是佛教僧侣因沙州都督府府主信仰佛教，特为赠送的。它们留在都督府了。

第三，中国的中原王朝帝王有的特别提倡佛教，由朝廷组织中外经师翻译和抄录佛经。这些官本佛经是极宝贵的，曾以间接的行政方式流传于西北边陲。它们甚为沙州都督府所重视并珍藏。例如《大楼炭经》（P.2413）末题："大隋开皇九年（589）四月八日，皇后为法界众生敬造一切经，流通供养。"这是隋文帝的皇后所造的佛经，流传到了敦煌。《能断金刚般若波罗蜜多经》一卷（P.2323）是唐太宗时玄奘自西天取经回国后奉诏翻译的，末题："贞观二十二年十月一日于雍州宜君县玉华宫弘法台三藏法师奉诏译，直中书长安杜行觊笔受，弘福寺沙门玄谟证梵语，大总持寺沙门辩机证文"。《妙法莲华经》（S.5319）是唐高宗时朝廷命虞昶监造的，卷第三题记：

咸亨二年（671）五月廿三日书手程君度写，用麻纸十九张。装潢经手王恭，详阅大德灵辩，详阅大德嘉尚，详阅大德玄则，详阅大德持世，详阅大德薄尘，详阅大德德逊，太原寺主慧立监，太原寺上座道成监，经生程度初校，大总持僧大道再校，大总持僧智安三校，判官少府监掌冶署令向义感，行大中大夫少府少监兼检校将作少匠永兴县开国公虞昶监。

此次造经历时数年，每经俱经详阅细校，而且以九卿监造，极为慎重。唐代武则天时期由朝廷下诏，监造了大量佛经，例如长寿二年（693）由武后私侍白马寺大德薛怀义主持翻译和监造的《佛说宝雨经》（S.2278），其组织规模是极庞大的。

这些官本佛经为沙州都府所藏是不足为奇的，因其具有一定行政性的受持，又因沙州的佛教文化特甚。

从上述可知，沙州都督府文献里存在大量佛经是来源于地方行政长官为争取佛教徒以推行地方行政而借弘扬佛法写造大量佛经，当地寺院僧侣将所造的佛经呈送都督府，朝廷官本佛经以行政方式流传到边地政府。沙州文化意识形态深受佛教影响，因而在都督府文献库里有专门的佛教经卷的庋藏，这是可以理解的。

在敦煌文书里佛教经卷所占的比例之大，似乎上述三种原因尚难以完满地解释。我们从敦煌经卷里不难发现：往往在佛经卷子的另一面抄录了政府文书、民间契约、儒家经典、诗文或通俗文学作品。例如：

P.2627《史记》残卷，背为《金刚般若经旨赞》。

P.2736 残佛经，背为归义军敕令。

P.2803《天宝九载敦煌郡仓簿》背为佛经。

P.2945 归义军公文集，背为变文《丑女缘起》。

P.3438 沙州官告国信判官将仕郎试大理评事王鼎状四件，背为《大涅槃经》难字音义。

S.3437《维摩结经》后有便麦契。

S.4707 马法律宅院测量，后有《佛名经》。

当一件卷子两面抄写有不同内容的文献时，人们判断它们谁是正面或背面，这在很大程度上取决于读者对内容注意的倾向。比如卷子的一面是佛经经文，另一面是政府文书或民间契约，那么在佛教徒看来必然佛经是正面，而在历史学家看来则政府文书或契约是正面。因此，我们对敦煌文献著录所定的卷子"正面"或"背面"，应作如是理解。

现在我们所见到敦煌卷子所用的纸张的制作年代是自五世纪到十世纪末。晋代和六朝多用麻纸；隋唐时除麻纸外，有椿皮纸和桑皮纸；五代时麻纸居多。六朝写本的纸质已洁白坚韧。北魏以来采用黄檗染纸的技术，可以防止虫蛀。唐人多用硬黄纸写经；这种纸是最高级的，其价值亦较昂贵[1]。佛教僧侣和善男信女们造经是需一定用费的；必须购买质地很好的纸张，有的信徒不能自己书写，便得雇请书手。在敦煌经卷题记里，造经者有时自述节省日常用度，以为功德，表示虔诚。《大般涅槃经》（S.1317）是僧人道濬节省平日衣食之资而造的，其题记云：

> 保定四年（564）八月戊子朔廿五壬午，比丘道濬，减省衣钵之余，敬写《涅槃经》一部。因此福上钟七世父母，六亲眷属，永离苦原，登陟妙境。

这些经卷的纸既是优质的，在西北边陲的价格因贩运关系而又大大提高了。当地僧侣和信徒造经是出于圣洁的信念和虔诚的态度，他们宁可省衣节食，积攒资金，选择价昂的硬黄纸，精心写造。他们绝不可能利用废纸或其他文书卷子来写佛经的；如果真的这样将是对佛祖和菩萨的亵渎，亦是对自己信仰的践

---

① 王进玉：《敦煌石窟探密》第87页-88页，四川教育出版社，1994年。

踏。因此，我们以上所列举的卷子一面为佛经，一面为其他文书，这种现象只能解为世俗为节约用纸而将废弃的佛经卷子用以抄录书籍或作为公文契约的草稿纸之用。由此，我们可以肯定地判断：沙州都督府曾搜集敦煌地区寺庙废弃的经卷，作为其他种种用途，以节约购买纸张的经费。所以我们在敦煌文书里见到大量的双面抄写的卷子，自然还有许多废弃佛经准备用以作文书稿纸的。这应是敦煌文书的佛经经卷的一个很主要的来源，而且亦可证实它们为沙州都督府文献了。

◎敦煌文书收藏者之谜

敦煌文书是谁藏的？关于这个问题，学术界有不同的意见，概括起来有以下四种：

第一，佛教徒藏的："公元十一世纪初占领于阗国的哈拉汗王朝，实行毁灭佛教政策。宋绍圣（1094–1097）中，他们向宋朝要求出兵攻打西夏，宋朝表示赞许。这一消息传到敦煌后，在佛教徒中引起恐慌，因而采取了封闭藏经的保护措施。"[①]"佛教徒"这个概念在这里是较含糊的。

第二，敦煌佛教寺院图书馆的："敦煌佛经上面有一部分打着三界寺的藏书印记，说明在最后一段的时期，即张氏、曹氏统治时期，敦煌的佛教寺院以三界寺为最大。但敦煌所出的图书那样复杂，不像是一个佛教寺院图书馆所专有，所以有人推测是西夏的兵力没有到达敦煌以前，有人（应该说是敦煌的都僧统）把若干寺院的藏经统统藏在第二八八洞内，并在前面

---

① 殷晴：《敦煌藏经洞为什么要封闭》，《文物》1979年第9期。

筑起了复壁，就逃走了。"①这大致是许多学者的共识。关于寺院图书馆，或者准确地说是藏经室。我们在敦煌经卷里发现有两个寺院收藏的最多，即三界寺和净土寺，例如：

S.0093《大般涅槃经》有"三界寺藏经"印。

S.0296《大般若波罗蜜多经》有"三界寺藏经"印。

S.1587《大般若波罗蜜多经》有"三界寺藏经"印。

S.1593《大般若波罗蜜多经》有"净土寺藏经"印。

S.5892《礼三宝文》，三界寺僧法弥、法定记。

S.6795《释尼初篇》有"净土寺藏经"印。

P.2039《瑜伽论分门记》有"净土寺藏经"印。

P.2057《诸法无行经》有"净土寺藏经"印。

P.2290《如来临涅槃说教戒经》有"净土寺藏经"印。

P.2320《四分律戒本疏》有"净土寺藏经"印。

这些只能说明敦煌经卷中很多是曾为三界寺和净土寺所收藏的。如果认为敦煌文书是以这两座寺院的藏经为主，或者它们是河西僧都统将许多寺院的藏经集中起来而封藏的；这都不能解释敦煌文书中存在的政府公文、民间契约、儒家经典、史籍地志、户籍账目和军事情报，它们是绝不可能为寺院所收藏的。

第三，寺院的废物：敦煌遗书很可能是废弃的经典。只是由于我国有敬惜字纸的传统及佛教对破旧佛典的敬畏心理，使这些东西不能随意丢弃。再加上当时北宋所雕《开宝藏》已经进入敦煌，而且敦煌本地的造纸业也发展起来，已不需要再用

---

① 王重民：《敦煌遗书论文集》第290页，中华书局，1984年。

以前的废弃纸张的背面来书写，于是曹氏归义军时期便进行了一次寺院大清点。清点后遂将一大批残破无用的经卷、积存多年的过时文书与废纸，以及用旧的幡画、多余的佛像等，统统集中起来，封存到第17窟中①。这种推测是缺乏事实依据和经不住理性检验的。例如说敦煌造纸业发展起来，不再需要废弃纸张背面书写了，但在敦煌卷子P.2736佛经的背面即有归义军敕令，署"敕归义军节度瓜沙等州观察处置管内营押蕃落等使特进检校太师兼中书令谯郡开国公食邑一千五百户实食封七百户敦煌郡王曹"。曹元忠于宋代建隆三年（962）特进太师②。这已是归义军后期了，仍然在用废弃佛经作为文书草稿纸。如果说宋代开宝（968-975）以后敦煌有了《大藏经》就无须过去的旧佛经了，而事实上《大藏经》与写经是有不同的社会作用的，它不能代替一般信众所需要的经卷；尤其是许多珍贵的古本佛经和精造的官本佛经皆属寺院佛教文物，绝不会因有了《大藏经》而将它作废纸处理的。关于敦煌政府档案文书——"过时文书"，它们是不可能存在寺院的，怎么会是寺院的废纸呢？我们暂且将敦煌文书视为寺院的"废物"，但关于它的处理是否要很神秘地封藏呢？如果说这是因"敬惜字纸的传统"而保存，则更与佛家信仰无关了。"惜字得福"是信仰道教文昌帝君的教义，在敦煌佛教胜地是无此观念的。总之，将敦煌文书视为寺院"废物"是不能满意地解释敦煌文书是谁藏

---

① 方广锠：《敦煌藏经洞封闭原因之我见》，《中国社会科学》1991年第5期。

② 荣新江：《沙州归义军历任节度使称号研究》，《敦煌吐鲁番学研究论文集》第803页，汉语大辞典出版社，1991年。

的问题。

第四，敦煌官府与各寺院的经典及文书："瓜沙上层统治者预感到战争即将临头，不得不做充分准备，便有条不紊地封藏各大寺院的经典、画卷，顺便把官府与寺院的一些社会文书等也收藏过去。从收藏的经卷与社会文书所涉及的范围来看，当时有计划的密藏，决非短期内仓促所为。"[①]如果真是这样有计划地有条不紊地长期地将该地众多的寺院（十六座以上，或数十座）的佛经和政府文书等等全部收齐，这必然会产生两个问题：一是小小的藏经洞无法容纳；二是由于兴师动众而又长期进行，便不可能做到绝密。所以这种推测是不合理的。

关于敦煌文书是谁藏的，现在我们仅能根据藏经洞秘存的情形进行推测。这些诸种推测皆具一定的合理因素，但我以为将它视为沙州都督府文献似更为合理。

二　西夏的兴起与沙州的陷没

◎分崩离析的河西政权

张义潮于唐代咸通二年（861）收复了河西重镇之凉州，但吐蕃不甘心放弃，不断兴兵企图夺回，于是归义军将沙州军队留在凉州以防卫。中和四年（884），凉州自立节度使，已不属沙州归义军辖区。同时甘州回鹘的势力增大，经常劫掠。而凉州的嗢末（原为吐蕃部落）也在窥伺。归义军已实际上失去了控制凉州和甘州的能力了。唐末张淮深任归义军节度使的时

---

① 谭真：《从一份资料谈藏经洞的封闭》，《敦煌研究》1988年第4期。

代，在肃州设有驻防部队，随时向他报告甘州和凉州的情况，后来肃州也渐渐脱离归义军了。归义军在张氏后期虽名义上仍统河西十一州，但势力范围所及者只有瓜州和沙州了。[①]

公元920年曹义金掌握了归义军政权，为了求得瓜州和沙州汉族政权的存在，遂向东与甘州回鹘和亲，娶了回鹘国圣天可汗的公主为夫人，称可汗为"父大王"；向西与于阗国结好，将女儿嫁与于阗王李圣天为皇后：因此稳定了沙州的局势。曹元德于公元937年继任归义军节度使后，出巡甘州，改善与回鹘的关系，互为兄弟相称。他又于天显十二年（937）派遣使者向辽国进贡，同时与中原王朝的后梁保持臣属关系。此后继位的是曹元深，时间甚短，仅仅六年。其弟曹元忠于开运四年（947）自称"归义军节度使检校太保"，后又自称"敦煌王"。中原正值军阀战乱之时，朝廷只得事后对曹元忠的官职表示承认。曹元忠在位三十年，他继续与中原王朝保持臣属关系，在宋王朝建立后（960）更不断进贡方物。他与于阗和甘州回鹘继续加强友好关系，这使曹氏政权达到鼎盛时期。曹元忠卒于北宋开宝七年（974），其侄延恭继位，其子延禄任归义军节度副使。北宋太平兴国元年（976）曹延恭卒，由延禄继位[②]曹氏政权在孤危中渐渐衰弱了。这时中国西北的党项族强盛起来，严重地威胁着河西孤危的汉族政权——归义军。

---

① 唐长孺：《关于归义军节度的几种资料跋》，《敦煌吐鲁番文书研究》第177页–182页，甘肃人民出版社，1983年。
② 贺世哲、孙修身：《〈瓜沙曹氏年表补正〉之补正》，见《敦煌学文选》。

◎党项族的兴起与西夏国的建立

党项是中国古代西北羌族中兴起的较晚的一个部落，史书称为"党项羌"。最初党项居住在青海以东的地区，后来扩大到甘肃南部、青海南部和四川北部，而以青海湖附近为聚居的中心。其氏族里以拓跋氏最强，所以他们自称是古代鲜卑族的后裔。中国隋代初年（589），党项归附中原王朝，与汉族人民共处。唐太宗贞观五年（631）朝廷派遣使臣开发青海为六十州，党项归附的有三十四万之众。党项首领拓跋赤辞在唐朝大将李靖进攻吐谷浑之际，助吐谷浑而与唐军战斗，兵败投降。唐王朝任拓跋赤辞为西戎州都督，赐姓李。自此，青海东部地区列入中国版图。吐蕃势力扩张到青海东部，党项请求唐王朝允许向内迁移。唐王朝在陇西设置静边州都督府，治所庆州（甘肃庆阳），以安置党项二十五州移民。党项故地遂为吐蕃占领。

安史之乱后，吐蕃占领了河西与陇右数十州。党项部落经常与吐蕃联合在唐王朝边地侵扰掳掠。唐代宗时（762-779）为割断党项与吐蕃的联系，将党项移置到银州（陕西米脂），夏州（陕西横山）、绥州（陕西绥德）和延州（陕西延安）。党项部落在内地依旧过着畜牧生活，逐渐在贸易中交换到武器以增强军事武装力量。唐代大中二年（848）张义潮收复沙州，继而在河西清除了吐蕃统治。散居河西的吐蕃人民的血统与党项同源，均属羌族，而且他们的风俗习惯与文化传统基本上是一致的，所以逐渐融合与同化。党项接纳并争取吐蕃，使其实力更增大了，然而他们却处于部落分散的状态，尚未形成统一而集中的力量。

唐代末年党项大首领拓跋思恭在宥州（陕西靖边）自称刺史。随即黄巢起义发生，唐王朝京都长安陷落。唐僖宗号召各地军阀率军靖难，平定黄巢军。公元881年党项拓跋思恭率领一支蕃汉合编的剽悍的骑兵队伍，在镇压黄巢起义军中建立了卓著战功。唐僖宗给予嘉奖，升任拓跋思恭为夏州节度使，封夏国公，赐姓李氏。夏州为定难军，统辖夏州、绥州、银州和宥州，初步形成了藩镇割据的状态。五代中原战乱之际，夏州李氏善于与中原王朝保持臣属的政治关系，避免陷入战争，保存并发展自己的实力。

　　公元960年北宋王朝建立，加强中央集权，削除地方割据势力，等待时机对付李氏政权。太平兴国七年（982）定难军节度使李继捧因不能解决家族之间的矛盾，献出所辖四州，入朝宋帝，表示愿居留京都开封。宋太宗派使团往夏州处理李氏家族入京之事，继捧族弟继迁表示反对，他说："我们祖宗在此土地上生活了三百年，我们家族在此据有州郡，雄视一方。现在朝廷诏令我们家族到京都，束手待毙，我们李氏家族便会完了！"李继迁率众逃往夏州东北三百里之处，集合残部不断侵扰西北边地，而且与党项各部落建立了反宋联盟。北宋雍熙二年（985），李继迁号召部族收复故土，夺回银州，自称定难军留后，采取了一系列政治改革措施，军事力量强大起来，足可对付宋军了。北宋至道二年（996）宋太宗试图彻底消灭党项势力，亲自调集宋军分为五路——李继隆出环州，丁罕出庆州，范延召出延州，王超出夏州，张守恩出麟州，全面进攻。宋军进入了千里不毛的沙漠地带。李继隆与丁罕两路合兵，行走数十日，不见敌军，后勤供应不足，疲惫而还。张守恩一路虽然见到敌军，但敌军却不迎战，出没无定，最后失去目标，率兵归本部。王超与范廷召两路，在白池与敌军相遇，大小数十战，孤军无援，人困马乏，水草断绝，只得退兵。党项军善于发挥自己灵活作战的优势，利用地理条件困扰宋军，终使数十万宋军无功还师。至道三年（997）宋真宗即位，李继迁遣使求和，宋王朝任命他为定难军节度使。四州归属宋朝版图十五年，现在重又回到夏州李氏了。

李继迁多次与宋军交战后，对扩张自己的势力更有信心了。他野心勃勃地窥伺着灵州（宁夏灵武）。灵州在夏州西侧，靠近贺兰山，控扼黄河东部，截断河西走廊要道，地势险要，唐代以来即为西北重镇，宋初为汉族、回鹘、吐蕃和党项各族争夺之地。宋王朝在灵州建立了军事据点，但此地散居回鹘部落，土地贫瘠，人民负担过重，军需给养艰难。宋王朝统治集团对灵州的态度不一，主张固守的与主张放弃的两派纷争不已，但最后从军事战略与经济贸易的意义考虑，宋朝决定派六万宋军支援。咸平六年（1003）当宋军尚未赶到时，灵州在党项军的猛攻下陷落了。次年党项军越过贺兰山，穿过吐蕃部落地区，袭击河西重镇凉州。

北宋景德元年（1004），宋王朝与契丹达成澶渊之盟。此年李继迁去世，德明继位。景德二年（1005）宋王朝与李德明议和。宋王朝以李德明为定难军节度使，封西平王；赏赐金、帛、缗钱各四万，茶叶二万斤；给予节度使薪俸；允许夏人进入内地贸易。

李德明之长子元昊（hào），骁勇善战，智谋过人，具有军事与政治的天才，虽然身材矮小但威严超群，很快成为党项军的年轻统帅。公元1028年，他二十五岁时率领党项军进攻甘州回鹘。五月中旬党项二十万人马，分成十队陆续向甘州进发，在甘州城外的荒野开阔之地与回鹘军相遇。回鹘军士两腿夹马，双手挽弓，蜂拥一片向党项二十骑纵队冲来。双方进行殊死混战，死伤极大。回鹘部队溃不成军，而幸存的党项纵队继续向甘州城推进。回鹘四散逃走了。甘州回鹘可汗夜落隔自焚而死，元昊入城俘虏了其妻女，置兵驻防，胜利而还。德明因元昊所建之功勋，立他为太子。

公元1031年元昊继位，巩固并扩大了党项势力，于1032年攻破回鹘盘踞的凉州。元昊善于处理统治区内的各民族关系，建立法制，创立西夏文字，增强民族意识，以兴州（宁夏银川）为兴庆府，修建宫殿，新订官制，于公元1034年（北宋景祐元年）建立西夏王国，称帝，年号广运，全国通用西夏新文字[①]。西夏夺取瓜州和沙州，消灭汉族政权，占领整个河西走廊，这是形势的必然了。

◎**沙州政权的覆亡**

《宋史》卷四八五《夏国传》于宋仁宗景祐二年（1035）记载：

> （西夏国主元昊）遣其令公苏奴儿将兵二万五千攻唃厮啰，败死略尽，苏奴儿被执。元昊自率众攻猫牛城，一月不下。既而诈约和，城开，乃大纵杀戮。又攻青唐、安二、宗哥、

---

① 参见吴天墀：《西夏史稿》，四川人民出版社，1980年。

带星领诸城。唃厮啰部将安子罗以兵绝归路。元昊昼夜角战百余日，子罗败，遂取瓜、沙、肃三州。元昊既还，欲南侵，恐唃厮啰制其后，复举兵攻兰州诸羌，侵至马衔山，筑城凡川。

唃厮啰是吐蕃残部，其势力范围在兰州及青唐（青海西宁）一带。元昊与唃厮啰部将大战二百余日取得胜利，遂乘胜由青唐地区经祁连山南麓古道西进，于景祐三年（1036）兵临瓜州。瓜州刺史曹贤惠率领千骑出城向西夏投降。元昊迅即进攻沙州。沙州王曹贤顺率军与西夏战斗，以身殉难。河西汉族政权覆灭了。元昊继而对肃州的回鹘残部发动进攻，肃州陷落。自此西夏占领河西走廊十九年。

西夏占领瓜沙二州之后，归义军曹氏家族后裔在很长一段时间内在该地仍保有相当的势力，而且通过种种途径与宋王朝保持联系，仍然进贡[①]，盼望中原王朝能将他们从西夏统治下解救出来，使汉族政权再度于河西建立。然而宋王朝已处于内忧外患的困境之中，没有力量保护沙州人民了。自宋朝皇祐以后，沙州人民不再进贡方物，他们恢复的愿望渐渐衰退了。

三　藏经洞封闭之谜

◎藏经洞封闭原因之谜

沙州都督府为什么要将文书档案资料秘密封藏，亦即敦煌

---

① 刘玉权：《西夏时期的瓜沙二州》，见《西夏史论文集》第213页，宁夏人民出版社，1984年。

藏经洞封闭的原因是什么？关于此问题，法国汉学家伯希和于1908年写的《敦煌石室访书记》文里认为：

> 首当研究之问题，厥为卷本入洞之约略年代，此实有准确之凭证在焉。卷本所题年号，其最后期为宋初太平兴国（976-983）及至道（995-997），且全洞卷本，无一作西夏字者，是洞之封闭，必在十一世纪之前半期，盖无可疑。以意度之，殆即1035年西夏侵占西陲是也。洞中藏弃，至为零乱，藏文卷本，汉文卷本，绢本画幅，缯画壁衣，铜制佛像，及唐大中刻之丰碑，均杂沓堆置，由是可见藏置时必畏外寇侵略而仓皇出此。[①]

这个判断基本上是确切的，虽然藏经洞封闭的具体时期尚可讨论。伯希和见到藏经洞时，已非原貌，故所述洞内杂沓情况，不能作为推测藏置时匆忙仓皇的依据。英国考察家斯坦因同意伯希和的意见，他说：

> 就卷尾以及文书中间所记载的正确年代，这些卷子的年代大概自第五世纪的最初以迄于第十世纪的终了。研究所得的这些年代以外，再加以伯希和教授的材料，比观互较，可知这一部大藏书室之封闭，一定在十一世纪初期左右，其时西夏人征

---

① 〔法〕伯希和：《敦煌石室访书记》，原载《法国远东学院院刊》第8卷，1908年安南出版。陆翔中译本见《北京图书馆馆刊》第9卷第5号，1935年。

服此地，有危及当地宗教寺宇之势，因而如此。[①]

两位西方学者在掌握大量敦煌文献的基础上，肯定藏经洞的封闭与西夏军占领沙州有关；这判断是可信的。然而归义军节度使——曹氏为何要在西夏军入侵之前将沙州都督府文献秘密封藏呢？我以为这主要是从保存中国传统文化考虑的：

首先西夏统治者是崇奉佛教的，但是在其建国之前，他们是信仰原始宗教的。关于党项族的原始宗教及巫术的具体情形，已因文献不足证而无以考察了，但其存在则是必然的。党项首领信仰佛教是从李德明和元昊开始的。北宋天圣八年（1030）十二月定难军节度使赵（李）德明派遣使者向宋王朝献马七十匹，请求赐佛经一藏。这是党项崇奉佛教的开始。佛教信仰在西夏的普及是很迟的事了。西夏占领沙州之后，在莫高窟开窟造像，其最早的可考的是第65窟之"乙丑"，为西夏惠宗秉常大安十一年（1085），即在占领沙州五十年之后了。此外在甘肃安西城南七十公里处的榆林窟第16窟甬道北壁西夏人所书长篇题记，其纪年为惠宗秉常国庆三年（1073）[②]。可见直到西夏统治河西数十年之后，党项人才广泛信仰佛教的。公元1036年沙州陷没之前，西夏仍是尊崇传统宗教信仰，巫术与原始宗教盛行。西夏所到之处，必然带着原始宗教信仰而毁灭异教，包括佛教文化的。

其次，元昊于公元1036年颁布新创的西夏文字，尊为"国

---

① 〔英〕斯坦因：《西域考古记》第151页，向达译，中华书局，1936年。
② 白滨、史金波：《莫高窟、榆林窟西夏资料概述》，见《西夏史论文集》第401页–403页。

书"。新文字的制定是有一个过程的，大约有数年之久，而且曾经试行。西夏文是根据羌语的特点而创制的，属于汉藏语系。元昊规定西夏国内所有文书一律用新制夏国字书写；在1035年沙州陷没之前，西夏文字早已在陇右及河西地区传播。这意味着党项族如果在沙州建立政权，必将使此地的汉族文化面临毁灭的命运。

第三，一个被征服的民族最难忍受的莫过于强迫改变其风俗习惯，以此严重地摧残他们的民族自尊心。吐蕃占领河西时，沙州人民曾被迫穿着吐蕃服装，在祭祀祖先时他们才将藏起的汉服穿上对着祖先痛哭。沙州人民是不会忘记这惨痛的历史教训的。党项人在占领一地后以强迫的命令推行其习俗。党项男子是"秃发"的，即将头顶剃光，仅留周边头发，这是"髡发"式。元昊继父位后于公元1033年正式下令秃发，规定国内及所辖地区的男子在三日之内秃发，如果不照办，则允许党项人当众杀死。这样，其统治区内的人民都被迫秃发了。秃发的消息当然会在河西流传，沙州的汉族及其他民族对此是不能容忍的。它预示着一场巨大的民族灾难即将在河西发生。

我们现代人已经很难想象古代一个民族，尤其是处在文明初级阶段的民族征服其他民族时所发生的社会变迁，也很难想象在此巨变中民族文化所遭到浩劫的情形。总之，中国的历史告诉我们，每当改朝换代，或民族国家政权转变时，王朝的灭亡是伴随着其政府文献档案大量散佚的。新王朝仅仅保留了必须承袭的部分文献和极为有用的档案资料。地方文献档案则在这种社会巨变与战争兵燹中几乎全被毁灭。例如中国近代以前的地方文献档案，不仅不能见到完整的，竟连散佚的已极不易见到；至于宋代以前的文书档案的原件实物更不可能见到了。归义军汉族政权，自公元848年以来在中国边陲复杂的环境里存在了一百五十余年。此处的沙州都督府文献库保存了公元五世纪以来的部分文书和珍贵经卷，更保存了归义军建置以来的政府文献和各种经卷。它是中国中原王朝的西北地方政权在此的标志和证据，它是中国西北边陲汉族人民创造的文化，它融会了中原文化、西北各民族文化、宗教文化、印度文化和中亚文化。这种丰富多彩的珍贵文化，其意义是远离中原王朝的归义军政权的执政者所能鲜明地意识到的。沙州曹氏处于党项军事威胁之下，而且感到归义军之覆亡已是历史之必然，他们的家族不能幸免于难，沙州都督府也将毁于兵火，各族民众也将为党项所奴役，汉族文化可能被彻底扫除，一切都会烟消云散的。然而，若将沙州都督府的文献秘密封藏，或许它能在曹氏家族收复沙州之时，能在若干岁月以后再现于世，那么它所代表的中国古代文明和西北边陲地方文化必定重放光彩的。只要中华文化存在，汉民族是有复兴之日的。这是一种神圣的伟大的民族文化精神的信念。中国归义军节度使政权的最后执政者沙州曹氏应是在此种信念的支配下精心地秘密地有计划地设计了对沙州都督府文献的封藏。这在世界文化史上创造了一个奇迹，使敦煌文书躲过了西夏的文化扫荡，避免了金兵、蒙古军的战火，逃脱了数次中国王朝改朝换代的政治风云，防止了虫蛀和腐蚀，完好地保存下来了。

敦煌藏经洞的封闭是秘密的，否则早已为人所知。它既是秘密的，所以当时是怎样封闭也就不得而知了。关于封闭的时间，法国伯希和以为是在北宋景祐三年（1036）西夏占领瓜沙二州之前。中国史学家白滨对此做了修正，他认为：

> 从咸平年往上推一百余年逐年有卷子收藏的情形来推断，从咸平年后，瓜、沙佛事活动是正常的，在藏经洞遗书中所反映的却是突然中断，空白达三十多年。这种情形不能不说明在这三十多年中，瓜、沙佛事活动在卷子中毫无反映，只能说明到咸平年或稍后的年代已有的佛寺文书被封存了，未收入藏经洞中的便不免历久而遭亡佚。所以我认为藏经洞的封闭当在宋咸平年间或稍后的年代里是比较合理的。[①]

白滨在分析河西的政治与军事形势之后，关于藏经洞封闭的具体时间，他认为是：

> 曹贤顺是于大中祥符七年（1014）继曹宗寿为归义军节度使的，曹贤顺即位之后为防备战争危及瓜、沙，开始在瓜、沙寺院中进行备战活动，诸如采取收藏寺院遗书的措施也是可能的，而这种收藏工作从藏经洞的收藏情形与遗书所涉年代、范围来看也决非短期内仓促所为。[②]

这将藏经洞的封闭时间限在曹贤顺任归义军节度使时，即在公元1014年稍后的年代，这是很合理的。关于沙州为在寺院中备战而

---

① 白滨：《试论敦煌藏经洞的封闭年代》见《1983年全国敦煌学术讨论会文集》（石窟艺术编）上册第346页–348页，甘肃人民出版社，1985年。
② 同上。

收藏寺院遗书之说，这种可能性的判断则是无充分根据的。

◎藏经洞封闭年代之谜

敦煌藏经洞既然是一个谜，关于其封闭年代便有种种的推测。中国学者为此做了多种的探索，倒如陈垣认为是在北宋皇祐（1053）之后，他说：

> 《通考》载大中祥符末，沙州归义军节度使曹贤顺，犹表乞金字藏经。景祐至皇祐中，朝贡不绝，知此等洞之封闭，大约在皇祐以后。[①]

关百盖认为在元代初，他说：

> 石室地址，为元朝以前之大佛寺，经历年之搜集，宝藏甚富。元太祖成吉思汗西征，其军师道士邱处机，最为信任，与佛教为仇，道经敦煌之先，到处破坏佛寺，迫僧徒蓄发，改易道装。寺中沙弥，早有所闻，预将所有贵重古物。作石室以封固之，免遭浩劫。及元太祖军次敦煌，即逐僧毁寺，改为道观，直至前清末之能改。至伯希和等闻石室之名，前往发掘时，仍须商同观中道士之同意也。[②]

---

① 陈垣：《敦煌劫经录》，国立中央研究院历史语言研究所专刊之四，1931年。
②. 关百盖：《敦煌石室考略》，《河南博物馆馆刊》第一集，1933-1934年。

藏经洞的封闭及其年代秘不可知，我们仅可就敦煌文书提供的历史现象进行推测。我们应使推测更为合理而已。历史虽然充满着偶然性，但在偶然的现象中是存在合乎理性因素的，否则我们无法认识历史的真实了。

敦煌文书的重现与流散

公元十一世纪之初，敦煌文书在莫高窟秘室的封藏，这确是它应该封藏的时候，中国历史走过将近九百年之后，秘密的藏经洞暴露，中国文化珍宝——敦煌文书被发现了，然而却不是它应该被发现的时候。历史总是以偶然而任性的态度出现的，人们无力改变它。敦煌文书的发现是在中国多灾多难的屈辱的年代——公元1900年。

敦煌文书于此年发现，其命运注定是不幸的了。为什么它不迟至二十世纪的三十年代、五十年代或八十年代被发现呢？这似乎是某种超然的文化原因所命定的。

一 藏经洞的暴露

◎斯坦因眼中的藏经洞

佛教胜地莫高窟随着古代丝绸之路的闭塞而渐渐荒圮和衰落了。公元二十世纪初年，英国考察家斯坦因初到莫高窟所见到的情形是：

石窟距沙漠田东南约十二英里左右，凿于峭壁之上，西面俯临荒谷的谷口。有一小溪从南山山脉的极西部分流下来，横截于山麓的河丘中，但是现在流到石窟下面不远处便消失了。小溪流出的河岩石壁之上，最初可以看见很多暗黑的洞穴，大部分都很小。……

再向上去，可以看到有好几百座石窟，大大小小，错落有致，像蜂房一般点缀于黑暗的岩石面上，从壁底直达崖顶，连成密行，总有半哩以上。这些惊心动魄的石窟，壁上都有壁画，有的在外面也可以看见。其中有藏有大佛像的两座石窟寺，一望就可以知道：雕塑的大佛像高近九十尺左右，为使这些大佛像有适当的空间起见，于是依崖凿了一些房屋，层叠而上，每一面都有通路和通光的处所。

1907年斯坦因所见莫高窟窟寺倾圮的情形

在这些石窟寺的前面，原来依石凿成长方形的穹门。由于外墙以及面上涂上石垩的内墙倒塌，现在石窟寺便完全暴露出来了。有许多处所无论是原有或是重修的岩穹门，后来修以木廊，也已损坏不堪。爬至上面的石窟，或为各石窟间交通之用的露梯，几全行破碎。因此石壁高处有许多石窟竟无从上去。但是因为没有穹门和木廊，也易于看出上面这些石窟内部的布置和装饰，大体上同石壁脚下所凿的那些石窟寺并无不同之处。

石窟前方地面以及进口处原来的地上，几百年来虽是堆积了很高的细沙，然而要上去却不甚难。[①]

这描述既形象而真实，正是敦煌文书发现时的莫高窟景象。

在莫高窟南区的北端，一座三层的石窟；其对面是道教的三清宫，人们称为下寺。这座三层石窟的最下一层石窟（张大千编号第151窟，新编号第16窟）甬道北壁小窟（新编第17窟）便是藏着敦煌文书的神秘的藏经洞。它是由下寺三清宫道士王圆箓偶然发现的。

◎发现藏经洞的功臣与罪人王道士

道士王圆箓是湖北省麻城县人，在青年时代从军而到西北卫戍，后来从甘肃巡防军退伍，因走投无路，生活艰难，遂出家为道士。当时莫高窟寺院荒废，有的已为道教占有。王圆箓

---

① 〔英〕斯坦因：《西域考古记》第137页–138页，向达译，中华书局，1936年。

出家多年，在莫高窟下寺三清宫里做了住持。他是个有初等文化程度的人，狡猾而机警，虽然对宗教教义并无深入的理解，却有一种强烈的宗教情感。他凭着赤诚的宗教情感而希望使其道观发展，于是四处奔波，努力化缘来修整道观，并准备将对面的荒废寺窟改造为道教之地。清代光绪二十六年（1900）五月二十五日，王道士在改造第16窟时偶然发现了藏经洞。关于藏经洞的发现过程，文献记载各不相同：

《王道士墓志》记述："以流水疏通三层沙洞，沙出，壁裂一孔，仿佛有光。破壁则有小洞，豁然开朗。内藏唐经万卷，古物多名，见者惊为奇观，闻者传为神物。光绪二十五年五月二十五日事也。"此墓志所述的事实和年代不确。以流水来疏通石窟内积沙，这是难以想象的。

光绪三十二年（1906）所立《重修千佛洞三层楼功德碑记》云："鄂省（湖北）羽流（道士）圆箓，……睹兹此佛洞寂寥，多为流沙所掩没，因设愿披沙开洞。庚子孟夏，新开洞壁，偏北复拙得复洞。"此碑文所述事实较为合理，所记年代亦确切。

王道士于宣统二年（1910）向清廷慈禧太后作的《荐疏》云："（光绪）二十六年五月廿六日清晨，忽有天炮响震，忽然山裂一缝，贫道同工人用锄挖之，欣出闪佛洞一所。"这是王道士故意编造的奇迹故事，以增加藏经洞发现的神秘性质。

胡戟和傅玫说：王道士"雇了一个姓杨的在16窟的甬道中抄经（一说是清疏流沙）时，无意中发现甬道北壁是空的。当晚二人便偷偷挖开墙壁，打开洞口，发现了藏经洞的秘密"。[①]

---

① 胡戟、傅玫：《敦煌史记》第114页，中华书局，1995年。

以上诸说，当依王道士生前敦煌所立《重修千佛洞三层楼功德碑记》所述为准，是因披沙开洞，扩建道观而偶然发现藏经洞的。

王道士文化程度低下，对于藏经洞的文书经卷之价值没有清楚的认识，只是知道它们是古物而已。它们既是古物，当然是较宝贵的。他挑选了几个精美的经卷送与县长王栗庵。县长又将其中部分的经卷转赠与甘肃学政叶昌炽。叶氏是精通金石之学的，遂断定经卷为唐代之物，迅即向政府建议将藏经洞文书运到省里保存。省政府长官考虑到需用五千余两银的用费，便命王道士将藏经洞暂时封闭。

敦煌文书的发现，加上附会的种种神奇色彩，遂使消息在西北流传。这稀世的文化珍宝还能封藏得住么！

二　列强的劫掠

◎斯坦因掠走了首批敦煌文书

敦煌文书的真正发现者是斯坦因。

英国考古学家斯坦因（Stein, Aurel）1862年11月26日生于匈牙利布达佩斯，1904年加入英国国籍，1943年10月26日卒于喀布尔。斯坦因曾就学于德累斯顿、维也纳、莱比锡、蒂宾根等地，受业于古印度文字学权威J.G.比勒（1837–1898）

斯坦因

教授，专攻古代语言、印度古代史等；后又留学于牛津大学和伦敦大学。1883年获博士学位后，在牛津大学、不列颠博物馆继续深造。1889年起任当时拉合尔（巴基斯坦）东方学院院长、旁遮普督学、印度西北边境省总督学和考古调查员等职。

在英属印度政府支持下，斯坦因曾进入中国新疆、甘肃地区，先后进行三次大规模的地理测量和考古调查。1900年5月至1901年7月对天山南道等处考察。1906年4月至1908年11月到岳特干、丹丹乌里克、楼兰、敦煌石窟等处考察。1913年至1916年前半程考察路线与第二次同，后半程考察了敦煌汉代烽燧遗址、居延烽燧遗址、黑水城遗址、高昌古城遗址和墓地，以及唐代北庭都护府城遗址等。他在考察过程中盗掘了一些古代遗址，并掠走了大量珍贵文物，其中包括敦煌莫高窟藏经洞的大批文书和幡画。1930年，他计划对中国西北地区进行第四次考察，因中国学术界人士反对而作罢。晚年为探察亚历山大大帝东征路线和古罗马长城遗址，在阿富汗、伊朗、伊拉克、叙利亚等地区进行了多次考古调查。斯坦因在考察中所掠夺的巨量文物，现在分藏于伦敦不列颠博物馆、印度事务部图书馆、印度新德里国立博物馆等处。

斯坦因在第二次中亚考察期间到达了敦煌。1904年夏季，他向英属印度政府申请到中国西部考察。总督寇松勋爵从殖民利益出发而给予支持。1906年4月，斯坦因考察队从白沙瓦出发，经阿姆河流域，翻越帕米尔高原，6月8日到中国新疆喀什。在此做了考察的准备工作，聘请了一位中国的"师爷"蒋孝琬担任汉语翻译和顾问①。"师爷"是清代对幕友的尊称，这种文人擅长舞文弄墨，包揽讼词，出谋划策，比较熟悉社会人情世故和传统文化。12月8日斯坦因在罗布泊沙漠考察米兰遗址，从一座佛寺下面发掘出大量泥塑佛教艺术品。12月18日考察古楼兰遗址，发现珍贵文物五百余件，最重要的是发现了中国古代丝绸。1907年2月21日考察队向甘肃敦煌前进，于3月12日到达敦煌县城。斯坦因在敦煌附近的古长城烽燧遗址下发掘出中国古代汉简。5月21日斯坦因考察队到了莫高窟。他初次见到佛教胜地，不胜历史沧桑之感：

> 自唐室倾覆以迄于伟大的蒙古朝立国，中间历史好几世纪，那时中国本部的边陲已不再是以长城为界，北有突厥部落的来犯，南有西藏民族的入侵。这种种动乱，一定很不幸的影响到千佛洞的光荣和修持其间的僧尼的人数。但是不管这些变动同毁坏是怎样，敦煌显然仍能保持佛教的习俗。我将石窟逐一考察之后，敢说马可波罗在他的书中记及沙州一章，对于当地人民崇拜偶像的异俗有很长的纪事，也是由于看到这许多的石窟寺，以及人民崇拜佛像的热烈，印象甚深，因而如此。

> 敦煌的善男信女一直到今日，对于混杂了中国民间宗教的

① 斯坦因说："余第二次考古时雇用一中国书记名蒋孝琬，当1915年6月余在疏勒时曾为余整理汉文书，为数甚多，马氏（法国汉学家马伯乐）鉴识时获益不少。蒋氏书写极为精确谨慎，第二次考古颇得其助。后彼以身体不佳，第三次竟未能偕行。顾彼对余之事业仍极关心，不幸竟于1922年死去，至可惜也。"（《西域考古记》第250页）

佛教，信仰之诚，还是特别热烈。①

　　在莫高窟驻扎不久，斯坦因偶然遇到一位从乌鲁木齐来的维吾尔族商人萨希伯克。由萨希伯克那里，斯坦因得知数年前莫高窟发现的藏经洞保存了大量的古代写本。他凭考古的直觉而知道这种宝物是很值得去努力侦察的。当时藏经洞已由甘肃省政府下令封藏了，要见到其中的古代写本是十分困难的。3月16日斯坦因到莫高窟下寺访问，时值保管藏经洞的道士王圆箓在外化缘未归。他从寺庙的和尚那里见到一件写本经卷，而且知道了藏经洞的位置。蒋孝琬从经卷的纸张和字体判断，此卷子是很古老的。这给予斯坦因极大的希望与鼓舞。王道士回来后，斯坦因请蒋孝琬前去与之相商，要求参观一下藏经洞。斯坦因用所有的金钱来引诱王道士，但遭到了拒绝。最后斯坦因尝试用宗教情感去打动王道士。

　　王道士尽管对佛教不甚了了，而对唐僧西天取经的故事是知道的，而且对这位高僧充满了敬仰之情。斯坦因用他从蒋孝琬那里学来的一些常用的中国话，向王道士表示：他是最崇拜唐代高僧玄奘的，所以特别从印度出发，循看唐僧取经的足迹，越过峻岭和沙漠而到此的，希望能见见藏经洞的佛经，以为研究玄奘的资料。果然王道士被感动了。他答应在晚上悄悄从藏经洞拿出几卷佛经，以供斯坦因研究。谁知藏经洞之神秘性质再一次显示，王道士所拿出的几卷写本，其原本出自印

———————

① 引自《西域考古记》第140页–141页。以下引自第142页–153页，不再一一注出。

1907年斯坦因进入藏经洞所见的情形

度，是由玄奘翻译的佛经。这似乎玄奘显圣，要将秘藏将近九个世纪的敦煌文书向世界开放了。他们皆为这奇迹惊异不已。斯坦因记述：

  在这种半神性的指示的影响之下，道士的勇气为之大增，那天早晨将通至藏有瑰宝的石室一扇门打开。从道士所掌微暗的油灯光中，我的眼前忽然为之开朗。卷子紧紧的一层一层的乱堆在地上，高过十尺左右，据后来的测度，将近有五百方尺。小室约有九尺见方，两人钻了进去，便无多少余地了。

  在这黑洞里任何事情都不能考察。但是等到王道士取出几捆，允许我们到新建的佛堂一间房子里，用帘幕遮起来以防外人窥见，把卷子的内容急速展观一遍之后，这一座宝藏从各方面看来之重要，便就自行现出了。厚的卷子用的都是很坚韧的纸，高达一尺左右，长在二十码以上。第一卷打开，就是一部中文佛经，全部保存甚佳，大概同初藏入石室时无甚差异。

当日斯坦因同蒋孝琬翻阅一捆一捆的卷子，一直工作到晚上。他们将一些最有价值的卷子挑选出放在一边，以"留待细看"，而实际上是盘算着怎样掠取。斯坦因向王道士说，愿意捐一笔钱给庙里作为功德。王道士对此犹豫不决，既贪图利益，又恐玷污名声，尤其是若传出后可能有很严重的后果。他们保证仅三人知道此事，一定守密。蒋孝琬从中斡旋和反复劝谕，斯坦因又表示是对佛教传说与对唐僧的真诚信奉而捐助功德的。王道士被说服了。当日半夜里，蒋孝琬抱回一大捆挑选出来的卷子，回到考察队的帐篷。这样，蒋师爷一人连续悄悄搬运了七个夜晚，将堆积在顶层的卷子搜索完了，考察队的临时仓库堆得满满的。王道士忽然感到悔咎和恐惧，将藏经洞锁闭，跑到沙漠去了，使斯坦因的掠取得以终止。他回来之后，发觉此事并未在当地造成任何影响，于是又心安理得地承认：将这些封藏的经卷救了出来以供西洋学者研究，是有助于弘扬佛教的；否则它们早晚会散失。斯坦因立约捐一笔钱给王道士，以作修缮庙宇之用；终于以相当于500卢比的四十块银子买下了所获的数千件敦煌文书。斯坦因说：

> 到最后他（王道士）得到很多的马蹄银，在他忠厚的良心以及所爱的寺院的利益上都觉得十分满足，这也足以见出我们之公平交易了。他那种和善的心情我后来又得到满意的证明，四个月后我回到敦煌附近，他还慨允蒋师爷代我所请，送给我

莫高窟藏经洞发现的写卷

很多的中文同西藏文写本，以供泰西学术上之需。十六个月以后，所有满装写本的二十四口箱子，另外还有五口里很仔细的装满了画绣品以及其他同样美术上的遗物，平安的安置于伦敦不列颠博物院，我到那时才真正的如释重负。

1914年3月24日，斯坦因第二次到敦煌。王道士欢迎老施主的重来，随即将上次款项开支账目出示。他用捐款修整了寺庙和客房，诉说官府将敦煌文书搬走的情形。斯坦因在给友人的书信里说：

王道士还照样快活、宽厚。他一点也不为在上次交易中表现的贪婪放肆害臊，现在只后悔1907年因胆小未让我拿走全部藏经洞文物。1908年伯希和来访之后，所余写本全被北京派的人拿走，所给的补偿费，王道士和他的寺庙未见一文，全部进了官僚的腰包。[1]

敦煌文书搬运北京之前，王道士将部分视为有价值的卷子偷偷地另藏了起来。这次遂将六百余件卷子以五百两银的价给了斯坦因，似乎又是"公平的交易"！斯坦因说："1907年我所带走的中国材料计有完整无缺的卷子三千卷左右，其中有许多都是很长的，此外的文件以及残篇约有六千"。他最后以一位学者的眼光认为：

> 东西南三方奇异的连锁在西州的交汇点即是敦煌。
> 这一个中国文献遗存的大宝库，还得费许多辛勤的钻研。

斯坦因三次在中国西北考察的成果，先后发表的有：《古代于阗》（1907）、《西域》（1921）、《亚洲腹地》（1928）；其历次考古概述见于《西域考古记》（1933），于1936年由向达译为中文。

◎第二位掠夺者伯希和

法国东方学家伯希和（Pelliot，paul），1878年5月28日生于巴黎，1945年10月26日卒于该地。毕业于法国政治学院和国立东方语言学院。曾从法国汉学家E.E.沙畹（1865–1918）学习。1899年成为印度支那古迹调查会（后改为河内法国远东学院）

---

[1] 引自陆庆夫、郭锋、王冀青：《中外著名敦煌学家评传》第189页，甘肃教育出版社，1989年。

的资助生。1900年来北京。在北京期间曾参与使馆区镇压义和团的活动。此后至1902年共三次来中国搜集图书资料。1905年8月，伯希和受法国金石铭文与文艺学院和法国中亚考察委员会的委派，进行中亚考察。1906年8月底到达中国新疆喀什，直到1908年5月对新疆的喀什地区和库车托木舒克的脱库孜萨来以及甘肃莫高窟进行广泛考察，并在一些地区进行盗掘，如在库车附近的杜勤杜尔和苏巴什挖掘了佛寺遗址，掠走了大量珍贵文物，其中包括罕见的古文字写本。1908年2月到5月，他在莫高窟攫取了敦煌文书精华部分数千卷及幡幢、绘画等物。这些文物和文献资料，现在仍以《伯希和考察队丛刊》和《伯希和考察队考古学丛刊》之名陆续出版。伯希和于1911年出任法兰西学院历史学与考古学教授，执教达三十余年。1921年被选为法国金石铭文与文艺学院院士。自1925年起负责主编欧洲重要汉学杂志《通报》。1935年出任法国亚细亚学会主席。1939年被聘为中国中央研究院历史语言研究所研究员。

1906年，伯希和二十八岁，任法国中亚考察队队长。这个考察队又称"伯希和考察队"，由三人组成，除伯希和而外是自然史和地理学家路易斯·瓦扬和测量兼摄影的查尔斯·努埃特。考察队从法国巴黎出发，经莫斯科、塔什干来到喀什。伯希和本来精通汉语，现在利用旅行期间学习突厥语。1907年10月他们到达了乌鲁木齐，在这里，伯希和认识了一位流放此地的清廷宗室成员兰某，并从兰某那里知道了敦煌莫高窟的藏经洞。兰某将两卷出自藏经洞的佛经写本给伯希和观看。伯希和汉学研究方面已有相当造诣，一见经卷即判断是唐人写本。虽然他已经知道斯坦因曾经去过敦煌，但还是决心前去，而且充

伯希和在敦煌莫高窟内藏放手稿的地方工作

满希望与信心。1908年2月，伯希和到了莫高窟，对石窟和窟内的题记做了详细调查，由诺艾脱照相记录，自己做观察记录。后来其观察记录整理为《敦煌石窟笔记》，涉及的洞窟数为402个，其中有汉文题记的洞窟为153个，有少数民族文字题记的洞窟为38个。其记录的时间早，所有题记较全，内容较丰富；因后来很多题记被毁损了，故此笔记具有重要的价值。

1908年3月3日，伯希和得到了王道士的允许进入藏经洞。他后来在《敦煌石室访书记》里记述：

我第一次探访时，藏经洞已经锁闭，王道士外出去了。

我到敦煌县城找到王道士，他答应陪同我去藏经洞。他回来得很迟，钥匙还留在敦煌，没有带来。我只能静静等待。王道士说，斯坦因临走时留下了一些资金，以便继续购买经卷。我听了非常欢喜：如果仿效斯坦因的办法，将容易获得宝藏了。1908年3月3日清晨，王道士用取回的钥匙，打开了藏经洞，我走向密闭千年的宝库。从藏经洞的发现到现在已经过八年。我想，搜索之余存，其数量可能很少了。刚进入洞门，令我十分惊愕了。洞的三方堆积的卷子高达2.5米，比人还高。卷子三大堆，那些巨大的藏文写本用本版夹护堆在洞角。我私下盘算：若要看完全部卷子，这是很繁重的工作，而要了解卷子的内容、考查其价值的轻重，又不得不认真详阅每个卷子。因此，我在浏览之时，悄悄把卷子分为两类：一类为精品，是必须得到的，付出任何代价亦不惜；一类是凡品，可要可不要，如果有麻烦则舍弃。我展阅卷子的速度虽然是很快的，即使如此也用了三个星期以上的时间。关于与王道士商议购买之事，耗费的时间很多。洞中的卷子凡是没有经我过目而弃置的，我可以断定是没有的。这数百年前的古写本，能经历悠久岁月以等待我的发现，这都是王道士重新锁闭藏经洞的功劳了。我的欣喜之情，犹如无意之中忽然得到宝藏一样了。[1]

由伯希和所挑选出的敦煌卷子确实为精品。1930年他在海牙的一次讲演里，后悔在两万卷子中漏掉了一个非常宝贵的摩

---

[1] 伯希和：《敦煌石室访书记》，陆翔用文言翻译（见王重民《敦煌遗书论文集》第9页–10页，中华书局，1984年）。兹据已改译为现代汉语。

尼教经卷。藏经洞中的写本、印刷品、图画、旗幡、织绣物等尚存15000至20000件左右。伯希和挑选了百分之三十，大部是汉文、藏文、梵文和回鹘文写本，有些是以和阗文、龟兹文和粟特文书写的，还有一些图画，从王道士那里购买了它们。

1908年5月26日伯希和离开敦煌前往北京时，又从王道士那里以二百两银购买到38幅大型绘画，1908年10月，伯希和到了北京，在离开中国之前曾建议中国学术界保存敦煌文书。中国政府遂命令敦煌县县长将文书运送北京。

1909年11月，伯希和回到巴黎，将此次搜集的物品分为两部分：一部分为写本、印刷品，藏在法国国立图书馆，至今保存完好；另一部分为二百余幅图画、二千余尊木雕、丝绸和其他纺织品送往卢浮宫，图画后来为吉美博物馆收藏。当国立博物馆亚洲艺术部于吉美博物馆中建立时，伯希和的全部中亚搜集品于1947年移藏吉美博物馆，在其中设立了三个展览室。

由于伯希和为了译解其自中亚带回的古文字写本而从事语言学研究，无暇对其搜集品进行分类著录。现在这任务由法兰西学院中亚和西亚研究中心主持下继续进行。[①]

伯希和是西方最早研究敦煌学而且取得重大成就的学者。他首次对莫高窟进行编号，共编182个，其中一个号包括十余个洞窟。其编号现在仍为西方学者沿用。他首次为敦煌文书编目，曾在阅览敦煌卷子时将选出的中文卷子编为五百号目录。他最早研究敦煌文书，曾产生过重大影响的论文有《摩尼教流

---

① 〔法〕劳合、福奇兀：《伯希和在敦煌收集的文物》，杨汉璋译，载《敦煌研究》1990年第4期。

行中国考》《唐元时代中亚及东亚之基督教徒》《沙州都督府图经及蒲昌海之康居聚落》《汉文突厥文译写之一特点》《塞语中之若干西域地名》《吐火罗文》《汉译吐蕃名称》等等。西方学术界认为伯希和是二十世纪最大的中国学家，是人类历史上空前绝后的东方语言学天才。他除欧洲语言而外，精通汉语、梵语、藏语、突厥语、蒙古语、波斯语、回鹘语、粟特语、吐火罗语、龟兹语、西夏语和安南语等[①]。西方学者杜文达于1948年说：

在最广义上的中国研究的每一领域，他都是无与伦比的大师。他具有惊人的记忆力，聪颖绝顶；他有极强的分析力，且精力永不衰竭，酷爱研究；他能洞察细微，具有综合利用小史料的能力，又有严密的逻辑，对真理执着追求。具备了这些特点，当他在中国学术极不同的领域内奔驰时，他都能立足于牢固坚实的中国典籍知识基础之上，使他的学术地位岿然不动。

这评价在现在看来仍是正确的。

◎日本的掠夺者

日本大谷光瑞生于1876年，为日本著名探险家，日本净土真宗本愿教派第二十二代法主，天皇的内弟。1900年到英国伦敦学习。当时西方学者到中亚考察的收获对学术界产生了很大影响。1899年于罗马召开了第十二次国际东方学者会议，1902

---

① 参见《中外著名敦煌学家评传》第216页–219页。

年在汉堡召开了第十三次会议。陆续发表了斯文·赫定和斯坦因在中亚考古的成果。大谷光瑞受到欧洲考察家西域探险的感染，从伦敦归国途中经过西域地区，同行者有本多惠隆、井山丹弘、渡边哲信、崛贤雄四人。1902年8月，他们离开伦敦，进入俄国彼得堡，9月初到达西突厥斯坦的铁路终点站安集延。在奥希，他们编为商队，越过帕米尔高原，9月21日到达喀什，光瑞等经过克什米尔，到印度各地调查寺院遗址。另一组由渡边和崛贤雄向和阗出发，于1903年到库车，调查了克兹尔千佛洞，搜集了部分壁画。

第二次考察是光瑞派桔瑞超和野村荣三郎进行的。1908年6月，他们从日本出发到达北京。10月7日到中国新疆天山北麓的古城别生巴里，又从乌鲁木齐南下到吐鲁番，在该地考察遗址。1909年2月桔瑞超与野村荣分途考察，桔瑞超到楼兰发现了李柏文书。中国五胡十六国时期，前凉派遣的西域长史李柏于公元328年到达海头——罗布淖尔湖畔。他从那里给焉耆王等几个国王发出信函而留的草稿，即是李柏文书，其中有两封完整的，还有39件残片。

1910年光瑞在伦敦筹备第三次考察，于8月16日派遣桔瑞超和英国仆人霍布斯从伦敦出发。他们先到俄国彼得堡，再乘火车到鄂木斯克，在谢米帕拉丁斯克乘坐马车经准噶尔到达乌鲁木齐。在乌鲁木齐稍为休整便到吐鲁番发掘调查。在阿斯塔那发现了一些吐鲁番文书，1911年2月4日由婼羌出发，穿越塔克拉玛干沙漠，渡越塔里木河，2月末到达天山南麓轮台。桔瑞超刚到库车，霍布斯患天花死去。他掩埋了霍布斯，向和阗行进。10月，中国爆发了辛亥革命，日本未得到桔瑞超的消息，大谷光瑞派吉川小一郎到敦煌去寻找。吉川为了探寻桔瑞超的消息，给媾羌的中国官吏写了信，此信恰为正往敦煌的桔瑞超看到了。1912年1月25日，桔瑞超和吉川在敦煌相会了。他们两人留下来收集僧人所藏的敦煌文书。后来他们两人到西安，吉川到哈密进行新的发掘调查。桔瑞超一人返回乌鲁木齐，北上西伯利亚，乘火车回国。吉川留在吐鲁番，于1914年1月携带大量的搜集物回国。

大谷探险队第三次调查中，桔瑞超和吉川小一郎在敦煌莫高窟访问了当时管理石窟寺院的王圆箓，并在其住所点数了从藏经洞拿出的数百件卷子，于1912年1月交涉后购买了。吉川小一郎在所著的《支那旅行记》（《新西域记》）里记录了搜集敦煌卷子的情形：

1911年9月15日，（西安）电报局长拿来了唐代经卷。赠他刺绣品一块、罐头四个、茶叶一筒。经过努力，得到了这些经卷。

9月17日，……好不容易争取到了有三藏法师题名的唐经。

9月22日下午，（踏实堡）村民拿来了维吾尔文书断片，说是从桥子南塔得到的。我立即收买了。

10月5日，晚六时到达敦煌。

10月10日，向东南行约四十华里，来到了千佛洞。与道士商量，想要所藏唐经。后商谈长时，终于达到了目的，同意改日仔细调查。六时半回到住所。

10月14日，夜，从缠头的"阿弥陀洪"那里得到了唐经一卷。

10月16日，到（千佛）洞内，得到经文断片。

10月19日-22日，这几天粗略看完千佛洞。

10月23日，早上到洞窟详细考察，从诸像中选了两身最精美，又无什么损伤的像，与道士交涉后，购买收入行李。

10月25日，千佛洞的道士来了，给了他十一两白银，作前几天得到唐经的谢意。

11月9日，拍摄唐经二卷。

12月23日，千佛洞道士来，说是为募集修理洞窟资金到肃州去了，似乎因处乱世从衙门没有得到经费，因此想把所藏唐经卖掉。这次就是为了这个而来的。我看他拿来的这些不好，要他把良品拿来，可他没有答应。看来这个道士很狡猾，可能是与房东合谋搞的。

1912年1月7日，千佛洞道士拿来了像是蒙古文字的经卷，可我鉴定不了。期待桔氏早日到来。

1月19日，昨天农夫拿来了二本唐经，其中一件是从未见过的良本，……遂以五两（银）买到四件。

1月26日，上午十一时，一缠头闯入，便是桔氏。

1月30日，下午同桔氏去千佛洞，六时半才到。

1月31日，夜九时，道士按约定的那样拿来四十余件唐经。道士的表情和动作宛如贼在搬运赃品似的。问他还有吗？他又拿出四十余件。

2月1日，两位（吉川、桔）赴道士室看柜子里收藏的经卷。有好多唐经，与道士交涉，得到唐经169件，装在马背上。下午3时20分离开千佛洞。

2月2日，下午四时千佛洞道士来。终于用三百两（银）买下了这169卷唐经。

今天先交付一百两，约定等拿来更好的经卷时共交付其余二百两。

2月3日，晚七时道士拿来二百件经卷。好像故意夹进了假的，因此，一直干到半夜才分出上、中、下三类。房东很狡猾，拿出一件唐经，说是值一百五十两。我说给三两作为附加也带回去。

2月4日，晚上道士来访。道士孤独无援，起初强硬提出，三百两少一钱都不行，最后还是以五十两成交（指购入唐经二百件之事）。

2月6日，下午二时离开敦煌。

桔氏和吉川带走了敦煌文书共五百余件。桔瑞超回国后不久，对大谷探险队带回的敦煌文书开始整理和研究。他于1912年9月出版了《二乐丛书》第一号，到1913年7月出版了全四卷。其中报道了带回敦煌文书情况，刊出了关于唐人佛经写本的整理和研究成果。[①]

大谷光瑞考察队在中国西北得到万余件文物。光瑞对西域出土文书是研究过的。第二次世界大战以后，日本学术界在大谷光瑞主持研究的基础上，对大谷文书进行深入研究。大谷光瑞于1948年去世。他是大谷探险队的组织者，对日本敦煌学的建设与发展做出了很大贡献。

---

① 〔日〕井口泰淳：《关于龙谷大学图书馆藏大谷探险队带来敦煌古写经》，贺小平译，载《敦煌研究》1991年第4期。

◎俄罗斯的掠夺者

俄国中亚探险家奥登堡（Sergei Fedorovich ol denburg），于1863年9月14日出生于俄国札巴衣喀里斯克地区的农村。1885年于彼得堡大学东方语言系波斯语专业毕业后，成为重点研究印度和伊朗思想史的教员；文学和造型艺术是他毕生的主攻课题；另外，民俗学和考古学也是其研究对象。这种情况促使他热衷于推动研究工作向共同化、组织化发展，1897年，由他主编的国际性《佛典丛书》开始发行。他以探险家的姿态出现在世界舞台是1909–1910年及1914–1915年的两次中国新疆调查。他从敦煌、吐鲁番、库车和尼雅等绿洲古城将许多古文书、绘画和雕刻运回俄国。直至今日，这些文物仍是艾尔米塔什博物馆的珍藏品。1900年2月5日奥登堡被选为俄国科学院副院士，1903年升为院士，1904年为俄国科学院常任干事。俄国十月革命后，他继续主持科学院常务工作。1930年4月，他辞去苏联科学院常任干事，担任苏联东方学院院长，1934年于彼得堡去世。奥登堡是著名的东方学专家，著述总共五百余种。

1899年10月14日，俄国拉德罗夫在意大利罗马的第十二届国际东方学家代表大会上展示克莱乃兹在中国西北吐鲁番发现的文物，希望建立国际性的中亚考察团。1902年秋在德国汉堡的第十三届国际东方学代表大会上成立了中亚远东考察国际协会。总部设在俄国彼得堡，称俄国中央委员会。俄国的拉德罗夫与奥登堡受托为中央委员会组织人。俄国沙皇于1903年2月批准了中央委员会章程。

奥登堡于1909–1910年率领杜丁·斯米尔诺夫考察中亚。考察队在中国西北进行地形测量和绘画，在喀什、库车和吐鲁番发现了大批文物。1914–1915年奥登堡考察队由八人组成到敦煌考察。他们绘制了莫高窟443个洞窟图，摄制了两千余张照片，秘密盗窃敦煌文书、图画、纺织物等大批文物。敦煌莫高窟第365窟题有一首诗：

　　　中华民国第十年，俄人来住千佛山。
　　　商民各界独心寒，军队保护得安然。

　　这说明1921年尚有俄国人到敦煌搜集文物的活动，但由于民众的反对和县府派军保护而得免于一次劫运。关于奥登堡在敦煌活动的情况及其所获文物，长期以来鲜为学界所知。1915年这批文物运往彼得堡，为苏联科学院东方学研究所和彼得堡艾尔米塔什博物馆所藏。

　　奥登堡考察团所获敦煌文书的研究与整理工作极为迟缓，其目录于1963年以《亚洲民族研究所所藏敦煌汉文写本注记目录》刊出第一辑，第二辑刊于1967年。第一辑为1077个编号，第二辑为1877个编号。这两辑著录的尚不到奥登堡所获卷子的三分之一。法国汉学家戴密微（Paul Demierlle）说：

　　　为奥登堡于1914–1915年在突厥斯坦（中国西北）探险时，我们不知道他是如何搜集到手一大批敦煌汉文写本的。在数量方面甚至可以同伦敦、巴黎和北京的那些藏卷相媲美，因为人们声称列宁格勒（彼得堡）共藏有一万多卷，但其具体数目却始终没有弄清楚。①

《亚洲民族研究所所藏敦煌汉文写本注记目录》的编者之一L·N·蒙西科夫约略地解释说：

> 这些写本是由S·F·奥登堡在敦煌搜集的，共包括1、2万卷写本，还有许多艺术品及代表着物质文明的物品。这都是他在敦煌的一些寺庙里发掘而来的。这位俄国学者也成功地从当地居民中间搜集了许多写本。发掘工作在这次搜集中很可能仅占无足轻重的地位，大部分写本是从敦煌居民手里获得的，这些居民似乎也从写本大量失散中获得了利益。②

俄国的敦煌特藏之重要价值并不低于伦敦和巴黎所藏，但长期以来不能供世界各国敦煌学研究者所使用，以致中国于1962年由商务印书馆出版的《敦煌遗书总目索引》里似乎根本不知道俄国敦煌特藏之存在。

◎美国的掠夺者

美国兰登·华尔纳（Langdon warner），1881年于美国马萨诸塞州坎布里奇市出生。1899年入哈佛大学学习化学、哲学和希腊语。1903年毕业后，为卡耐基学会中亚考察团的考古助理，到中亚参加考古工作。1905年回母校哈佛大学进修考古学一年。1909

---

① 〔法〕戴密微：《列宁格勒藏敦煌汉文写本简介》，见《敦煌译丛》第一辑第111页，敦煌文物研究所编，甘肃人民出版社，1985年。
② 同上书第9页。

年华尔纳任美国波士顿美术博物馆亚洲艺术部副主任。1913年他在哈佛大学第一次开设东方艺术课程。此年9月，他受美国弗利尔当之托第一次到中国，与中国袁世凯商议在北京建立美国考古学校之事，得到袁世凯政府的支持。次年在中国游历了上海、开封、巩县等处。1923年华尔纳回哈佛大学任美术系与福格博物馆东方艺术讲师，领导了第一次福格中国考察队，1925年又领导该队到中国考察。1932年他到中国的北平与上海等地古玩店收购了一批龙门石窟的北魏浮雕残片。第二次世界大战中，美国保护与拯救战区艺术遗产与历史文物委员会任命华尔纳为中国、日本、朝鲜、暹罗部分特别顾问，负责主编文物遗址地图以供盟国空军轰炸时辨识，避免文物遗址的破坏。1955年华尔纳去世。

1923年，华尔纳为美国福格博物馆搜集东方艺术藏品，率领考察队到中国北京，队员有霍拉斯·翟荫，燕京大学学士王近仁当翻译。1924年1月21日，华尔纳到达敦煌莫高窟。他赠送了一些礼品给王道士，又给了七十两银子，要求剥离敦煌部分壁画。王道士同意了。华尔纳学过喷胶技术，经过七天的工作，遂将二十余幅壁画用胶布剥离了。美国福格博物馆现存华尔纳获得的敦煌壁画十方，是分别从莫高窟第329、323、320、335、331、321等窟剥下的。此次考察中，华尔纳还移走莫高窟唐代观音塑像和北魏彩塑飞天，购得敦煌唐人写本《妙法莲华经》残卷。

1923年华尔纳考察队由六人组成，准备用胶布将莫高窟第285窟西魏壁画全部剥离。2月16日，因华尔纳留北京同北京大学商谈与哈佛大学结为姊妹校之事，暂由翟荫代理队长率队赴敦煌，北京大学派陈万里先生同行以便监视。

第一次华尔纳剥离敦煌壁画之后，引起当地人民的公愤，便成群结队地到县城去指责地方官员陆县长，又在新年千佛洞庙会时去质问王道士。陆县长卸了任走到新店子村，被人民围困，要他归还被窃走的壁画。陆县长派人回县城请了几位绅士来解围，才得以脱身。

1925年5月，翟荫等人在敦煌已受到限制。敦煌县政府规定：美国考察队在莫高窟参观的时间不得超过两周。不得在莫高窟居住，当日必须返回县城，禁用闪光灯拍摄壁画。同时县政府派出军警保护莫高窟。现在莫高窟第365窟尚有军警队长朱铭牖当时的题记：

> 余关内靖远人，昨年随陆君警佐来敦（煌），今携王什长警兵等住此，预防美国技师等恐偷诸洞壁之画。余闲住无聊，持笔登楼，偶涂于三层楼之中间。
>
> 民国十四年（1925）闰四月廿二日弟子朱铭牖涂

这样，美国考察队在莫高窟参观了三天壁画，只得失望地匆匆离开敦煌，回到西安等待华尔纳。6月1日华尔纳到西安与考察队会合，遂改变计划，决定考察安西的万佛峡——榆林窟。6月5日，安西县县长芷皋同考察队参观榆林窟，并亲自编定洞窟号数四十余个。考察队受到当地人民的抗议，迅速解组离开甘肃了。敦煌人民保护了莫高窟第285窟公元538年西魏创建的艺术宝库。[①]华尔纳于1926年出版的《中国西北旅行记》记述了他两次考察的情况，1936年出版的《万佛峡壁画集》算是在榆林窟的收获了。中

---

① 参见《中外著名敦煌学家评传》第262页-275页。

国学者王重民关于敦煌文书的被盗曾深有感慨地说：

> 西洋的一些"汉学研究者"多自诩为曾深入研究了中国的学术和文化，他们的劫盗行为只能激起我们的义愤，至于真正懂得一点东西的如高本汉（瑞典汉学家），如沙畹（法国汉学家）站在友好的纯学术的立场上，我们仍然是尊敬他们的。可是他们在劫走之后，继之以封闭，限制了"敦煌学"的开展，造成了莫大的损失，则是我们不能容忍的。①

三 国宝历劫之后

◎中国学者的关注

敦煌文书的发现以及斯坦因与伯希和的大量窃掠偷运，这非常重要的消息竟在很长的时期内不为中国学术界所知，虽然敦煌文书已为欧洲的考古学家们所瞩目并引起汉学家的浓厚兴趣了。

1908年10月伯希和在敦煌考察完毕，将搜集的敦煌文书运走，他经西安、郑州偷偷来到北京，试图探测中国学术界对其劫取经卷的反应，结果中国学术界连一点风声也不知道。他随即到了南京。当时满族学者端方任两江总督，住在南京，因精通考古学被推为江南学界盟主。伯希和在敦煌劫取经卷之事渐渐在传播了。端方见到伯希和，准备以高价购回一部分卷子。在遭到拒绝之后，他嘱托伯希和以后将精印本寄赠，并说："敦煌文书是关系到中国考据学上的一个生死问题。"端方的

---

① 《敦煌遗书论文集》第13页。

殷勤有礼和学术视野使伯希和甚为感动，亦使他相信中国人"以德报怨"的宽宏态度。伯希和离开南京便取道回安南（越南）河内，将劫取的敦煌文书和艺术品装运送往法国巴黎。

1909年8月，伯希和第二次到北京，带了少数敦煌文书精品在六国饭店展出。他以清晰流畅的汉语向观众讲演，夸耀在敦煌所得之中国古写本文书的价值。中国学者罗振玉、王仁俊、蒋斧、董康等见到了敦煌写本《老子化胡经》和《尚书》残卷等珍品，如罗振玉稍后所追述的："惊喜若狂，如在梦寐！"罗振玉等人亲到伯希和所住苏州胡同去拜访。伯希和告诉了他们，敦煌藏经洞尚有中国六朝至唐宋的写本六千卷。罗振玉时任清政府学部参事厅行走和学部参事官等职，他迅即将敦煌文书之事报告学部。经他多次向学部左丞乔树楠说明敦煌文书的重要学术意义，乔树楠遂决定由罗振玉起草电文，于8月22日发出《行陕甘总督请饬查检齐千佛洞书籍解部并造像古碑勿令外人购买电》，命令甘肃都督毛实君立即封查敦煌藏经洞，将剩余的卷子全部解送京都学部。学部组织人员将伯希和带来的卷子进行拍照。此月下旬，罗振玉写了《敦煌石室书目及其发现之原始》一文，刊于《东方杂志》第六卷第十号（1909年11月7日出版）。这是中国第一篇介绍敦煌文书的文章，在中国敦煌学史上有不可磨灭的意义。文云：

　　敦煌石室在敦煌县东南三十里三危山之下，前临小川；有三寺，曰上寺、中寺、下寺。上中两寺皆道观，下寺乃僧刹也。寺之左近，有石室数百，唐人谓之莫高窟，俗名千佛洞。各洞中皆有壁画，上截为佛像，下截为造像人画像，并记某人之姓氏籍里。惟一洞藏书满中，乃西夏时兵革所藏，壁外加以像饰，故不能知其为藏书之所。逮光绪庚子，扫治石洞，凿壁而书见，由是稍稍流落人间。丁未冬，法人伯君希和，游历迪化（乌鲁木齐），谒长将军。将军曾藏石室书一卷，伯君审知为唐写本，亟诣其处，购得十余箱，然仅居石室中全书三分之一；所有四部（经、史、子、集）各书及经卷之精好者，则均囊括而去矣。大半寄回法国，尚余数束未携归。昨往观，将所见及已寄回之目书，略记于左。

罗氏详记了四十余种书目并做了一些说明。继而他又写成《莫高窟石室秘录》刊于《东方杂志》第六卷第十一、十二期，做了更详细的介绍，文中简略地考述了伯希和所劫的重要的敦煌文书。由此，敦煌文书发现的消息才为全国学术界所知。此年9月王仁俊印行了《敦煌石室真迹录》六集，11月蒋斧和罗振玉刊行了《敦煌石室遗书》十一种。罗振玉是清朝遗老，效忠清室，而且在伪满任重要职务，但他为中国敦煌学所做的巨大贡献是我们不应忘记的。①

---

① 罗振玉，字叔蕴，又字叔言，号雪堂，又号贞松老人。原籍浙江绍兴府上虞县永丰乡。同治五年（1866）六月二十八日生于江苏淮安府山阴县，1940年5月14日卒于辽宁抚顺。罗振玉出身上虞县学，中国甲午战争后在上海合办农学社和《农学报》，又设东文学社翻译和介绍日本与欧美农学著作。1906年起相继任学部参事官、京师大学堂农科监督等职。辛亥革命后以清廷遗民自居，长期侨居日本。1919年由日本返国，参与清室复辟活动。"满洲国"傀儡政权成立后任参议府参议及满日文化协会会长等职。罗振玉少即癖好金石铭刻，青年时代适逢甲骨文、西域简牍、敦煌文书等的发现，与西方及日本汉学家交往，因而学术见闻较广，掌握资料极多，为近代金石学之集大成者。

◎王道士的狡辩

自1909年8月，清政府学部电示甘肃都督毛实君封存藏经洞后，王圆箓道士因做贼心虚，为求开脱罪责，赶在藏经洞劫余文书解送京师之前，向清廷慈禧太后呈送了一份《荐疏》：

> 道末湖北麻城县人，现敦煌千佛洞住持王圆箓伏俯叩恳天恩活佛宝台座下，敬禀者：兹有甘肃敦煌古郡迤郡东南方距城四十里，旧有千佛洞，古名皇庆寺。其寺在石山之侧，内有石佛石洞、泥塑佛像，俱有万万之像。惟先朝唐宋重修，碑迹为证。至本朝光绪皇帝年内，因贫道游方至敦煌，参拜佛宇，近视洞像，破坏不堪，——系先年贼匪烧损。贫道誓愿募化补修为念。至（光绪）二十六年（1900）五月二十六日清晨，忽有天炮响震，忽然山裂一缝。贫道同工人用锄挖之，欣出闪佛洞一所，内有石碑一个，上刻大中五年（851）国号，上载大德悟真名讳，系三教之尊大法师；内藏古经卷数万卷，上注翻译经中印度经《莲花经》《涅槃经》《多心经》，其经名种颇多。于三十三、四（1907–1908）有法国游历学士贝大人讳希和（伯希和），又有英国教育大臣司大人讳代诺（斯坦因）二公至敦煌，亲至千佛洞，请去佛经万卷。异日复蒙天恩，赐银一万两；近闻其名，而未得其款，以致佛工不能成就。区区小县，屡年募化，至今创修寺院，以及补塑佛像、重修楼殿等项费用，过银二万有余。缘为经款，叩恳青天佛祖电鉴。特修草丹上达。肃此，谨禀。[①]

---

① 引自姜亮夫：《莫高窟年表》第629页，上海古籍出版社，1985年。

王道士神奇化了藏经洞的发现过程，隐瞒了敦煌文书被盗卖的真实，巧妙地推卸了文书流散的责任，还索要清廷赏赐给寺庙的银两。这集中表现了其贪婪和狡诈的卑劣本性。这笔款项已为地方官府所吞没，王道士分文也未见到，然而却免予追究其盗卖的罪责了。

◎劫后余生的敦煌文献

1910年10月甘肃敦煌县奉清政府学部命令将莫高窟藏经洞劫余的敦煌文书护解到省城，再运送到北京。斯坦因于1914年重到敦煌时，王道士向他痛苦地诉说当时运送卷子的情形。斯坦因记述：

> 我回到那里，王道士欢迎我有如老施主一般，据他说是我捐给庙中的一大笔钱，因为运送卷子到各衙门，完全在路上就此花完了。整个所藏的写本草草包捆，用大车装运。大车停在敦煌衙门的时候，被人偷去的就有不少。一整捆的唐代佛经卷子，在1914年即曾有人拿来向我兜售过。我到甘肃去的途中以及在新疆沿途便收到不少从石室散出的卷子。所以运到北京的究竟有多少，这是不能不令人生疑问的。[①]

敦煌文书在解运的过程中，王道士预先藏起了一部分，沿途被盗，到省城又为官员窃取，所以日本大谷考察队、斯坦因第二次到敦煌和俄国奥登堡考察团，均在该地民间共购得万余件

---

① 《西域考古记》第149页。

卷子。劫余的敦煌文书运到北京，又为有权势的官员盗窃了许多，真正交京师图书馆收藏的仅有八千卷佛经了。这劫余的敦煌佛经，由特聘佛学考证专家李翊灼的清理，选出尚无传本的珍贵佛经一百六十余种，编为《敦煌石室经卷中未入藏经论著述目录》一卷。

中国学者"以德报怨"的态度确实一再令伯希和感动。他谈到在北京举办所劫敦煌文书展览时的感受说：

> 我到了北京在旅行箱里还存有敦煌秘籍数种，中国学者们前来要求参观的络绎不绝。中国学界诸君都有端方总督的风范，以德报怨，在公开所设的盛大筵会时都邀请我于上座。一位学者举起酒尊致辞说："这许多早佚的古本文书，隐没而又再现，凡是学界的朋友都感到深深的欣慰。"他们要求我回到法国后，选择精重的写本，依照原式的大小拍成照片，寄还中国。我听说中国已组织了一个会，筹集了巨额资金，以准备供影印的费用了。此事，我必当真心实意地去做，以满足中国人士之意。①

他果然实践了自己的诺言，回到巴黎后陆续将所拍的照片寄给罗振玉。1913年罗氏刊行《鸣沙石室佚书》初编十九种，续编四种；于1917年又印行《鸣沙石室古籍丛残》收经卷三十种。

---

① 据罗振玉《流沙访古记》所引伯希和语重译，原文见《敦煌遗书论文集》第13页。

它们都是据伯希和寄来的照片影印的。

1922年中国著名史学家陈垣任北京图书馆馆长①，对于馆藏的敦煌文书极为重视。他在俞泽箴的助理下整理馆藏敦煌文书，历时三月，初步校阅完数千卷子，为编制目录做好准备。1924年在北京学术界发起了敦煌经籍辑存会，陈垣被推为采访部长。该会决定刊登启事、调查和搜集流散的卷子，进行有计划的整理工作，编出敦煌文书总目。1924年陈垣将北京图书馆所藏敦煌经卷编成《敦煌劫余录》，1931年由中央研究院历史语言研究所排印出版。这是当年由清政府学部移交京师图书馆的敦煌文书计8679卷的目录，是中国国宝历劫之后的幸存者。陈垣在《敦煌劫余录序》里感伤地说：

宣统二年，学部咨甘肃有司，将洞中残卷悉数运京，移藏部立京师图书馆，即今所著录者是也。顾何以十之九九为佛经？则以国人研究古物，只能于文字处求之，其无文字而为图像器物之属，初不屑也；有文字矣，其文非汉文而为中亚古代语言，亦不贵也。国人所贵者，汉文古写本，然汉文古写本为人所同贵，故佛经已外之写本，多已为捷足者先得，其留遗者，又沿途为黠者所巧取，故今所存者只此也。②

① 陈垣，字援庵，广东新会人，生于清光绪六年（1880）。1905年他与友人创办《时事画报》，1911年以光华医学校首届毕业生留校任教。中华民国成立后曾一度担任教育部次长。1922年任北京大学研究所国学门导师，北京图书馆馆长。1925年后任辅仁大学校长。1952年改任北京师范大学校长，中国科学院历史所二所所长。1971年去世。他对元史、中西交通史、中国宗教史均有深入研究，著述甚富。
② 《陈垣学术论文集》第一集第474页–476页，中华书局，1980年。

陈　垣

　　此序是敦煌文书遗存的小史。我们细细读解之后，必定会有同感：

　　　　敦煌者，吾国学术之伤心史也。其发现之佳品不流入异国，即秘藏于私家。兹国有之八千余轴，盖当时唾弃之剩余。精华已去，糟粕空存，则此残篇故纸，未必实有系于学者之轻重者。①

当藏经洞封闭之时，数万件文书密集于小小石室之内；在秘藏被发现之后它们流散于世界的西方和东方各处。现在其总数目尚不能确切统计，难以将它们汇集、整理和刊行，更难以将它们聚集故土以供学者充分利用。兹谨将其现在收藏情况简述于下：

董作宾于1943年说："敦煌石室写经，发现于清光绪二十六年，最先发现者为匈牙利人斯坦因氏，得古写本约七千卷，分藏伦敦。法人伯希和继之，得古本二千余卷，今藏巴黎。清学部收拾残余，运至京师，尚有九千余卷，今藏北平图书馆。"②

1962年商务印书馆编的《敦煌遗书总目索引》著录二万余卷。其资料来源有：斯坦因劫去的九千件，汉文卷子目录6980号；伯希和劫去的不少于五千件，汉文卷子目录2500余号，和大约百余个梵文、藏文、粟特文、回鹘文、于阗文卷子；北京图书馆所藏的万余卷子，其中有少数是梵文和藏文写本；流散在敦煌附近的，解运时李盛铎盗窃的和日本收藏的大约有三千余卷。此索引共收卷子两万余件。此外估计尚有五百余卷子在中国市面上流动。③

日本大谷大学图书馆、龙谷大学图书馆及日本私家所藏敦煌卷子共著录491件。④

---

① 转引自陈寅恪：《金明馆丛稿二编》第236页，上海古籍出版社，1980年。
② 董作宾：《敦煌纪年》，《说文月刊》1943年第3卷第10期。
③ 王重民：《敦煌遗书总目索引后记》，《敦煌遗书总目索引》第543页–552页，商务印书馆，1962年。
④ 据上书目录。

俄国《亚洲民族研究所所藏敦煌汉文写本注记目录》第一辑1077个编号，第二辑1877个编号，估计编目仅占所藏的三分之一。[①]

中国甘肃省内文物保管部门收藏汉文卷子约七百五十余件，兰州、敦煌、酒泉、张掖、武威等地皆有收藏。甘肃省博物馆藏汉文卷子一百三十余卷，敦煌文物研究所三六七卷，西北师范学院历史系藏十三卷，其余各处收藏尚未发现目录。[②]

敦煌研究院王进玉根据最新资料统计，敦煌文书总数为四万九千余件，其具体收藏情形如下：

英国图书馆东方写本部有11297号，已编有9172号；

法国巴黎国立图书馆藏6000余号，其中汉文卷子4038号已编目，藏文卷子约2000号未编目；

英国印度事务部图书馆藏765件藏文卷子；

俄国彼得堡亚洲民族研究所藏11050号，编目2954号；

日本桔瑞超藏429号，大谷大学38卷，龙谷大学7卷，中村不折163卷，其余私人收藏218卷；

美国现藏22卷；

丹麦哥本哈根皇家图书馆东方部藏16件；

香港个人收藏1件；

英国牛津大学、英国皇家亚洲协会及德国柏林科学院收藏6000余件；

---

① 《敦煌译丛》第一辑第2页。
② 秦明智：《关于甘肃省博物馆藏敦煌遗书之浅考和目录》，《1983年全国敦煌学术讨论会文集》（文史编）上册，甘肃人民出版社，1987年。

韩国汉城博物馆藏2000余件；

中国北京图书馆编目的有9803号，共藏万余件；

旅顺博物馆189卷；

甘肃图书馆100余件；

甘肃省博物馆137件；

敦煌研究院367件；

敦煌市博物馆汉文78卷、藏文226卷；

西北师范大学历史系文物室22件；

上海博物馆182件；

天津艺术博物馆300余件；

台湾中央图书馆153件；

台湾国立历史博物馆20余件。[①]

1983年，中国敦煌吐鲁番学会成立，第一次学术讨论会在北京举行。参加会议的中国和外国的敦煌学家们呼吁：流散海外的敦煌文物应该原物归还中国！

敦煌文书的发现与流散已成为历史。在这历史背景上是西方殖民主义者为了向外扩张而支持野心勃勃的探险家组成种种考察队深入亚洲腹部地区。这些考察队在探测自然地理、考古发掘等的名目掩护下进行着政治的、军事的和经济的准备工作。他们在荒茫的古老丝绸之路，以殖民者的骄横态度肆无忌惮地劫掠或诈取珍贵文物，无视民族国家的主权，这都带着

---

① 王进玉：《敦煌石窟探秘》第121页–122页，四川教育出版社，1994年。

二十世纪之初西方文化的特色。中国当时正处乱世，清政府和北洋军阀政府面临西方列强侵占中国主权和分割中国领土都已屈辱地在不平等条约上签字，又怎能采取有力的措施保护中国文物不被西方考察家劫掠呢？中国社会的落后和各级政府的腐败，皆为西方考察家劫掠中国文物造成可乘之机和便利的条件。现在我们从情感上憎恨西方考察家劫掠敦煌文书，致使珍贵的国宝流散。然而若设想：藏经洞暴露后，西方考察家不曾涉足，情况又会是怎样呢？它可能为无知的王道士之流损坏，土豪劣绅的索取，文物商人的收购，地方官员的豪夺，贪利者的盗窃；当清政府学部委员们发现时，劫掠情形已经很严重了，敦煌文书已大部分流散于国内了。当然，历史是既成的事实，是不能假设的，也是不能改变的。敦煌文书的发现并非中国强盛昌明之日，其流散的劫难是注定了的，而且因特定的历史环境又注定了其大量流散于海外的命运。

西方考察家并非是简单的"文化强盗"，他们是探险家兼学者的，既有探险家掠取的本性，又具学者的文化态度。他们将敦煌文书劫运海外，大力宣传介绍，举办展览，整理编目，考释研究，于是在相当广阔的范围内掀起了敦煌文书研究的热潮。这使"敦煌学"成为二十世纪国际学术新潮流之一，尤其是欧洲和日本的汉学家们在敦煌文书的整理和研究方面取得了巨大的成就。它使中国学者们都不得不佩服，不得不为之感到汗颜，亦不得不奋起直追。历史又似乎注定敦煌文书必然成为世界性的显学了。这也是无可改变的历史事实。

敦煌文书是中国的国宝，其流散于海外的应该归还，流散于国内的应该集中；它们应当为中国专门的图书馆收藏，以便妥善保管和充分使用，让其文化价值不断展现；它们应当有一个总目索引，应当汇集影印出版，应当全面整理校释，应当分类编纂。这是中国人民的愿望，这是中国学者的理想。我们但愿这将成为现实。

二十世纪世界学术之新潮流

一　敦煌学的兴起

二十世纪之初，西方考察家以现代的考古学方法和现代的学术观点在中国西北考察。他们意外地发现敦煌莫高窟藏经洞里沉睡了将近九百年的中国古代写本文书。他们并非仅仅视之为文物，而是立即发现了其重要的学术价值。西方现代史学家善于从历史的陈迹里寻找到某种活跃的生命。意大利史学家克罗齐说：

> 历史决非叙述所构成，而是常由文献或由那些成为文献的叙述所构成。这样一来，假如现代史是直接从生活中产生的，那么那种叫作非现代的历史，也是从生活中直接产生的；因为事实是明明白白，只有一种对现在生活的兴趣才能够推动人去考察过去的事实。因为这个缘故，这种过去的事实并不是为了满足一种过去的兴趣，而是为了满足一种现在的兴趣，只要它

一经和现在的生活兴趣结合起来就是如此。[①]

中亚是十九世纪以来西方考察家寻访的目标，力图在这一大片神奇广阔的土地上找到西方和东方的文化联系。他们发现了横贯亚洲的古代丝绸之路。敦煌文书的发现，使他们认定世界的东南西三方的连锁在敦煌形成了个交汇点。斯坦因于1907年第二次在中亚考察的巨大发现——敦煌文书，经他的讲演、展览、著述、影印出版等的宣传介绍，引起了西方学者的震动和极浓厚的兴趣，研究敦煌文书遂成为二十世纪世界学术新潮流之一。他在1932年完成《西域考古记》时，回顾二十余年来学者们关于敦煌文书的研究而深有感慨地说："这一个中国文献遗存的大宝库，还得费许多年的辛勤钻研。我在此处所能说的只是欧洲同日本的学者已经工作过的一两件有趣味的发现。"欧洲学者最感兴趣的是敦煌作为文化交汇点的特殊意义，斯坦因介绍说：

　　西藏文卷子文书在性质和范围方面同中文材料大致不相上下，大部分也是佛经。但是渊博的牛津大学托玛斯教授（Profess or F·W·TnomaS）研究之后，曾指出这些藏文遗献中也可以得到第八世纪中叶到第九世纪中叶，此地以及西面的塔里木盆地统治于西藏人时候，关于当地历史以及其他的有趣味的资料。西藏式佛教之得植基于中亚即起于斯时，

①〔意〕本纳德多·克罗齐《历史和编年史》，《现代西方史学流派文选》第34页，上海人民出版社，1982年。

后来蒙古人起而信奉，声势之浩大，至今还能控制亚洲的一大部分地方。

用印度婆罗谜字体写成的许多写本，已由中亚语言学大师故霍恩尔教授（Profes Sor Hoernle）的努力，完全做成目录，证明写本包有三种不同的文字。写本大部分属于佛经，医药方面也有一些。梵文写本中有一篇大贝叶本，就材料上证明，毫无疑义是来自印度的，应算现有最古的印度写本之一。其中有一种中亚古代语言，以前还不知道，现已定名为和阗语或塞伽语（KhotaneSe or Saka），大约贝叶本同卷子总有好几十种，其中最长的一卷在七十呎以上。另一种古代语的写本是龟兹语，一名吐火罗语（Kuchean or Toknari）。古来塔里木盆地北部以及吐鲁番一带大约都操此种语言。在亚洲所操的各种语言中要以这一种最为近于印欧语族中的意大利语同斯拉夫语（Iealie and Slavonic），所以特别有趣味。

就地理学上的意义而言，其足以表示古昔敦煌佛教传布交流错综的情形者，或者没有比千佛洞发现的古代康居，即今撒马尔干同布哈剌地方通行的伊兰语书籍更好的了。窣利字出于Aramaic文，在有一些含有突厥文书籍中并还采用了同样变体的闪族（Semitie）语言。其中有一卷很好的卷子，上面是用突厥字写的摩尼教祈祷圣诗。①

这仅从民族语言的奇异遗物所蕴含的文化意义的研究的简略介

---

① 〔英〕斯坦因：《西域考古记》第151页–152页，向达译，中华书局，1936年。

绍，就敦煌文书的整个文化意义而言是极其丰富的。我们现在将《敦煌劫余录》问世以前，世界汉学家关于敦煌文书研究的论著摘要简介于下：

《根据保宁先生带回的拓片对十件中亚文碑刻的考释》〔法〕沙畹　巴黎1902年

《敦煌石室发现物》〔日〕内藤湖南　《朝日新闻》1909年11月12日

《大唐西域记异同考索引》〔日〕羽田亨　东京国书刊行会1911年

《摩尼教流行中国考》〔法〕沙畹　伯希和　《亚洲学报》1911年

《新出大波斯残经考》〔日〕羽田亨　1912年

《奥莱尔·斯坦因在东土耳其斯坦沙漠中所获汉文文书考释》〔法〕沙畹　牛津大学出版社　1913年

《唐元时代中亚及东亚之基督教徒》〔法〕伯希和　《通报》　1914年

《回鹘文天地八阳神咒经》〔日〕羽田亨　《东洋学报》第5卷　1916年

《沙州都督府图经及蒲昌海之康居聚落》〔法〕伯希和　《亚洲学报》　1916年

《回鹘女子卖绝文书》〔日〕羽田亨　《东洋学报》第6卷1917年

《九姓回鹘考》〔日〕羽田亨　《东洋学报》第9卷1918年

《敦煌石窟》（六卷本）〔法〕伯希和　巴黎　1919年

《塞林底亚——在中亚和中国西部地区考察详尽报告》〔英〕斯坦因　牛津大学出版社　1921年

《1923-1924年的中国考察》〔美〕华尔纳　《福格博物馆评论》第2卷　1925年

《敦煌遗书》第一集　羽田亨　伯希和　东亚研究会刊行　1926年

《亚洲腹地——在中亚、甘肃和伊朗东部考察的详尽报告》〔英〕斯坦因　牛津大学出版　1928年

《伯希和敦煌写本目录》〔日〕那波利贞　法国国家图书馆　1931年

《西域文明史概说》〔日〕羽田亨　东京弘文堂　1931年

《塞语中若干西域地名》〔法〕伯希和　《通报》　1931年

这些要目可见世界敦煌学研究的一般倾向，而且可以说明敦煌文书的研究已成为世界学术的新潮流之一。这对中国学术界是一种新的挑战和压力：敦煌在中国，敦煌学在哪里？

二　中国新发现之学问

◎二十世纪前三十年中国的五大发现

自十九世纪之末迄二十世纪之初的三十年间，如中国学者王国维说："今日之时代可谓发现时代，自来未有能比者

也。"①他所列举的中国五项重要发现是：

一、殷墟甲骨文字。公元1888年开始在河南安阳小屯村出土刻有殷商文字的龟甲片；1898年古文字学家王懿荣发现并定名为商代卜骨收藏1500片，罗振玉至1928年收藏30000片，欧洲考察家收购得5000片，日本购得15000片，共约十万片。现在总数在150000片以上。甲骨文在文字学和语言学研究中占有重要地位，它是中国目前最早有系统的文字，而且是较为成熟的文字。研究甲骨文字者结合考古学、民俗学的材料，努力恢复商代社会的历史面貌。

二、汉简。即汉代书写有汉代文字的木片。1908年斯坦因在中国新疆及甘肃发掘而得汉晋木简千余片，此后陆续有发现。它是中国近代最早发现的汉简，为研究汉代中国与西域的历史、地理等具有重要的学术意义。

三、敦煌文书。

四、清代内阁大库档案。清代内阁衙门典籍厅所存档案资料，有清代历朝硃批敕文、批折、奏章、殿试卷子等等。1909年宣统皇帝登位，决定焚毁这些档案。罗振玉得到消息，请军机大臣张之洞保护，终使重达十五万斤的档案移归学部，后移交历史博物馆收藏。这是研究清代社会和历史的第一手资料。

五、古代中亚民族遗文。1889年俄国科学院院士著名突厥学家拉德罗夫（В.В.РаДЛоВ）在蒙古考察，访得《突厥阙特勤

---

① 王国维，字伯隅，号静安，浙江海宁人。光绪三年（1877）生。以诸生留学日本。早年研究哲学、词学和戏曲，后力攻经学和史学。主讲清华大学研究院。1927年自沉北京昆明湖以卒，年仅五十一岁。其著作手定稿为《观堂集林》，遗书汇为《王国维遗书》。

碑》《芯伽可汗碑》《回鹘九姓可汗碑》。前两碑皆有突厥文和中文，后者为粟特文字。清末英国、法国、德国、俄国的探险队又在新疆获得大量的梵文、佉卢文①、回鹘文、粟特文、西夏文等木简和写本。这些珍贵的世界古文字文献为研究中亚历史文化提供了新资料。

王国维认为：

> 惟此五者分量最多，又为近三十年中特有之发现，故比而述之。然此等发现物，合世界学者之全力研究之，其所阐发尚未及其半，况后此之发现，亦正自无穷。此不能不待少年之努力也。②

这五项发现之中，敦煌文书的时间跨度最长，内容最复杂，数量最大，涉及的学科最广泛，文化意义也最丰富。它是中国新发现之学问。

◎敦煌学研究的先驱罗振玉

1909年敦煌文书精品在北京展出和罗振玉撰文介绍之后，凡是中国学者无不为古代写本之发现与被劫掠而感到震惊和叹惋。敦煌文书的学术价值和文化意义是中国学者所深知的。他

---

① 佉卢文系古代印度的一种文字，公元前后数世纪通行于古代印度西北部及阿富汗一带。由于中西经济文化的交流，公元前后几十年内佉卢文曾一度为西域一些地方通行文字，在于阗、鄯善（楼兰）流行更久，在公元三世纪后半叶成为该地政府文书及民间契约的常用文字。
② 王国维：《最近二三十年中国新发现之学问》，《王国维遗书》第十五册，上海古籍书店，1985年。

们出自对于中国传统文化的救护而呼号奔走，尽力保存劫余的卷子；他们以德报怨，设法要回劫去卷子的照片；他们迅即将所见到的卷子印行传播。这是一种对中国传统文化的崇高信念。中国学者为中华民族辉煌的古代文明而自豪，坚持认为只要保持着中华传统文化即保持着中华民族精神；那么中华民族便可列于世界文化之林，也就终有昌盛之日。

在救护与刊行敦煌文书的过程中，我们不应忘记中国第一位敦煌学家罗振玉。他代表了中国传统的学者，以维护中华文化的积极态度对敦煌文书的搜集、整理和刊行做了大量的工作，例如其编辑和刊行的即有：

《敦煌石室遗书》影印1909年

《鸣沙石室遗书》东方学会影印1913年

《西陲石刻录》云窗丛刻1914年

《鸣沙石室遗书续编》影印1917年

《鸣沙石室古籍丛残》影印1917年

《敦煌石室遗书三种》影印1924年

《敦煌零拾》排印1924年

《松贞堂藏西陲秘籍丛残》影印1939年

这些敦煌文书精品的刊行，使中国广大地区的学者能见到新发现的国宝。其中不仅有珍贵的古佛经卷子，还有中国儒家典籍、唐代地方图经、稀有宗教文献、佚散的秘籍、变文、曲子词、账籍等等，展示了异常丰富的内容。罗振玉编辑和刊行的这些敦煌文书，有助于敦煌学在中国的兴起，而且至今它们仍有不可取代的价值。罗振玉也是中国第一位研究敦煌文书的学者。他继承了清代乾嘉学派的优良学风,长于考据。1913年他编印的《鸣沙石室遗书》所附的跋语,实即中国最早的关于敦煌文书的考释,例如《贞元十道录跋》《沙州都督府图经跋》《南阳张延绶别传跋》《唐人选唐诗跋》《修文殿御览跋》等,是对这些新资料的历史渊源所做的探索。1914年他完成了重要的研究成果《补唐书张义潮传》和《瓜沙曹氏年表》。这两篇论著利用了敦煌文书中关于沙州归义军张氏和曹氏的新资料,参证了中国历史文献记载,勾勒出归义军政权的主要史实,体现了高度的学术水平,成为敦煌学的典范论著。虽然其

罗振玉(中)、王国维(左)等合影

中存在某些疏漏之处，后来经过向达、王重民、姜亮夫、孙修身、贺世哲等的补正，终于使我们现在可以较清楚地了解唐末至宋初百余年间敦煌存在的汉族政权的历史状况。罗振玉在政治上是保皇主义者，效忠于清王室，他之刊行和研究敦煌文书是以传统文化观念出发而对待新发现之学问的。端方曾认为敦煌文书是"中国考据学上一生死问题"，意为这是关系到中国考据学的发展问题，只有面对新发现的学问，考据学才有前途，才具有新的生命活力。因此，研究敦煌文书也就是中国考据学者的神圣使命了。罗振玉自觉地肩负了这神圣使命。

◎敦煌学研究的大家王国维

王国维是在罗振玉的影响下研究敦煌文书的。他有深厚的考据学修养，同时吸收了西方近代学术思想和科学方法，尤其很重视新发现的学问，因此在中国早期敦煌文书研究中取得了卓著的成就，表现出一种新的学术倾向。他研究中国新发现之学问时，总是将文物与文献记载互相参证，将西北和中亚民族的文书与中国史籍对比，将西方观念与中国传统思想对照。这样形成了一种异于传统考据学的新方法，在中国学术史上具有开拓的意义。其《唐写本敦煌县户籍跋》具体研究了唐代授田文书，发现了官方史籍关于授田数目的记载与实际情况有很大的差异，揭示了历史的真实。《唐写本大云经跋》纠正了《大云经》为唐代武则天伪造之说，考证它乃是后凉时僧人竺法念等所译；这样关于武则天称帝的政治背景可以做出新的认识。《于阗公主供养地藏菩萨画像跋》从莫高窟题记"故大于阗金玉国天公主李元供养"考释出，此乃于阗王李氏圣天之女，她

王国维（右）与邹适庐、姬觉弥合影

便是沙州归义军曹氏夫人；"圣天"是回鹘语的汉语音译；断定于阗李氏可能是回鹘人。

唐代诗人韦庄的《秦妇吟》抒写了作者于唐僖宗广明三年（881）往京都应举时，恰逢黄巢起义军攻陷长安，亲见了悲惨的景象。全诗计二二八句，一千六百余字，是中国有名的长篇叙事诗。作者借一位妇女自诉其被俘在黄巢军中的苦难，以此揭露黄巢的种种罪恶。韦庄是站在统治阶级的立场同情遇难的妇女并表示对黄巢军的憎恶情绪的。此作在当时流传很广，人们称誉韦庄为"秦妇吟才子"。韦庄晚年编集自己的作品时，舍弃了《秦妇吟》，它从此便佚失了。此诗幸存于敦煌文书中，而且有九个写本。王国维最初见到《秦妇吟》是残卷，因其中有"内府烧为锦绣灰，天街踏尽公卿骨"，遂据五代文人孙光宪的《北梦琐言》记述《秦妇吟》此两句，而断定残卷即是韦庄的《秦妇吟》。王国维又请伯希和寄来巴黎所藏《秦妇吟》卷子照片，进行了深入研究，完成了《唐写本韦庄〈秦妇吟〉跋》。

王国维对于中国通俗文学甚有研究，因而很重视敦煌文书中的小说、变文和曲子词。1920年他在《东方杂志》十七卷八号发表了《敦煌发现唐朝之通俗诗及通俗小说》，第一次介绍了敦煌变文《捉季布传文》《李陵变文》《大目乾连冥间救母变文》，小说《唐太宗入冥记》，曲子词《西江月》《菩萨蛮》《凤归云》和《天仙子》，分别给予简略的评论。敦煌曲子词中有《云谣集》收杂曲子三十首，王国维写了《唐写本云谣集杂曲子跋》。文中关于词体起源问题做了推测，认为《凤归云》《天仙子》《竹枝子》《洞仙歌》《破阵子》《浣溪沙》《柳青娘》《倾杯乐》等：

> 此八曲固开元（713-741）教坊旧物矣。郭茂倩《乐府诗集》"近代曲辞"中有滕潜《凤归云》二首皆七言绝句，此则为长短句。此犹唐人乐府见于各家文集。《乐府诗集》多近体诗，而同调之见于《花间》、《尊前》者多为长短句。盖诗家务尊其体，而乐家只依其声，故不同也。

这对唐代燕乐歌辞同时存在齐言声诗与长短句曲子词的现象做了探索。"乐家只倚其声"而为长短句，这就是词的起源。王国维又从敦煌卷子《春秋后语》的背后题记里发现了抄录的两首《望江南》和一首《菩萨蛮》词，书写于唐代咸通（860-873）年间。他认为：

> 此二调虽别字声病（不合格律）满纸皆是，可见沙州一

隅，自大中（848）内属后，又颇接中原最新之文化也。①

因《望江南》和《菩萨蛮》是在唐代大和（827-835）与大中（847-859）开始在中原流行的新燕乐曲调。自张义潮收复沙州后（848），这两调便在河西流行了。由此可以证实，中原文化与敦煌文书之连接关系。

王国维关于敦煌文书的研究，至今看来尚是精深的，而且很富于启发意义。

◎敦煌学意义的阐释者陈寅恪

陈寅恪于1930年为《敦煌劫余录》作序时②，中国学者研究敦煌文书已有二十年的历程了。在序里，陈寅恪对这一阶段做了一个小结，他说：

> 一时代之学术，必有其新材料与新问题。取用此材料，以研究问题，则为此时代之新潮流。治学之士，得预于此潮流者，谓之预流。其未得预者，谓之未入流。此古今学术史之通义，非彼闭门造车之徒，所能同喻者也。敦煌学者，今日世界学术之新潮流也。自发现以来，二十余年间，东起日本，西

---

① 以上所引王国维论著见《观堂集林》第20卷-21卷，《王国维遗书》第三册。

② 陈寅恪，江西修水县人，清光绪十六年（1890）出生于湖南长沙。祖父陈宝箴为湖南巡抚，父陈三立曾在清政府吏部任职。陈寅恪幼承家学。1903年出国留学，在日本、德国、瑞士、法国、美国学习人文学科并曾专攻梵文及中亚古文字。1925年归国，受聘于清华研究院。新中国成立以后任教于中山大学，1969年于广州逝世。著述有《寒柳堂集》与《金明馆丛稿》等数种。

陈寅恪1947年冬在北京清华新南院寓居

迄法英，诸国学人，各就其治学范围，先后咸有所贡献。吾国
学者，其撰述得列于世界敦煌学著作之林者，仅三数人而已。
夫敦煌在吾国境内，所出经典，又以中文为多，吾国敦煌学著
作，较之他国转独少者，固因国人治学，罕具通识，然亦未始
非以敦煌所出经典，涵括至广，散佚至众，迄无详备之目录，

不易检校其内容，学者纵欲有所致力，而凭藉未由也。[①]

这里，陈寅恪从世界学术史的眼光肯定了敦煌学是世界学术的新潮流，这是因新的材料而引起新的学术问题。敦煌文书意味着一个隐没的古代文明，其中有丰富的佚书秘籍和公文契约，它们是新发现的文献资料。它们提出了传统的文人学者不曾涉及的宗教、古文字、西北史地、社会经济、通俗文学、自然科学等问题。凡是具有创造与开拓精神的学者必然会为这新奇的学术领域所吸引，并将在此领域获得学术的丰收。关于敦煌学是世界学术新潮流的判断，陈寅恪是根据欧洲及日本等各国对敦煌文书的研究情况而概括的。关于中国的敦煌学研究现状，陈寅恪从高度的学术水准来衡量，因而并不乐观。在他看来，当时真正称得上研究敦煌学并为国际所承认的只有三数人。敦煌既然在中国，而敦煌文书多数为中文写本，为什么中国研究敦煌学的学者如此之少呢？他认为造成这种状况有三种原因：第一，中国学者固守传统学科，研究范围狭窄，缺乏渊博通贯的人才；第二，敦煌文书涉及的学科层面甚广，中国学者尚不适应新的学术范围；第三，客观条件存在困难，如敦煌文书散佚太多，学者不易获得资料，甚至难以检索目录。陈寅恪的总结虽然过去六十八年了，现在我们看来，它还是有意义的。它激励中国学者投入世界学术新潮流，希望中国能有研究敦煌学的良好条件。

在当时不易获得敦煌文书资料的困难条件下，陈垣编的

---

① 以下所引陈寅恪论著见《金明馆丛稿》二编，上海古籍出版社，1980年。

《敦煌劫余录》可供学者检索北京图书馆所藏敦煌文书目录；所以陈寅恪为此编作序时给予了充分的肯定。他特别指出中国所存敦煌卷子——基本上是佛经的价值。他认为除了极珍贵的摩尼教经卷而外，这些卷子远远超越了佛经的意义，其中有：关于唐代史料、小说文学史料、唐代诗歌佚文、古代语言文字。这些关于学术考证的内容，有待学者的发掘。

　　陈寅恪在研究敦煌佛经写本方面取得了杰出的成就，因他精通佛学、梵文、藏文及中亚多种古文字，于是充分发挥了此种优势，考辨出多种佛经残卷，校勘了著名佛经的多种不同文字的版本，探讨了所涉及的艰深的佛学问题。这些都是极其专门的研究，而在有关的论著里，陈寅恪表述了一些深刻的学术见解。他在《敦煌本唐梵对字音般若波罗蜜多心经跋》里发现宣传因果报应的《冥报传》普遍地存在于经卷之首：

　　　　寅恪所见敦煌本中文《金光明经·冥报传》西夏文之译本，及畏兀儿文（回纥文）译本，皆取以冠于本经之首。吐蕃文（藏文）《金刚经·冥报传》虽残缺不完，以体例推之，应亦相同。斯盖当时风尚，取果报故事与本经有关者，编列于经文之前，以为流通之助。

他在《忏悔灭罪金光明经冥报传跋》里比勘了多种文字译本得出了结论：

　　　　据此诸种文字译本之数，即知此经（《金光明经》）于佛教大乘经典中流通为独广，以其义之忏悔，最易动人故也。至

《灭罪冥报传》之作，意在扬显感应，劝奖流通，远托《法句譬喻经》之体裁，近启《太上感应篇》之注释，本为佛教经典之附庸，渐成小说文学之大国。盖中国小说虽号称多于长篇钜制，然一察其内容结构，往往为数种感应冥报传记杂糅而成。若能取此类果报文学详稽而广证之，或亦可为治中国小说史者之一助欤！

这论述了因果报应故事在佛教社会化过程中的意义，尤其注意到佛经果报故事与中国小说发展的关系，提出了一个边缘性的学术课题。陈寅恪曾在《元白诗笺证稿》里采用以史证文、文史结合的研究方法。他在研究敦煌佛经卷子时，我们已明显地见到所采用的将宗教与文学相结合的一种研究方法。在《敦煌本维摩诘经文殊师利问疾品演义跋》里，他发现：

> 佛典制裁长行（散文）与倡颂（韵文）相间，演说经义自然仿效之，故为散文与诗歌互用之体。后世衍变既久，其散文体中偶杂以诗歌者，遂成今日章回体小说；其保存原式，仍用散文诗歌合体者，则为今日之弹词。

关于中国章回小说和讲唱文学的起源是否与佛教文化有关，这是一个相当复杂的学术问题。陈寅恪的见解有其学术的启发意义。这些，都使敦煌学研究的道路拓宽了，加深了。陈寅恪在研究方法和学术观念方面都对中国学者产生了良好的影响，然而他亦代表着中国早期敦煌学的终结。

只有新的学术思想才可能产生新的学术潮流。新材料的发现固然可以引起新问题，但如果没有新的学术思想与新的表现方式便不可能有新的文化阐释，很可能仍在固有的圈子里徘徊。西方考察家的寻访和西方学者对敦煌文书的研究是在一种现代学术思想引导下进行的，然而中国早期的敦煌学者们并未清楚地认识到此点。[①]在二十世纪三十年代中期，我们才见到敦煌文书研究中表现出真正的新的学术思想。

◎为敦煌学研究注入新思想的向达

现在我们回顾中国敦煌学的历史不难见到，真正以新学术思想来研究敦煌文书的第一位学者应是中西交通史专家向达[②]。关于怎样认识西方考察家在中国西北考古发现的意义，向达在1935年所译的《斯坦因西域考古记》的《译者赘言》里说：

> 西洋自十九世纪中期以后，探险的风气大盛，逐渐及于中亚一带。中亚地方在中古时代，为中国丝缯西去的大道，为东西两方文化交通的枢轴。近数十年来，西洋学者在中亚考察探险所得的古代遗存，不惟可以看出古代当地文化的水准情形，东西两方文化交光互影的梗概，并且连中国古代的

---

① 贺昌群：《历史学的新途径》，见《贺昌群史学论著选》第531页-532页，中国社会科学出版社，1985年。
② 向达，字觉民，土家族人，1900年出生于湖南溆浦县。1919年考入南京高等师范学校学习化学，后转为学文史；毕业后在商务印书馆编译所任翻译员。1930年在北平图书馆任编辑，1935年以交换馆员身份派往欧洲进行学术考察，1938年回国在西南各大学任教。1942年受中央研究院历史语言研究所之约，组成西北史地考察团到西北考古，1945年任北京大学教授兼管图书馆事。1966年去世。著《唐代长安与西域文明》及《中西交通史》等。

历史，因为有这些遗物的发现，也可以呈露不少的光明，得到不少新的解释。[①]

这是从世界文化史的观点来看待中亚考古发现的意义，而且突出了中国西北——包括敦煌莫高窟在内的考古发现在世界文化史和中国文化史上的意义。向达研究敦煌文书开拓了一条新的途径。他自述：

> 我之参加这一方面的研究，最初是从敦煌所出通俗文学入手的。开始接触到佛曲这样一个名词，于是追溯到音乐方面，提出了龟兹苏祇婆琵琶七调渊源于印度北宗音乐的假设。后来逐渐明白佛曲与龟兹乐有关，而变文一类的通俗文学乃是唐代通行的一种讲唱文学即俗讲文学的话本。1937年在巴黎看到记载俗讲仪式的一个卷子，这一问题算是比较满意地解决了。1942年至1944年，得到机会去巡视敦煌千佛洞，考察汉代的玉门关和阳关的遗址；1951年又去新疆，巡视了古代高昌（吐鲁番）、焉耆、龟兹（库车）诸地的石窟寺；于是对于"敦煌学"才算有了进一步的认识。这距离我开始作这一方面的研究，已经有二十多年了。[②]

向达自1935年赴欧洲进行学术考察，在巴黎和伦敦获得了敦煌文书的珍贵资料，1942年又亲自到敦煌考古，这使他后期

---

① 引自《西域考古记》第1页。
② 向达：《唐代长安与西域文明》第1页–2页，三联书店，1957年。以下所引此著，不再一一注明。

的敦煌学研究达到了精深的造诣。1937年他在英国不列颠博物馆查阅敦煌卷子，特别注意其中的俗文学资料，当时即写成《记伦敦所藏的敦煌俗文学》一文。他有许多新的发现，如关于讲述《维摩诘经》的故事在敦煌卷子里有多种，"巴黎的第二十卷大约还不是最后一卷，全书总计当不下二十万言。在第十世纪左右，居然有用《维摩诘经》那样的一部小书搬演到二十多卷、二十余万言的一种通俗文学，这真是中国俗文学史上的一个奇迹"！他比较研究了多种俗文学卷子后认为："关于敦煌俗文学的真价，现在还不能下何种断论，说到思想方面，自然受佛教的影响最大，表现得最浓厚。……这种俗文学的来源地，原来就是寺院。……唐代寺院中有一种名'俗讲'的甚为风行。"向达循着这条学术线索，终于在1950年于《国学季刊》发表了长篇论文《唐代俗讲考》，使用了敦煌文书的材料，解决了中国讲唱文学的起源问题。这是敦煌学研究中在中国文化史上提出新问题并做出新解释的范例，表现了研究的深入。

　　1942年至1944年，向达参加西北史地考察团，两次在敦煌考古，后来将实地考察的收获写成《西征小记》和《莫高、榆林二窟杂考》解决了河西及敦煌许多历史、地理和石窟艺术方面的学术问题。1944年向达发表了《记敦煌石室出晋天福十年写本寿昌县地境》是根据敦煌文书并结合实地考察解决了敦煌县属县寿昌的建置沿革与历史地理考实，有助于了解沙州归义军政权在属县的情形。1948年发表的《罗叔言〈补唐书张义潮传〉补正》纠正了罗振玉考证的疏漏与失误之处，使张义潮收复沙州及归义军的许多疑难问题得以解决。

从文化的视角来对待敦煌文书，向达认为："那时中国文化同西域文化在敦煌一带融合交流的情况因而著名。"这揭示了敦煌学的学术意义，即在于将中国传统文化与西域（包括中亚）的文化交融所创造的一个古代文明，让它在人类文化史上重新现出光辉。敦煌学者应该这样做文化阐释的。

◎敦煌文献学家王重民

从海外寻访被劫去的敦煌文书是三十年代中国敦煌学者的一种崇高的学术愿望。文献学家王重民于1934年秋以教育部考察图书教育官员被派遣到欧洲①，主要考察流散于国外的中国图书。在欧洲的五年间，他从巴黎和伦敦抄录和拍摄了大量资料，其中敦煌文书是他特别留意的对象。王重民记述他1935年从巴黎将赴伦敦之前与伯希和相见的情形：

> 余赴英伦之前三日，往谒伯希和，询以敦煌文献及回鹘史事数则，伯希和韪之（以为是对的）。余又曰："罗振玉考订敦煌群书，约在二三十年前，以今观之，容有未备，亟应及时重订。然想其个人抑或已有所补苴与改正矣。"伯希和不非余说，且曰："罗氏既未身到流沙（敦煌），且未遍阅所出残

---

① 王重民，字有三，河北高县人，1903年生。父亲是一位秀才。他于1924年考入北京高等师范学校，同时在北平市图书馆工作。1928年被聘为北平图书馆编纂委员兼索引组组长。1934年以教育部考察图书教育官到巴黎国家图书馆。1939年至1947年寓居美国。归国后在北京大学任教，又任北京图书馆代理馆长。新中国成立后在北京大学从事教育和研究工作。1957年去世。关于敦煌学的著述有《敦煌古籍叙录》《伯希和劫经录》《敦煌遗书论文集》等。

王重民在巴黎国家图书馆
敦煌写本书库的留影（1936年秋）

卷，固应尔尔。然余在敦煌工作时，在千佛洞百余窟中，凡有
关于历史之题壁，为影相所不能摄者，均有手录清稿，尤为重
要。藏庋箧笥，亦将三十年矣。"言已，返身入书室，取来两
个木匣，长尺许，宽六寸许，高寸许，满贮手稿。余亟展观，
有赞、有铭、有叙、有题款，上起北魏大统（535），下迄
元、明，其著明年月者，以晚唐及五代为最多，西夏、蒙古亦

间有之。铭赞序跋，多关史事，可补写本文件所阙。而题款之中，不但有年月可稽，有官衔可考，且阖家老幼，一齐俱名，既可明其世系，且可知其行辈。若归义军之张氏、曹氏，世族之阴氏、索氏、慕容氏、邓氏等，所关甚钜，史籍既已放失，写本文件又复不全，以今日此诚为惟一宝贵史料矣。

王重民所见即伯希和抄录的《敦煌石窟笔记：题记与壁画》，现在法国计划出版的《伯希和考古丛刊》编为第11卷，尚未出版。当时王重民表示愿意给予帮助，但终于未果。他记下此事试图表明：

此项史料，其重要不在敦煌写本书下，因并及之，想亦国内注意敦煌学者所欲知也。但关于敦煌学史料，竟被伯希和辑录而去，且被封闭在木匣中几三十年。

王重民到了英国伦敦立即寻访敦煌文书。他记述了寻访的情形：

先是斯坦因劫去敦煌经卷七千卷，既称归大不列颠博物馆之东方部保管，即由该部主任翟理斯（Lionei GileS）整理编目，闻将脱稿，拟即付印。余至伦敦之次日，即投刺往谒。而翟氏适因假期到乡间小住，因先转赴剑桥，阅大学图书馆汉文藏书，获太平天国官书十一种，为前人所未睹。三十一日过午，返至伦敦，抵寓舍，见翟理斯遗书，欢迎参观，甚喜。稍进午餐，即赴大不列颠博物馆。

至见翟氏稍谈片刻，乃导余参观藏经室，室在公事房隔壁。先登第二楼，满室均贮敦煌经卷。其陈列方式，用书架先绕四壁一周，中间复并列二排，恰成一隶书之"目"字形。架上遍置长方盒，盒有隔，成为上下二层，每盒长可二尺，宽约尺半，骈置经卷于其中。盖其宽适为经卷之长度，而其长又适可骈列之经卷二十至三十也。则每盒视卷子之粗细，容四、五十卷六、七十卷不等。盒面施以绿漆，颇秀雅。又导至第一楼，半贮经卷，半贮刻本华文书。经卷之保藏方法，一如第二楼，闻第三楼专储华文书。

在第二楼第一楼参观时，翟氏辄开藏经盒，俾余详观其装潢方法。凡经卷之完整者，另加厚纸作托叶，以保存其原状，其破损者，则重为装裱，而于卷端余出素纸一段以代托叶，盖即古人之所谓玉池也。其原为书本式者，抑或间加硬皮。方法妥善。

与藏经室相对之书库，为日文书藏。未入观，即回公事房，观其所编目录。

目录为卡片式，每卷一卡片，先著录号码，次书名，次撰人姓氏，又次为考按。其有应特别注意之点，统于按语中说明之；尤重要者，则为互见片，盖目录之中。而有索引之意存焉。余所见加考按，往往卡片之一面不能容，辄又接书于背面，闻即将印行以供参考。[1]

这使我们了解敦煌卷子为海外收藏的情形。英国对敦煌卷子的

---

[1] 王重民：《敦煌遗书论文集》第1页-2页，中华书局，1984年。以下引此著皆不再注明。

保管是精心的，对残卷亦做了修补裱装工作。翟理斯关于敦煌卷子的编目工作体现了很高的文献学水平，附录了题记，做了校勘说明；这都为中国编的《敦煌遗书总目索引》所录用，给予研究者很大的便利。

王重民在敦煌文献的整理编辑方面做出了巨大的贡献。他著的《敦煌古籍叙录》（中华书局，1979年）和主编的《敦煌遗书总目索引》（商务印书馆，1962年）是研治敦煌学的必备工具书；他整理的《敦煌变文集》（人民文学出版社，1957年）和编辑的《敦煌曲子词集》（商务印书馆，1957年）是研究敦煌文学的重要资料。此外他在敦煌学研究方面亦是极有创见的。他于1935年发表的《金山国坠事拾零》从敦煌文献的片断资料里寻到沙州归义军张氏后期由张承奉自立为金山国的线索，由此做了详细的考证，使这一段史实得以清晰。他的长篇论文《敦煌变文研究》系统地介绍了敦煌变文写本状况，考察了"变文"的名义，论述了其发展过程，考证了讲唱变文的仪式与方法。现在我们见到的《敦煌变文集》所收作品的形式和名称均是多样的，王重民解释说：

> 我疑猜变文名称的起源，是随着讲唱佛教故事的变文而来的，如《降魔变》、《地狱变》之类。画在墙壁上的称为变相，用讲唱形式写出的便称变文，而自从有了变文之称，也就把讲经文叫某某经变或某某经变文了。敦煌所出的一百九十来个变文写本，虽说没有带来一个这样的名词，但我们相信这样的名词是曾经被使用过的。现在研究变文的学者们，常常把没有原题的讲经文称为某某经变文，我认为虽说没有根据，也不

是不可以的。

这是一个至今尚值得探讨的问题，但王重民的意见有其合理的性质。关于敦煌变文的意义，王重民说：

> 变文的产生，是汲取了古代民间文学各种创造体裁的结晶，而发展成为更艺术、更美丽、更善于表达歌唱自己思想的工具。自从有了变文，人民大众得以更好的使用自己的语言，自己的思想，表达自己的思想感情，创造自己所喜闻乐道的故事。所以变文是地道的人民文学。

他对变文的评价是极高的，第一次揭示了其文学意义。关于敦煌曲子词的意义，王重民在《敦煌曲子词集叙录》里说：

> 今兹所获有边客游子之呻吟，忠臣义士之壮语，隐君子之怡情悦志，少年学子之热望与失望，以及佛子之赞颂，医生之歌诀，莫不入调。其言闺情与花柳者，尚不及半，然其善者足以抗衡飞卿（温庭筠），比肩端己（韦庆）。至于"生死大唐好"，"只恨隔蕃部，情恳难申吐，早晚灭狼烟，一齐拜圣颜"等句，则真正唱出外族统治下敦煌人民的爱国壮烈歌声，绝非温飞卿、韦端己辈文人学士所能领会、所能道出者矣！

这也极高地肯定了敦煌曲子词的文学价值。敦煌学家周一良为《敦煌遗书论文集》作序时评价王重民的学术成就说：

他的工作是高水平的；在今后若干年里，他的研究成果将始终是可以信赖的。

此评价在我们现在看来仍是公允的。

二十世纪三十年代之后，在中国学术界逐渐出现了许多卓有成就的敦煌文书研究的学者，如姜亮夫、贺昌群、任二北、蒋礼鸿、周绍良、唐长孺、饶宗颐、周一良、潘重规、黄文弼、宿白、潘絜兹、谢稚柳、常书鸿、段文杰、姜伯勤、张锡厚、项楚、刘进宝、白滨、贺世哲、王永兴、张广达、左景权、苏莹辉、许国霖、刘复、傅芸子、史岩、史苇湘、高国藩、樊锦诗、马德、刘玉权、郑炳林、杜斗诚、齐成俊、李秉成、伏俊连、刘进宝等等。中国敦煌学者各从自己专业出发，使研究的范围得以拓展，使学术水平不断提高。他们面对二十世纪初中国新发现的学问，肩负起神圣而崇高的学术使命，克服种种困难，苦心孤诣，终于改变了陈寅恪在三十年代所说的"吾国学者其撰述得列于世界敦煌学作者之林者仅三数人而已"，"吾国敦煌学著作较之他国较独少"的落后局面。

三　敦煌学在当代中国

◎敦煌学的内涵

自1930年陈寅恪在《敦煌劫余录序》里提出"敦煌学"，渐渐得到了学者的响应。四十年代董作宾说："敦煌石室写本经卷，与汉简、殷契，同为近数十年新兴之学问，自发现至于今，皆尚在整理研究之途程，石室经卷，且已自成其‘敦煌学’也。"①五十年代向达说："石室书以佛经为多，其余四部诸集亦复不少。四十年来以此二万卷新材料之发现，经史之考证，宗教史之研究，俱因而突焕异彩。时贤因为之特创一‘敦煌学’之新名词。"②九十年代饶宗颐说："‘敦煌学’一名，最初由陈寅恪提出。由于中古史第一手真确资料在敦煌石窟中出现巨量写本和图绘，加上西域若干已死的古文书原本久为人所遗亡，一旦呈现于世，如放异彩，令人耳目一新。"③关于"敦煌学"的研究对象与范围，学者们的意见颇为分歧，大致有如下几种意见：

一、敦煌研究。周一良关于"敦煌学"这个名称，他说："它可以溯源到陈寅恪先生为陈援庵先生《敦煌劫余录》所写序文，以后国内外颇为流行起来。……敦煌资料是方面异常广泛、内容无限丰富的宝藏，而不是一门有系统成体系的学科。如果概括地称为敦煌研究，恐怕比‘敦煌学’的说法更为确切，更具有学科性吧。"④

二、敦煌文书学。左景权以敦煌藏经洞所发现的资料为研究对象，以为称"敦煌文书学"最为恰当。此学研究的范围是：经史子集及释典道书，公私文书，书法、图绘及其他杂

① 董作宾：《敦煌纪年》，《说文月刊》第3卷第10期，1943年。
② 《唐代长安与西域文明》第295页。
③ 饶宗颐：《敦煌研究业绩小结及其发展方向》，见《汉学研究之回顾与前瞻》（下册）第66页，中华书局，1995年。
④ 引自《敦煌遗书论文集》。

件；文书的诸种形式。①

三、敦煌学。林家平等认为："敦煌学是'因地名学'。敦煌作为中西文化的交融点，特定的时空概念规定了敦煌学的特殊内涵。敦煌学赖以成立的基础不外乎敦煌地区遗留下来的文物文献资料。……敦煌学的概念内涵应有三个层次：第一，敦煌地区遗存至今的文献文物资料；第二，对这些文献文物的整理研究；第三，指导这种研究的科学理论。"所谓"敦煌地区遗存至今的文献文物资料"是包括古敦煌郡境内（敦煌和安西）发现的各种文书经卷及敦煌千佛洞和西千佛洞、安西榆林窟、东千佛洞和小千佛洞等地的各种出土文物。②

以上三种意见是颇具代表性的，但一般所理解的敦煌学是包括敦煌文书与敦煌石窟艺术研究的。

当陈寅恪提出"敦煌学"时，他是基于敦煌藏经洞所发现的"新材料"，它即是此学研究的对象。他以为一个时代的学者利用"新材料"以研究学术问题，即是顺应了时代学术的新潮流。当然，这样理解"学术潮流"概念是狭隘的与偏颇的，因为某些学者利用了新材料，但其研究方法与指导思想俱是陈旧的，则不可能体现新学术潮流。陈寅恪谈到日本及欧洲的学者研究"敦煌学"，"各就其治学范围，先后咸有所贡献"。这即是说学者们从各人的学科专业对"新材料"加以研究都取得了成就。因此，一些历史学家、考古学家、宗教学家、古文

---

① 左景权：《敦煌文书学发凡》，《敦煌吐鲁番文献研究论集》，中华书局，1982年。
② 林家平、宁强、罗华庆：《中国敦煌学史》，北京语言学院出版社，1992年。

字学家、文学史家、社会学家、法学家、经济学家，等等，对"新材料"产生了浓厚的兴趣，在一定的范围内形成了一种学术风气。显然，陈寅恪理解的"敦煌学"是由敦煌文书所引起的一种新学问，在学术界形成了研究敦煌文书的一种风气。这"敦煌学"同"汉学"、"东方学"等一样，并非社会科学学科分类中的一门学科，而是泛指关于一个地区或一种材料的学术研究。科学分类的学科，其研究对象在性质上是同一的，由各个部分形成系统，系统中存在合理的结构，具有学科的理论规范。"敦煌学"并不具备一个学科的条件。学者们关于敦煌文书的编目、校勘、整理，这属于文献学；关于敦煌文书中佛经、道经、摩尼教经等的研究，这属于宗教学；关于敦煌文书中涉及史事的研究，这属于历史学；关于敦煌文书中文学作品的研究，这属于文学；关于敦煌文书中社会经济资料的研究，这属于社会学；关于敦煌文书中俗语、词语和文字的研究，这属于语言学。这些"治学范围"相异的学者，绝不可能杂糅在一个特殊的学科里。所以敦煌文书，正如历史上某一时期的文献一样是被各学科所使用，而其本身却不具备成立学科的条件。如果我们仔细体味董作宾、向达和饶宗颐关于"敦煌学"的叙述语气，他们实则对个人的见解有所保留，仅是顺从"约定俗成"的趋势而已。因此，"敦煌学"的真正含义应是"敦煌文书研究"。我们谈到"敦煌学"时，仅是将它作为二十世纪中国新发现的学问之一来理解，并不视它为一个学科。

◎敦煌学——世界性的学问

敦煌在中国，敦煌文书研究是世界性的。中国学术界为敦煌文书研究做出了最大的努力，而且得到了中国政府的支持。

1924年北京学者发起成立了敦煌经籍辑存会，会址设在历史博物馆，旨在抢救和编辑敦煌文书。

1934年中国教育部派遣王重民到法国和英国考察流散的敦煌卷子。

1935年北平图书馆派遣向达到法国和英国寻访和抄录敦煌卷子。

1942年中国中央研究院历史语言研究所组织西北史地考察团到河西走廊考察石窟文物。向达在考察后写了《论千佛洞的管理研究及其他连带的几个问题》，在重庆《大公报》1942年12月27日发表。他主张将敦煌千佛洞收归国有。贺昌群读了此文非常激动，立即写了《敦煌千佛洞应归国有赞议》发表于《大公报》1943年1月7日。当时正值中国抗日战争最艰苦之时，他建议：

> 在政府未解决统一管理之前，我们以为目下对于敦煌千佛洞的当务之急，应由政府（教育部会同内政部）迅速指定纯粹学术机关如中央研究院或中央博物馆负保管之责，保管费当另由政府酌拨。此事之实现愈早，千佛洞之劫运或犹可挽救于万一。总之，千佛洞的应归国有管理，当已不成问题。我们万分希望政府与社会人士早日促其实现，岂仅是学术界之幸而已！[①]

---

① 《贺昌群史学论著选》第101页。

莫高窟外景

1944年初中国国立敦煌艺术研究所正式成立，敦煌石窟艺术与敦煌文书研究结合起来，使敦煌研究的范围扩大了。

中华人民共和国成立后于1951年将原敦煌艺术研究所改为敦煌文物研究所。

1983年全国首次敦煌学术讨论会在甘肃兰州召开。参加会议的有季羡林、唐长孺、王朝闻、常任侠、洪毅然、傅振伦、刘铭恕等老一辈学者，而主力军则是一大批年富力强的中年专家，同时也有一批后起之秀。会议就敦煌文书、敦煌石窟、丝路史地等进行学术讨论。

1984年，在敦煌文物研究所的基础上建立了敦煌研究院。院长段文杰关于研究院的方针和任务说：

> 一个世界上最大的敦煌学研究实体已经在甘肃省建立起来，并将在兰州建立院本部和生活基地。
>
> 敦煌研究院的工作方针和总任务是六个字——保护、研究、发扬。具体地说，就是对敦煌文物积极地探讨科学的保护方法，确保敦煌文物的安全；深入开展以石窟为中心的敦煌学各个领域的研究；努力促进敦煌艺术的推陈出新，创造社会主义的新艺术；严格实行限制性的石窟开放，认真搞好旅游服务工作。要促进敦煌文物及其研究成果丰富人们的历史文化知识，让人们得到艺术上的审美享受，从而激励人们的民族自尊心和民族自豪感。[1]

---

① 段文杰：《敦煌研究院的方针和任务》，《敦煌研究》1986年第4期。

1988年在北京召开了中国敦煌吐鲁番学会举办的国际学术讨论会，参加会议的除了国内学者外，还有来自日本、德国、英国、法国、美国、瑞典、挪威等国的学者，以及台湾的学者。季羡林为会议论文集作序云：

> 在我们这里，狭隘的民族情感已经让位于大公无私的学术活动的国际合作精神。这对于敦煌吐鲁番学在世界范围的发展，有无法估量的重要意义。时代不断前进，希望在于未来。我们这一批老一代的学人，看到我们这一学科光辉灿烂的发展前途，能不得到极大的安慰吗？看到国与国之间的青年学者这一种亲密无间的合作精神，能不得到极大的安慰吗？[①]

自八十年代以来，北京图书馆成立了敦煌吐鲁番学资料中心，北京大学、杭州大学、兰州大学、四川大学、中山大学、华东师范大学和西北师范大学分别举办讲习班或设置敦煌学课程，使中国的敦煌研究不断培养出新生力量，出现可喜的新的研究局面。

中国的学者已经奋起。

---

① 引自《敦煌吐鲁番学研究论文集》第2页，汉语大辞典出版社，1991年。

后 记

　　我早年在西南师范学院中国语文系学习时，购得初版的《敦煌曲子词集》，它引起我浓厚的兴趣。此后涉猎了当时所能见到的敦煌研究论著及有关资料，这成为我知识结构的一个组成部分。自1981年我从事中国古代文学专业研究工作以来，主要研究词学、中国市民文学，兼及宋代文史。1997年冬天，我遇见王华光先生，他正策划《失落的文明丛书》。我认为敦煌文化也是失落的古代文明。他同意我的意见，后来竟约我写此书稿。

　　敦煌文书的发现使我们可寻到一个失落的中国古代文明，由此见到中华传统文化中曾经存在一种积极、开放、活跃的文化精神；在追溯敦煌历史时，我们见到汉族先民经营河西走廊、开通丝绸之路的宏伟气魄，也可见到汉族和西北民族写下的壮烈篇章，还可见到纯朴的宗教信仰所产生的文化奇迹；在回顾敦煌学历程时，我们不能不对民族文化怀着神圣的情感，并对那些自觉肩负民族文化崇高使命的学者们表示由衷的敬佩。这便是我在敦煌文化中所寻绎到的。

近年来我常常思考：怎样使我们专门的学术研究成果摆脱狭窄的文化圈而为广大读者所接受。当代的学术研究似乎应该适应新的文化发展趋势。此稿即是我所做的一种尝试。因此，关于历史叙述采取了简明的方式，避免史料的堆砌，化用之史料不再注明；关于引用的敦煌文书皆注明通行的统一编号，对个别僻字及缺字做了适当处理；关于引用的学术论著皆已注明，以便读者查核；关于插图，系采自各种论著及资料汇编，以供读者获得一些感性认识，未注明来源。我非专门研究敦煌学的，因而与之保持一定的空间距离，似更可识其庐山真面，或者易于从宏观的角度去审视并可较自由地表述学术意见。

　　我写作此稿时是想向读者概略地介绍敦煌文献，或可作为志于敦煌学研究者的入门的小册子。为此我得叙述其来源，追溯其历史命运，回顾其发现经过及中国学者的研究情况。关于敦煌文献的学术价值，这是全稿论述的重点，我试图发掘这隐没的中国古代文明的重要意义。关于敦煌文献的性质，这是敦煌学中的疑案，曾有多种的假设。我则以为它是沙州都督府的文书，并形成论文《敦煌藏经洞之沙州都督府文献》，发表于《文献》1999年第3期，此文引起了敦煌学界的关注，可备一说。此稿于1997年由四川人民出版社出版，现已将近二十年了；今得到吴鸿先生的赏识与支持，改由四川文艺出版社出版。因此稿是在六个月内完成的，而且资料有限，以致存在某些疏漏与错误之处，谨祈读者及敦煌学家教正。

谢桃坊

2015年6月16日于奭斋

补　记

　　当写此著时，我尚未到过敦煌与河西走廊，仅凭历史文献的记载进行描述，这样或者可能反映它们的某些历史真实。然而未到敦煌始终是我人生的一个遗憾。2016年6月下旬，我参加四川省人民政府文史研究馆组织的敦煌文化遗址考察组亲赴实地考察，因对敦煌曾有从文献得来的印象和知识，故易于将其历史与现状加以比较，而面对文化遗址时又有深深的历史沧桑之感。

　　我们一行得到敦煌研究院的大力支持，考察了莫高窟、鸣沙山、榆林窟、玉门关、阳关、瓜州等处文化遗址。

　　敦煌已建市，是一座新兴的现代都市，未见到旧的建筑物，仿汉唐时代的古朴典雅的建筑甚多，犹能唤起人们对历史的想象。现在全市十八万人，城市人口约四万人。由市内通往各景点的道路宽阔整洁，两旁种植成排的小白杨和圆榕树，宛如绿洲。郊野则是广袤的戈壁沙漠，极为平远，我们未见到农户和田园。莫高窟前的大泉河仅有细小的流水，其上游被拦截之水以供市区绿化之用。党河绕市区而过，水量较丰，可供居民饮用，但早已丧失灌溉功能。敦煌原有很多寺庙，唐代咸通四年（863）河西释门都僧统说："敦煌管内一十六所寺及三所禅窟。"（S.1947）敦煌经卷P.2250、P.2738、S.542、S.261等题记所见寺庙有龙兴、乾元、开元、永安、金光明、大云、报恩、灵修、圣光、净土、安国、善光、灵图、莲台、兴善、大乘、三界等，足见此地佛教文化的繁盛。现在仅有鸣沙山月牙泉附近一所焕然一新的雷音寺。敦煌市西郊附郭今存一段沙土筑成的城墙，经千年的风沙剥蚀仍然屹立，标志着此地确为唐代沙州都督府之所在。我们在这座新兴的城市见不到河渠纵横，寺庙僧侣，田园瓜果，骆驼商队，但所幸的是许多汉唐文化遗址仍然存在，而且保护得很好，其中多为世界著名之文化遗址，因而西方及东方国际友人和国内游客纷纷来此访古，使敦煌的旅游事业兴旺发达，似乎恢复了昔日的繁荣。

市郊的文化遗址有三处值得记述。境内的鸣沙山东西长40公里，南北20公里，高约170米，由沙土积聚而成，但甚是神异。当地的先民称之为"鸣沙"或"神沙"。月牙泉在市东南5公里处，它是鸣沙山最美的一段，由金黄色的沙土积聚而成，极为峻峭，略成环状，在环形的正中山下便是月牙泉。鸣沙山转折处一条明显的由上到下的曲线特别柔美。这是鸣沙山的最高峰，许多年轻人穿着橘红色的厚布袜套登山，似数条直线缓缓向山顶移动，亦有人不断从山上滑着黄沙下来。我们尚不知每年夏季是否有沙如雷鸣。这里的风沙最大，而鸣沙山都没有被吹去或移位，月牙泉仍在环形的山脚下。自然地理于此呈现奇观，千余年来山高山形依旧，鸣沙之金黄、纯净、宏伟、优美，令人惊叹。月牙泉真如一牙新月，泉水碧绿，因其低洼，由祁连山的雪水从地下浸润所致。当地人告诉我，二十世纪七十年代以后月牙泉出现两次干涸，现在所见之泉水已是人工所为了。市西3公里处有一座白马塔，共九级，形如圆锥，乃中亚建筑风格。它是西域高僧鸠摩罗什所建，距今已一千六百余年。鸠摩罗什自西域往长安东传佛法，乘白马路经敦煌，白马经历艰苦，至此疲劳而死。鸠摩罗什造塔以纪念白马，故人们称之为白马塔，它成为佛教入东土的历史遗迹。市东是无际的戈壁，偶有稀疏的现代人的坟墓，围以碛石，覆以黄沙。这里地名佛爷庙，乃古代墓葬之地。1942年著名学者向达参加国立中央研究院西北史地考察团于敦煌考古，他记述："自敦煌城至佛爷庙约十五里，由佛爷庙东南行戈壁中约十五里，上下山坡，坡尽复为戈壁，鸣沙山即在其南。"今由市区至佛爷庙实为6公里，与向达所记基本上相合。新中国成立后于此处陆续发现汉墓和晋墓，证实此确为汉以来敦煌之墓群。西晋墓葬结构为双室，顶部为覆斗形，顶中央镶嵌莲花砖壁画，有四神像、神兽、李广射虎及世俗生活等内容；这比莫高窟壁画早一个世纪。

现在莫高窟在敦煌市东南25公里处，在鸣沙山最东的山麓。我们远远可望见暗土黄色的鸣沙山和深灰黑色的三危山好似一条长带出现于地平线上，两山之东端于此呈弧形，近处则在莫高窟可望见对面的三危山。莫高窟前仍有大泉河，高大的白杨树乃王道士所植，蜂房式的石窟保存着二十世纪六十年代的原貌。这与唐人、斯坦因和向达所见的情形大略相似，仅无近世之破败景象了。自北魏以来的北周、隋、唐、宋、西夏所造之石窟基本上完好，壁画之色泽鲜艳，仅北魏与北周之佛像面部颜色变黑而已。我们得到敦煌研究院的大力支持，参观了第248窟北魏之菩萨像，第42窟西魏之佛像，第285窟西魏之五百强盗成佛故事壁画，第428窟北周之佛祖说法壁画，第418窟西壁隋代之彩塑，第328窟西壁龛内初唐之菩萨像，第112窟南壁中唐之乐舞壁画，第194窟西壁盛唐之菩萨像，第217窟南壁盛唐之华法经变化城壁画，第45窟盛唐之阿难像，第14窟南壁晚唐之观音壁画，第409窟之西夏王供养像，第148窟盛唐之一百六十尺之卧佛。我尤其感兴趣的是见到了唐代大中五年（851）宣宗皇帝封授之沙州归义军统管沙、甘、瓜、肃、鄯、伊、西、河、兰、岷、廓十一州节度使张义潮之出行巡游的宏大场面的壁画，归义军节度使曹义金与夫人回纥公主之供养像，以及一些壁画的题记，它们均是中国中原王朝汉族政权在敦煌边陲存在的历史见证。在莫高窟附近于1984年成立的敦煌研究院，距市区25公里。此院规模宏大，负责莫高窟及敦煌地区的文物管理与维护，同时是敦煌艺术和敦煌文献的研究机构，创办了《敦煌研究》学术杂志，建立了敦煌学信息研究中心。在敦煌学信息研究中心主任夏生平先生的引领下我参观了资料室和特藏书库。夏先生赠送了我该院的《中国敦煌学论著总目》的巨编。自二十世纪八十年代以来，中国敦煌学研究勃兴，在甘肃省内不仅成立了敦煌研究院，并在兰州大学、西北师范学院和甘肃社会科学院有专门的研究机构，此外在北京图书馆成立了敦煌吐鲁番学资料中心，北京大学、四川大学、四川师范大学、浙江大学、华东师范大学和中山大学等高校分别设置了敦煌学课程，出现了大量的高水平的学术论著。自此，敦煌在中国，敦煌学也在中国了。2016年6月21日晚上，我在敦煌宾馆写下赋敦煌莫高窟的《八声甘州》，以记下我的感受：

访仙岩遗迹古沙州，仍旧有沙鸣。想河渠绿水，田园瓜果，骆驼铃声。尚见三危翠麓，千佛梦中身。戈壁夏云远，高窟如屏。　　回首悠悠岁月，剩飞天飘逸，府主巡行。释迦卧睡，岂可度苍生。只丹青、画师妙笔，把人间、百态尽传神。神奇处、历经劫后，真谛犹寻。

唐代甘州（张掖）为河西节度使所在地，《甘州》乃唐代教坊曲。《八声甘州》即《甘州曲》之一，北宋初年依唐代乐曲所制之新调。今乐曲早佚，然此调之句式及声韵犹可体现原曲之特殊声情。

敦煌地区除莫高窟之外的文化遗址玉门关、阳关、榆林窟和瓜州，皆是荒凉苦寒之地，一般游人不愿去或难去的。我们此次在敦煌研究院的帮助下，得以前去考察。

玉门关在敦煌市西北102公里处。我们自敦煌出发，一路仅见戈壁黄沙，右旁远处一条白山绵延起伏直至玉门关。二十世纪五十年代颇负盛名的玉门油田，已开采殆尽，早已关闭。西汉太初三年（前103）贰师将军李广利奉汉武帝之命第二次征伐大宛，军正任文屯兵玉门关。汉代之玉门关在玉门县，1942年向达考察时记述："自大方盘南循戈壁西行四十里是为小方盘城，汉玉门关之故址也。城周垣犹存，而西一门、北垣一门已堵塞。巴黎藏石室本残《沙州图经》亦有玉门关，谓城周一百三十步，高三丈，今犹如此，知尚是唐代之旧……自小方盘城西行三十里……汉代长城尚有存者，自小方盘城迤逦以迄于西湖东沿，高处往往达三公尺，版筑而成，每层之间铺以芦苇，错互相交。十里之内辄有一墩，成六棱形，墩下列有小方室丈许，隔成四间。"我们到达玉门关是上午11时左右，沿途戈壁中偶有一些绿色丛生的骆驼草，其叶成针刺状，甚耐干旱。这里风自西面吹来，约是五级风，骄阳如火，但大风吹来甚感凉爽。我们见到小方盘城，见到唐代玉门关遗址，再到大方盘附近见到汉代粮仓遗迹和一段较完好的汉代长城。四周甚为荒凉，复不见人，草木难以生存，早已不宜人们居住，遗址仍如向达所述，而且地形地貌皆如原状，保护完好。我们可以想象汉代李广利和李陵出兵玉门关远击匈奴和唐代李靖率大军追逐吐谷浑的情景。唐代诗人李颀《古从军》有云："野营万里是城郭，雨雪纷纷连大漠。胡雁哀鸣夜夜飞，胡儿眼泪双双落。闻道玉门犹被遮，应将性命逐轻车。年年战骨埋荒外，空见葡萄入汉家。"这一带无任何现代建筑，我们真如进入古代的边塞和沙场，产生汉唐历史风云之感。当晚我在敦煌宾馆写下一首《氐州第一》：

戈壁无垠，黄沙弥望，薰风猎猎尘土。誓扫匈奴，唐军汉将，当日气吞骄虏。逶迤白山，曾惯听、胡笳声苦。废垒残垣，玉关高踞，战云千古。　　不怨春风不度。旌节在、国威长驻。美酒葡萄，丝绸梵呗，都护安西路。想胡姬、唱胡曲，琵琶起、胡旋狂舞。边塞豪情，到而今，诗人应赋。

氐州治氐池，古县名，汉代置，位于今甘肃山丹县西南。氐为古代少数民族。《氐州第一》乃从唐代大曲中摘出者，乐曲早佚，其声韵句式或可见唐代之遗响。

阳关在敦煌市西南76公里处，此处地势较低，祁连山之雪水从地下涌出，至今犹可灌溉一大片土地，形成一块较大的绿洲。我们行进阳关附近可见路旁小渠之绿水充盈流动，给沙漠带来旺盛的生机。这里盛产葡萄和红枣，果园鳞比，青绿满眼，枝上已挂有成串的青青葡萄。新开发的农家乐（餐饮店）甚多，游人亦众，景象犹如江南。我们驱车行驶约两百公里，于中午13时到达阳关，在一家最好的农家乐就餐。餐桌设在葡萄架下，绿荫匝地，凉爽宜人。店主端上本地特产的紫葡萄干和红枣，它们特别地甜美；又端上大盘鸡和各种新鲜时蔬。这使我们感到沙漠绿洲的物产丰饶，想象着“西出阳关无故人”的古人惜别之情。阳关故址即在附近。敦煌文献《沙洲图经》记载阳关云：“右在县（寿昌）西四十里，今见毁坏，其迹见存。西通石门磵□□□□，在玉门关南，因号阳关。”向达认为西寿昌城即是古代阳关故城，他记述：“今自此出红山口，西北行过水尾入碛，一百四十里至小方盘城，是为汉代玉门关故址；西行经安南坝诸地以至于婼羌，则汉唐以来之南道也。红山口两山中合，一水北流，往来于两关者，在此必经。阳关适在口内，可以控扼西北两路。口西山峰上一汉墩翼然空耸，自敦煌赴南湖未至四十里即是此墩。阳关设于口内，而以此墩为其眼目，盖可想而知也。”红山口乃是两山之隘口，地势较高而险，阳关即在山口。现在红山口建有一条长廊，内有古今名人碑刻，廊下即是古阳关道，一段赭红色的平直宽阔大道犹存，可并行战马十六骑，故名阳关大道。道旁高处保存汉代土墩，宛似堡垒，可供瞭望之用，或为烽燧。红山口下新建有阳关纪念馆，似反而破坏古阳关遗址之风貌，不如玉门关给人以登临怀古之丰富想象。

榆林窟又称西千佛洞，位于敦煌市东北140公里处之踏实。向达记述："安西之万佛峡古名榆林窟，位于安西南一百四十里之山中，适当踏实河两岸。出安西西门，西南行逾十工山（即三危山）七十里破城子，南行过戈壁四十里水峡口……由踏实然后取道水峡口以至万佛峡为程亦七十里，万佛峡有窟约四十。"踏实河又名榆林河，为鸣沙山之最西一段，故此窟又称西千佛洞，窟在榆林河两岸。榆林河水清澈丰盈，峡内古榆树森然。此处地理偏僻，人迹罕至，今石窟计四十五窟，保存甚完好。东岸十余窟今已开放。石窟之建造约略与莫高窟同时，其中第17窟有北周之佛祖讲法壁画甚完整，第25窟有中唐之老人入墓壁画。我们参观了西夏于唐人石窟重建之佛像与壁画，亦见归义军节度使曹元忠夫妇之供奉像。此时正是夏季，室外温度甚高，入窟内则觉寒气逼人，温度极低。西夏诸窟之佛像与壁画，色泽鲜明完好，乃是研究西夏文化艺术之重要原始资料。

瓜州，唐代武德五年（622）置，治所晋昌，位于敦煌市东北117公里处，西距安西60公里。此地海拔1350米，比敦煌高出百余米，雨水亦较敦煌多些。此地盛产中药材锁阳，似肉苁蓉从沙碛中冒出，故又名锁阳城。唐代瓜州故址在桥子乡南7公里的沙碛上。城址南北长470米，东西430米，墙高10米，夯土筑成。北外有土堡两座，曾作关押战俘之用。我们从敦煌往东北行驶，三危山亦向北绵延。其山高者百余米，低者数十米，乃由灰黑色之古老岩石构成，小峰众多，直立而不锐，经风沙剥蚀，形状狰狞可怖，光秃不生寸草。此山直趋瓜州而终。在将至瓜州时，沿途碛石渐多，形状古怪，戈壁呈灰白色，骆驼草渐渐茂密，时有锁阳伸出地表，状如男性器官。我们当是下午14时许到达此地，时值七级大风，风卷细沙自西狂扑而来，使人不能睁目，沙土细粒黏附面部和头发，大风吹得人站立不住。汉唐时代的烽燧和城垣残迹随处可见。此城建于西晋，盛于唐代，原有疏勒河与榆林河及其渠道提供水源，数百年前河流改道，遂失生机，成为人们不能生息之荒漠。故城址西北角之土墩高百余米，乃夯土筑成之瞭望墩，高出城墙8米，巍然屹立。墩下铺有木板为小道，可斜行而上，但风沙之猛烈使人上去甚难，而上去者迅即下来，不敢远眺久留。古城遗迹呈土黄色，断断续续，时出于灰白色的沙碛之中，这与繁茂的骆驼草之青绿色相间，使遗址之景观丰富多彩，苍茫开阔，极为壮美。塔尔寺遗址在故城之东1公里处，唐代高僧玄奘西行求经路过此处曾说法月余，旧有唐代断碑。今残存大塔一座，实土夯成圆形，高14.5米，寺庙之残砖破瓦随处可见。瓜州之长官及民众曾在此进行宗教活动。此塔历史久远，历经沧桑，犹然独存，当是佛教文化之奇迹。

我们在敦煌、阳关、玉门关和瓜州遗址，可以想象汉唐时代众多的将军和兵士以及文人，在王朝政治开明，经济繁荣，国势强盛的历史背景下，均有从军绝域，直斩楼兰，铭勒燕然的建功立业的宏伟壮志。虽然匈奴、突厥、吐谷浑、回纥、吐蕃等西北民族有着强健的身体，熟悉地理的优势，长于骑射的战斗经验，然而汉军却可以不畏艰苦疲劳，勇敢无畏地开通丝绸之路。北宋王朝为消除藩镇势力，文臣知军，将兵分离，以及社会政治经济的诸多因素而致积贫积弱，当面对西夏之侵扰时只能采取守势。元丰四年（1081）宋军与西夏灵州之战和元丰五年（1082）永乐城之战，宋军大败，将兵死难者六十余万人。宋王朝再也无力开通丝绸之路了。此历史经验均值得我们深思。现在丝绸之路又在中国繁荣富强的新历史时期再度开通，预示着中华民族伟大复兴时代的来临。

谢桃坊

2016年6月30日于奭斋